国家社会科学基金重大项目"加强国家应急管理体系和能力建设研究"（22ZD102）；国家自然科学基金面上项目"农村重大突发性公共卫生事件应急能力形成机理及提升路径研究"（72274059）；湖南省教育厅科学研究重点项目"数字技术赋能农村养老服务高质量供给研究"（22A0141）。

数字技术赋能
乡村治理现代化建设研究

江维国　李立清◎著

Study on the Modernization of
Rural Governance
with Digital Technology

中国社会科学出版社

图书在版编目（CIP）数据

数字技术赋能乡村治理现代化建设研究/江维国，李立清著．—北京：中国社会科学出版社，2023.8
ISBN 978-7-5227-2416-4

Ⅰ.①数… Ⅱ.①江… ②李… Ⅲ.①数字技术—应用—农村—现代化建设—研究—中国 Ⅳ.①F320.3-39

中国国家版本馆 CIP 数据核字（2023）第 149101 号

出 版 人	赵剑英
责任编辑	任睿明　刘晓红
责任校对	阎红蕾
责任印制	戴　宽

出　　版	中国社会科学出版社
社　　址	北京鼓楼西大街甲 158 号
邮　　编	100720
网　　址	http://www.csspw.cn
发 行 部	010-84083685
门 市 部	010-84029450
经　　销	新华书店及其他书店
印　　刷	北京君升印刷有限公司
装　　订	廊坊市广阳区广增装订厂
版　　次	2023 年 8 月第 1 版
印　　次	2023 年 8 月第 1 次印刷

开　　本	710×1000　1/16
印　　张	17.25
字　　数	276 千字
定　　价	96.00 元

凡购买中国社会科学出版社图书，如有质量问题请与本社营销中心联系调换
电话：010-84083683
版权所有　侵权必究

序

  5G、人工智能等数字技术的快速发展与广泛应用，标志着人类社会正式进入了数字时代。基于数字技术的驱动，数字办公、数字医疗、数字教育、数字营销以及智能车间、无人工厂、智慧园区等应用场景层出不穷，数字技术的应用广度和深度已经超越了其本身的技术化特征，日益成为重塑个体行为、再造社会治理流程与结构的重要因素。随着数字技术在乡村社会各领域的嵌入，其在乡村生活形态重塑、乡村经济体系再造以及乡村治理现代化建设等方面的赋能效应已经显现了智慧形态。毫无疑问，数字技术的广泛应用为乡村治理现代化建设创造了新机遇，对于顺利推进乡村振兴和城乡共同富裕战略具有重要的现实意义。党和国家面对数字技术带来的革命性冲击，相继出台了《数字乡村发展战略纲要》《数字农业农村发展规划（2019—2025年）》《"十四五"数字经济发展规划》等一系列纲领性的指导文件，为数字技术赋能乡村治理现代化建设提供了指南与保障。

  然而，在过去高速城镇化进程中，乡村治理实践普遍面临着精英外流、组织涣散、公共服务悬浮、治理资源内卷等诸多结构性难题。而且，在数字时代，乡村数字治理现代化建设同样不可避免地面临着乡村数据信息生产、收集、整合脱离村庄生活和治理的实践困境，忽视公民参与偏重政务服务、重数字技术工具理性轻人本价值理性的现实问题，以及信息技术与乡村信息基础设施脱节的结构难题。于是，如何利用数字技术创新治理工具、变革治理结构、提升治理绩效进而形成"三治"融合的"善治"新局面，成为乡村治理现代化建设面临的重大课题。

  正是基于此，本书作者综合运用公共管理学、社会学、信息技术科

数字技术赋能乡村治理现代化建设研究

学等学科知识以及实证与规范结合、模型分析等研究方法，在中国特色社会主义理论体系以及马克思主义相关经典理论指导下，围绕"数字技术赋能乡村治理现代化建设"这一核心议题展开系统研究，以期为完善中国特色乡村治理、顺利推进乡村振兴，进而实现城乡共同富裕提供理论参考与实践指导。

《数字技术赋能乡村治理现代化建设研究》可分为三个部分。一是"发现问题"部分。阐述了数字技术、乡村治理等核心概念，提炼了城乡均衡发展思想、信息不对称等理论；从满足人民美好生活需要、消弭城乡数字鸿沟等维度探讨了数字技术时代乡村治理走向现代化的必然；从治理主体协同化、治理资源供给均衡化等维度剖析了乡村治理现代化建设的内涵；从搭建数字治理平台促进多主体协治、构建一体化平台促进资源精准供给等维度探讨了数字技术对乡村治理现代化建设的赋能；从技术"利维坦"引发信息安全忧患等维度分析了数字技术对乡村治理现代化建设可能的"负能"。二是"分析问题"部分。利用MRA回归法、2021年《中国数字乡村发展报告》和《中国统计年鉴》，以及河北、安徽等14个省份的统计年鉴数据，对数字技术赋能乡村治理现代化建设的宏观绩效展开实证分析，并利用来自上述省份，包括地方政府工作人员、乡村居民等样本的主观评价数据，通过SEM模型法对其微观绩效及其影响因素进行实证分析。三是"解决问题"部分。基于实证分析结论，结合浙江德清县"一图感知五四"和龙游县"龙游通"数字技术赋能乡村治理现代化建设实践，以及英国、美国、日本数字技术赋能乡村治理的经验，提出了数字技术赋能乡村治理现代化建设的五大原则和八大对策。全书布局合理，结构安排严谨，叙述非常清晰，论证有力。

本书的贡献突出体现在以下几个方面：第一，建构"理论—案例"双层逻辑与"宏观—微观"双重视角创新分析范式，提出探索性的价值目标。遵循"理论—案例"双层逻辑，对数字技术赋能乡村治理现代化建设展开理论建构和实践案例分析，基于"宏观—微观"双重视角对数字技术赋能乡村治理现代化建设及其绩效进行实证分析；基于价值逻辑、价值理念等3大核心要素，提出数字技术赋能乡村治理现代化建设的价值目标。上述分析框架和价值目标对数字技术赋能乡村治理现代化建设的研究而言，是前瞻性的探索。第二，学术观点对同类研究具有弥补性。传统乡村治理模式面临治理主体协作松散、治理资源配置粗放、决策机制悬浮化等实践困境，制约了乡村经济社会全面发展；乡村治理现代化建设旨在形成以治理主体"共同体化"协作、治理资源"情境化"配置、治理机制"智能化"运行为核心内容的新型治理模式；利用数字技术赋能效应能促进乡村治理现代化建设，进而顺利推进乡村振兴、共同富裕等国家战略。这些内在逻辑严谨、颇具新意的学术观点是对已有同类研究的重要补充。第三，多重理论借鉴与计量分析法形成研究方法特色。借鉴城乡均衡发展思想、技术治理理论等思想和理论建构数字技术赋能乡村治理现代化建设实现机制等系列理论模型，为宏观、微观实证分析以及典型案例研究奠定理论框架；遵循价值分析法和新时代中国特色乡村社会治理思想，提出价值目标。利用 MRA 回归法、SEM 模型法实证分析数字技术赋能乡村治理现代化建设的宏观、微观绩效并探究其影响因素与作用机制。重视多种方法集成应用的本课题，彰显了鲜明的研究方法应用特色。

该著作者团队是一支长期坚持奉献"三农"、牢牢守护农村公共管理研究阵地的青年学者群体。特别是江维国教授，公共管理理论知识深厚、研究经验丰富、学术功底扎实，近年来，他主持系列课题专注于乡村治理研究，取得了丰硕成果，为我校公共管理一级学科博士点城乡治理方向做出了突出贡献。江维国教授关注乡村、关注乡村治理及其现代化建设，其学风与精神都令我十分敬佩。期待他发表更多学术精品，为具有中国特色的乡村治理、乡村发展贡献更多智慧和成果！

是为序！

李燕凌

2023 年 3 月 18 日于长沙勺水斋

前　　言

党的二十大报告强调，要"完善网格化管理、精细化服务、信息化支撑的基层治理平台，健全城乡社区治理体系"。2023年中央一号文件也指出，要"深入实施数字乡村发展行动，推动数字化应用场景研发推广"，"完善信息化支撑的基层治理平台"。近些年来，数字技术迅速发展、不断集成，开始被广泛应用于城市治理、政务活动等公共服务领域，并逐步向乡村治理、农业生产等领域拓展。目前，村情通等简易数字化治理平台已经在乡村地区广泛使用，对乡村治理现代化建设的赋能效应日益显现。以大数据、区块链、5G以及人工智能等为代表的新一代数字技术正在成为驱动乡村治理现代化建设的关键力量。近百年来，相对于工业化和城市化的发展速度与发展规模而言，乡村地区的发展确实是相形见绌，明显落后，人口和产业空心化的日益加剧，是乡村发展落后的集中体现。当然，这并不是社会发展的理想图景和必然结果，乡村全面振兴并以此促进城乡融合发展才应该是正确道路和未来方向。

2021年11月，《农业农村部办公厅国家乡村振兴局综合司关于推介第三批全国乡村治理典型案例的通知》（农办经〔2021〕11号）表明，在数字技术的持续赋能下，不少乡村地区开创了颇具特色的乡村治理现代化建设新局面。从实践来看，数字技术打破了政府主导性的治理主体内部跨层级信息传递壁垒，促进了各部门之间的数据信息交流与共享，避免了百姓办事时重复提交相同材料的尴尬。数字技术赋能的"容缺受理"模式允许事后线上补齐并审批材料，这无疑极大地方便了乡村居民。无论是日常生活中的各类费用缴纳还是身份证等证件的办理，乡村居民只需进入数字化治理平台，就完全能够在家通过网络和平台实现。在数字化治理平台上，通过留言交流区，乡村居民的建言献策和具体诉求能即时传递给治理主体，意见反馈渠道也从线下延伸到了线上，乡村公共事务治理实现了有效的双向互动。特别是，通过数字技术赋能，相关治理主体可以利用数据挖掘与分析，有效把握乡村发展与治理的现实图景，有利于从全局视角把握乡村治理及其现代化建设的整体情况。可见，数字技术赋能的乡村治理及其现代化建设已经显现出了智慧形态。

正是基于此，本书综合运用管理学、社会学、信息技术科学等学科知识，结合数字乡村建设、城乡融合发展、乡村全面振兴、共同富裕等国家战略，在城乡均衡发展思想、信息不对称理论、技术治理理论、整体治理理论等思想与理论的指导下，综合运用文献研究法、规范分析与实证分析相结合法、案例分析方法、计量模型法等研究方法，围绕"数字技术赋能乡村治理现代化建设"这一核心议题展开综合研究，以期为完善中国特色乡村治理理论体系，顺利推进乡村治理现代化建设、城乡融合发展等提供理论参考与实践指导。

但因笔者水平有限，本书难免会存在一定的错漏，恳请各位专家学者批评指正。在本书的撰写过程中，得到了徐晓林、郁建兴、姜晓萍、丁煌、李燕凌、张海波、文宏等专家教授的热心指导，在此一并表示诚挚的谢意。

江维国、李立清
2023 年 1 月 5 日

目 录

第一章 绪论 ··· 1

第一节 研究背景与研究意义 ··· 1

第二节 国内外研究现状及述评 ··· 9

第三节 研究方法与研究思路 ·· 30

第四节 主要研究内容 ·· 33

第五节 可能的创新与不足 ··· 35

第二章 核心概念与理论基础 ·· 37

第一节 核心概念 ··· 37

第二节 理论基础 ··· 50

第三节 本章小结 ··· 73

第三章 数字技术与乡村治理现代化建设的理论分析 ··············· 75

第一节 乡村治理现代化建设的内涵 ··································· 75

第二节 数字技术时代乡村治理现代化建设的必然 ·················· 82

第三节 数字技术对乡村治理现代化建设的赋能 ····················· 87

第四节 数字技术对乡村治理现代化建设可能的"负能" ·········· 95

第五节 本章小结 ·· 105

第四章 数字技术赋能乡村治理现代化建设绩效的宏观评价 ······ 107

第一节 数字技术赋能乡村治理现代化建设绩效宏观评价的
基本原理 ··· 107

第二节 数字技术赋能乡村治理现代化建设绩效宏观评价指标
体系构建 ··· 112

1

第三节　基于 MRA 回归法的数字技术赋能乡村治理现代化建设
　　　　　　绩效宏观评价实证分析……………………………………… 128
　　第四节　本章小结…………………………………………………… 146

第五章　数字技术赋能乡村治理现代化建设绩效的微观评价……… 147
　　第一节　数字技术赋能乡村治理现代化建设绩效微观评价的
　　　　　　基本原理……………………………………………………… 147
　　第二节　数字技术赋能乡村治理现代化建设绩效微观评价
　　　　　　指标体系建构………………………………………………… 154
　　第三节　基于 SEM 模型法的数字技术赋能乡村治理现代化
　　　　　　建设绩效微观评价实证研究………………………………… 165
　　第四节　本章小结…………………………………………………… 181

第六章　数字技术赋能乡村治理现代化建设的案例研究…………… 182
　　第一节　"一图感知五四"数字技术赋能乡村治理
　　　　　　现代化建设…………………………………………………… 182
　　第二节　"龙游通"数字技术赋能乡村治理现代化建设 ……… 191
　　第三节　数字技术赋能乡村治理：英国、美国、
　　　　　　日本的实践…………………………………………………… 199
　　第四节　本章小结…………………………………………………… 209

第七章　数字技术赋能乡村治理现代化建设的原则与对策………… 211
　　第一节　数字技术赋能乡村治理现代化建设的基本原则……… 211
　　第二节　数字技术赋能乡村治理现代化建设的对策…………… 218
　　第三节　本章小结…………………………………………………… 246

第八章　研究结论与展望………………………………………………… 247
　　第一节　研究结论…………………………………………………… 247
　　第二节　研究展望…………………………………………………… 250

参考文献………………………………………………………………… 251

后　　记………………………………………………………………… 264

第一章

绪 论

"郡县治，则天下安"，其意是指，每个郡县如果都能治理得好，那么天下自然就会出现安定团结的局面。中华民族具有悠久的农耕文明，而农耕文明聚合了儒家、法家等诸子百家的传统思想精髓，形成了包括社会治理理念在内的独特文化内涵。从古到今，乡村治理都受到了执政者的高度重视，在国家治理中占据着极为重要的位置，与国家的稳定、发展、繁荣密切相关。当前，我国正处于新时代的历史起点，对乡村社会的有效治理提出了诸多更高要求。特别是数字时代的来临，数字技术既为乡村治理现代化建设提供了技术条件，但也对治理结构的调整和治理体系的运行提出了更高的要求。科学认识和全面把握新时期乡村社会的矛盾变化，充分利用数字技术，以自治、法治、德治"三治"融合为基本出发点，加快乡村治理现代化建设进程，显然是一个富有紧迫性和重要性的现实命题。

第一节 研究背景与研究意义

一 研究背景

本书的研究背景可以概括为三个方面，即乡村治理现代化建设是国家治理现代化建设的内在构成，治理现代化建设是新时代乡村发展演化的内在要求以及数字技术是乡村治理现代化建设的有效工具。

第一，乡村治理现代化建设是国家治理现代化建设的内在构成。一直以来，农业、农村、农民问题都是国家的根本问题，历史经验启示人们，任何时代、任何社会都应对此予以高度重视。塞缪尔·亨廷顿曾指出,对于农业在国民经济中占主导地位的国家来说,农村的作用并非恒定,相反是一个变数;如果农村不能成为社会稳定的基础,就有可能成为革命的发源地①。在工业化日益完善的背景下,城镇持续发展、越发繁荣,以农村人口多、农业发展落后为主要特征的农村贫困问题显得格外显眼,久而久之,必然导致农村社会的不稳定。然而,相比城镇的不断发展和持续繁荣,不少国家和地区,特别是发展中国家和地区农村的衰败是显而易见的。于是,人们难免会自问,农村是否会随着社会变迁而逐渐消亡?但显然,在粮食生产和生态环境安全之剑高悬的背景下,断言农村消亡是不符合常理、违背现实的。相反,拥有独特自然资源优势的农村理应有美好的发展前景。工业化和城镇化已经高度发展的西方发达国家的农村发展现状,便是有力的证明。法国社会学家蒙德拉斯在描述乡村变化时曾指出,经历一段时间的转型发展之后,乡村社会发生了意想不到却又令人欣慰的现象,村庄实现了现代化,离城市近的居民和部分已退休人员开始在乡下定居,乡村焕发出了新的生机,重新变成了一个令人向往的生产生活场所②。

  国家统计局发布的第七次全国人口普查公报相关数据显示,截至2020年11月1日零时,全国人口的城乡分布格局中,城镇人口大约为9.02亿人,约占总人口的63.89%;乡村人口大约为5.10亿人,约占总人口的36.11%③。对比分析10年前的第六次全国人口普查数据可以发现,2010—2020年,我国城镇人口大约增加了2.36亿人,乡村人口则大约减少了1.64亿人。从上述数据不难发现,在我国经济社会持续、稳定发展和城镇化建设稳步推进的背景下,农村人口向城镇迁徙流动的趋势越发明显,流动人口数量持续增加。然而,目前我国依然有5亿多的人口居住在农村,从事农业生产,这当然并不是一个小数目,因而农民群众对美好生活的追求和乡村治理的现代化建设理应得到高度重视。有研究指出,如果说市民是西方发达国家近代发展成就取得的主要推动

---

① [美]塞缪尔·亨廷顿:《变化社会中的政治秩序》,上海人民出版社2008年,第46—48页。

② [法]H.蒙德拉斯:《农民的终结》,李培林译,中国社会科学出版社1991年,第1—5页。

③ 国务院第七次全国人口普查领导小组办公室:《2020年第七次全国人口普查主要数据》,中国统计出版社2021年,第3—15页。

力量，那么农民则是推动当代中国发展的主力军。在正式和非正式制度的共同作用下，在农民群众、乡村自治组织、乡村社会组织以及乡贤等基层力量的共同推动下，我国乡村地区形成了特有的治理方式。在农民群众的全力支持下，中国共产党取得了令世人惊叹的新民主主义革命的伟大胜利，农民群众自此开始当家作主，成为国家的主人①。家庭联产承包责任制与"村民自治"同样来自农民群众的底层推动，前者促进了农村生产力的解放和农村经济的发展，后者则为乡村社会的和谐与稳定提供了保障。在20世纪末蓬勃发展的"乡镇企业"经济和当前充满活力的民营经济的发展中，农民群众也是重要的推动力量，可谓居功至伟。还要指出的是，农产品与工业品之间的"价格剪刀差"通过牺牲农民利益为我国城镇化建设与工业化发展做出了"舍己为人"式的贡献，大规模的农民工进城务工、务商也是我国城镇化与工业化纵深发展的要素支撑，有力地推动了我国整体经济社会的持续发展。在中国特色社会主义进入新时代的背景下，新型城镇化的建设依然需要乡村的持续发展及其鼎力支持。

乡村毫无疑问是每位中国人的物质与精神家园，即使在物质较为丰富、现代化程度已经比较高的当下，每个人的生活依然与乡村休戚相关。也就是说，探讨中国乡村的存在并没有太多的现实意义，探讨其如何存在、如何更好地发展和全面振兴才真正具有现实价值。为此，党的十九大提出了通过实施乡村振兴以促进乡村持续发展的战略。对此，有研究者解读为，乡村全面振兴是全面建成小康社会和社会主义现代化强国并促进城乡共同富裕的基础性工程，以往"以城统乡"的发展思路尽管在城镇化建设和工业化发展方面取得了较好的效果，但目前已经不再适应时代的发展和现实的需要，因而要用"城乡融合"发展新理念、新思路对乡村全面振兴进行综合统筹②。毋庸置疑，基于乡村经济持续发展、乡村社会治理有序、乡村文明实现现代化转型以及乡村生态环境显著改善的乡村全面振兴是乡村治理现代化建设顺利推进并取得良好绩

---

① 刘儒等：《新民主主义革命时期中国共产党的民生建设及其基本经验》，《行政论坛》2022年第3期。

② 易承志、韦林沙：《城乡融合背景下新乡贤参与乡村公共治理的实现机制——基于制度与生活视角的个案考察》，《行政论坛》2022年第3期。

效的坚实基础。由此可见，让治理现代化这个国家战略早日在乡村这片广阔的土地上全面落地、全面实现无疑是新时期乡村建设的重要历史责任担当。中央根据时代发展特征，于2012年11月召开的党的十八大第一次提出了实现国家治理体系和治理能力现代化的目标，各地响应号召，开启了乡村治理现代化建设步伐。党的二十大报告提出，要"健全共建共治共享的社会治理制度，提升社会治理效能"。乡村治理是国家治理的基石，提高乡村治理效能是提升社会治理效能的必然要求。数字乡村作为数字中国建设的重要方面，对创新乡村治理方式、提高乡村治理水平和效能、构建乡村数字治理新体系具有重要意义。新时代新征程，要充分发挥信息化对推进乡村治理的基础支撑作用，着力提升乡村治理数字化水平，更好地促进乡村善治，服务全面推进乡村振兴。

第二，治理现代化建设是新时代乡村发展演化的内在要求。根据国家农业普查办公室发布的第三次全国农业普查报告中相关数据可知，截至2016年年底，全国村级组织大约是59.65万个，村级组织分为村委会和涉农居委会两种类型，前者大约是55.63万个，后者大约是4.02万个，2006—2016年新建的农村居民定居点大约是15万个。第二次全国农业普查相关数据显示，在2006年年底，全国村级组织的数量大约为65.6万个，其中村委会的数量大约为63.7万个，在此次普查中，没有对新建农村居民点进行单独统计，但村级组织与村委会二者之间的差额大约为1.9万个，这个差额基本可以判断出是涉农居委会。将两次农业普查数据对比分析可知，2006—2016年，全国大约减少村级组织5.96万个，也就是每个自然年度约减少6000个；其中村委会，即行政村共计减少大约8万个，每个自然年度约减少8000个；涉农居委会大约增加了2.1万个。减少的村委会和增加的涉农居委会二者之差约为6万个，这些村要么因为规模太小已经被并入其他村，要么就是被邻近村合并后已经新建成了农村居民点，还有一种情况就是因为城镇化建设已经变为城市社区。

2017年党的十九大明确提出，到2035年时我国要基本实现现代化的战略目标，2018年的中央一号文件据此提出，到2035年时我国要基本实现农业农村的现代化。具体来说，到2035年时，我国总体的城镇化率将超过70%，这意味着会有更多的农村人口迁移到城镇定居，村庄的数量还会继续减少。中共中央、国务院印发的《乡村振兴战略规划（2018—2022年）》强调，要综合考虑区位条件、资源禀赋、历史文化等因素，把现有村庄划分为集聚提升型、城郊融合型、特色保护型以及搬迁撤并型四大类型[1]。可见，除了具有鲜明特色需要加以保护的类型，其他类型的村庄都必然存在被合并、搬迁或者城市化的可能性。当然，对于那些具有鲜明特色而需要保护类的村庄，即使当地村民大量转移到城镇永久居住，但因为其环境优美，宜家宜居，依然会吸引其他地方的村民甚至久居城市的居民迁入、居住。可见，在2035年之前，我国的村落形态注定是不平静的，会一直处于动态的变化之中。而且，这种变化不只是体现在人口数量的单维减少方面，而是包括村庄各个方面内容的多维度变化，既包括村庄的人口数量、人口结构、产业形态以及人与人之间互动关系的调整变化，也包括乡村居民居住空间格局的演变与发展。从这个角度来看，中国若干年来相对平静的乡村生态正在经历千年未有之大变局，要适应并引领这种变革趋势，就必须进一步完善乡村治理，加快乡村治理现代化建设进程。

然而，目前乡村基层治理主体的作用发挥与功能释放却不尽如人意，不太适应新时代乡村发展演化趋势。具体来说，地方政府职能转变尽管取得了不错的效果，但并没有完全到位，不少地方政府在新时期依然习惯通过行政命令、管控手段等习以为常的方式管理乡村居民和乡村公共事务，导致政府职能越位、错位以及缺位等现象在乡村治理各领域、各环节均屡见不鲜、此起彼伏。乡村内部各类矛盾、各种纠纷化解和协调的力量缺少紧密协作，各自为政，无法拧成一股绳，部分治理主体习惯自扫门前雪，追求部门利益和部门政绩，导致没有形成协同治理乡村的格局并产生治理合力；因历史原因，乡村体制外的治理主体发育相对迟缓且治理能力有待提升；乡村社会组织、新乡贤、村民群众等体制外治理主体参与乡村治理的机制有待进一步健全、参与渠道有待进一步通畅。同时，从总体上来说，国家在乡村治理方面的力量部署、资源

---

[1] 武小龙：《数字乡村治理何以可能：一个总体性的分析框架》，《电子政务》2022年第6期。

投入仍然不够，乡村治理主体的内在积极性、主观能动性、创造性得不到应有的保障与发挥。而且，在一些乡镇，还存在领导干部的群众工作本领不强、基层治理能力跟不上时代要求的现象。可见，加强治理现代化建设是新时代乡村发展演化的内在要求。

第三，数字技术是乡村治理现代化建设的有效工具。2019年5月，中共中央办公厅正式发布《数字乡村发展战略纲要》（以下简称《战略纲要》），为推进新时期乡村治理现代化建设指明了方向。《战略纲要》指出，网络化、信息化、数字化在农业农村经济社会发展中的大力推广与广泛应用，既是全面推进乡村振兴的战略性方向，也是深入落实数字乡村战略不可或缺的内在组成部分。总体而言，乡村地区依然是建成现代中国市场经济体系的短板，因而乡村全面振兴的根本就在于发展乡村经济，加快农业农村现代化建设步伐，促进农业持续发展以及实现农民与市民平衡发展。近些年来，将数字技术引入乡村各领域以推动乡村地区全面发展，一直是各地乡村建设的重要实践形态，加快乡村治理的数字化转型已经在事实上成为推进乡村治理现代化建设的主流趋势和根本方向①。乡村数字化治理的目的，旨在运用现代数字信息技术，统筹乡村各类管理与服务部门，以软、硬件技术和设备为关键支撑，重构乡村治理结构、完善治理体系、提升治理效能，为乡村经济社会持续发展提供全方位的服务。可见，作为现代社会日益成熟的治理技术和工具，数字技术是发展好乡村治理现代化建设这项基础性、战略性工作的重要手段和有力武器。

首先，数字鸿沟的事实存在，使城镇和乡村居民在获取和使用数字信息资源方面的机会与能力出现了不平等、不均衡现象，从而导致了乡村地区出现数字贫困这一新问题。然而，已有研究结论充分表明，数字鸿沟无论是与绝对贫困，还是与相对贫困都是彼此依存、相互促进的。也就是说，数字鸿沟越明显的地区，其绝对贫困、相对贫困现象就可能越发明显；反过来也一样，贫困程度越深的地区，其数字鸿沟现象毫无疑问会相对更加显著，也就是说贫困与数字鸿沟相依相随，两者形成了

---

① 李燕凌、陈梦雅：《数字赋能如何促进乡村自主治理？——基于"映山红"计划的案例分析》，《南京农业大学学报》（社会科学版）2022年第3期。

一个相互交替促进的循环①。数字技术的不断发展与广泛应用，增加了乡村地区居民信息获取与使用数字化信息的可能性，为尽快弥合城乡之间已存在的数字鸿沟创造了基本条件，能确保城乡居民有机会平等地共享数字技术发展及应用带来的红利，进而奠定了乡村治理现代化建设的经济基础。

其次，数字技术驱动的乡村治理现代化建设有助于发挥多元治理主体的协同效应，通过多主体的共治共享，在优化政府科层治理机制的同时，更好地夯实了市场在资源配置中的决定性地位，从而实现了政府科层与技术之间的有机结合与良性互动，为乡村治理现代化建设提供了多重保障。

最后，数字技术赋能乡村治理现代化建设的重要方向和主要目标是"激发乡村振兴内生动力"，更好地实现"三治"融合。数字技术赋能乡村治理现代化建设的基本实践原则理应是在充分发挥各类治理主体自主性与主观能动性的基础上，鼓励其通过恰当的渠道，合理地表达治理诉求和参与乡村社会治理，从参与民主的视角有力捍卫乡村社会的公共伦理价值。需要特别指出的是，数字技术嵌入乡村治理现代化建设并不是追求地方政府通过乡村社会的"数字整合"工具追求权力垄断和行政独裁。而要达成这些目标，无疑需要乡村社会内生治理力量的崛起，破除抑制乡村社会主体合理、合法表达诉求和利益的障碍，激发其民主参与、决策和监督的内在积极性；同时，需要发挥运用数字技术提升生产和经营效率并获得成功的乡村能人的榜样和标杆作用，有效整合技术、设施、资金以及人才等各类治理要素。显然，这些举措能够奠定乡村治理现代化建设的群众基础。

二　研究意义

伴随农业税的废除、新农村建设、美丽乡村建设以及乡村振兴战略的全面推进，乡村治理过程中出现了诸多新形势、新问题，需要予以重视。众所周知，与农民切身利益密切相关的大量公共事务产生于乡村内部，而具有外部制度安排属性的传统乡村治理范式却无法有效解决丰富

---

① 胡宝珍等：《新时代"五治融合"乡村治理体系之建构——基于福建乡村治理实践的考察》，《东南学术》2022年第2期。

多样的乡村内生性需求难以得到满足的问题。因而，从该角度看，推动数字技术赋能乡村治理现代化建设，既是新时代我国乡村经济发展与乡村社会结构变迁的内在要求，也是满足乡村居民新时代日益增长的美好生活需要，进而持续增进其获得感、幸福感、安全感的有力保障[①]。可见，本书对数字技术时代我国乡村治理现代化建设具有重要的理论指导与实践参考价值。

本书的理论意义在于为新时代我国乡村治理现代化建设提供理论指导。制度化、民主化、法治化、高效化以及协同化是现代社会治理的重要表现，而社会治理现代化建设实际上包含了治理体系和治理能力的现代化建设。从中国共产党以人为本、执政为民的价值观来看，治理现代化深刻体现着以人民为中心的发展理念和治国理政情怀，把人与社会的全面发展高度统一作为全社会共同的价值追求。在治理实践中，以乡镇政府一元化主体为主要特征的传统乡村治理范式对各类治理参与主体的权限边界无法清晰界定，乡村自治组织、社会组织、村民群众之间也没有建立起一个被广泛认同并共同遵守的机制或规则。规则的缺失或者不稳定，将导致乡村各治理主体不能准确定位，不能充分发挥其资源和专业等治理优势。同时，在传统乡村治理模式下，存在已久的多头管理、单一主体等诸多矛盾，一直没有得到很好的解决。可见，利用数字技术，重塑乡村治理结构，是推进乡村治理向现代化转型的有效路径[②]。本书以城乡均衡发展思想、信息不对称理论、技术治理理论、整体治理理论等理论为重要指导，提出应对传统模式无法解决的治理新挑战与治理新困境的框架与对策，而这些旨在解决我国乡村治理难题的框架与对策，能为新时代数字技术赋能我国乡村治理现代化建设提供有价值的理论指导。

本书实践方面的意义主要体现在加快我国乡村治理现代化建设进程、提高乡村治理现代化建设绩效。从技术与治理的关系来看，社会治理范式的变革，通常与技术及其发展这个"外力"的推动密切相关。

---

① 梁言顺：《坚持以习近平新时代中国特色社会主义思想为指导　奋力谱写全面建设社会主义现代化美丽新宁夏壮丽篇章》，《宁夏日报》2022年6月16日第1版。

② 谢文帅等：《中国数字乡村建设：内在机理、衔接机制与实践路径》，《苏州大学学报》（哲学社会科学版）2022年第2期。

19世纪50年代，美国城市人口快速增加，由此产生的大量扩张需求耗费了大量的城市社会资源，而工业技术的发明与广泛应用这个"外力"加快了美国全国交通路网的建设步伐，奠定资源跨区流动的基础，从而较好地满足了这种扩张需求①。目前，城镇化与信息化高度融合发展，由此产生的海量数据信息全方位地改变了人们的生产、生活、行为方式甚至思维习惯，深刻影响着人们的世界观、价值观以及人际互动逻辑，社会格局日益呈现出网格化、扁平化的新趋势、新轮廓。社会各界之间的深度交流与持续碰撞，不但使社会组织和人民群众遇到了诸多以前未曾遇到过的新问题，也对社会治理的主体参与机制、协作方式以及综合素养等提出了新要求、新挑战。目前，全球不少国家都在探索和实践如何使用数字技术来转变社会治理理念等一系列现代社会治理的核心问题。中国各级政府也在积极制定、努力探索数字化战略方案，以期在各个领域采用数字技术推动政府职能转变，加快"放管服"改革步伐，提升社会治理绩效。旨在探讨数字技术赋能我国乡村治理现代化建设的本书，有利于推进乡村社会治理重心下移，通过扁平化的治理结构重塑精细化的乡村治理模式，进而促进乡村治理能力和治理效能持续提升，稳步、健康、有力地推进乡村治理现代化建设进程。

第二节　国内外研究现状及述评

本书从乡村治理及其现代化、数字化与数字技术、数字技术赋能社会治理及乡村治理等角度入手，对国内外研究现状和进展进行文献梳理。

一　国内外研究现状

（一）有关乡村治理及其现代化的研究

1. 有关乡村治理的研究

从总体上来看，经历较长时期的地方自治与基层公民治理实践探索之后，西方发达国家形成了较为成熟、相对稳定的基层治理范式。国外

---

① 王宇翔：《第二次世界大战前美国制造业的郊区化——兼论美国郊区化与城市化的关系》，《美国研究》2020年第1期。

不少学者也以基层治理、公民社区自治为核心议题进行了较为全面和系统的阐述，并且形成了一大批具有影响力的成果。

从乡村治理的内涵来看，法国思想家托克维尔在研究美国地方公民自治问题时发现，美国各个乡镇、县、市之间是相互平等、彼此独立的，特别是在辖区内相关事务的治理方面拥有相对独立的决策权[1]。按照托克维尔的观点，美国乡村治理的特色可以概括为"公民自治"。也就是说，公民既以公共服务接受者或消费者的身份出现，同时也扮演着公共事务管理参与者的角色[2]。然而，Valentinov等提出了乡村治理的"产权学说"，并认为乡村治理是由乡村发展利益相关者的产权所决定的，而产权又反映了利益相关者在乡村发展中的利益分配格局，因而乡村治理本质上可以视作一种反映乡村社会发展中利益相关者利益均衡化的一种产权安排结构[3]。

从乡村治理模式来看，Bjärstig T. 和 Sandström C. 提出，公私伙伴关系（PPPs）已成为欧洲范围内乡村治理的主流模式，作为乡村地区自然资源治理和管理的一种相对成熟的模式，PPPs能从参与和问责双重维度提高乡村治理的有效性和合法性[4]。Oliver Müller 等的研究结论显示，作为一种"自下而上"形成的农村发展模式，欧盟的 LEADER 农村发展计划旨在动员地方性的利益相关者，激发其充分利用自身资源和特长参与乡村治理的积极性，进而通过地方层次的政策及实施为乡村发展提供保障，完善乡村治理结构[5]。Lu M. 和 Jacobs J. C.（2013）的研究指出，1962年美国农业部开始实施的资源保护与开发（RC&D）项目，在实践中提供了一个具有独特性的乡村治理模式，该模式可以将政府的政策供给、服务提供、问题反馈与解决以及经济发展和利益分配

---

[1] ［法］托克维尔：《论美国的民主》（上卷），商务印书馆1988年版，第12—26页。

[2] Alexis De Tocqueville, *Democracy in America. Volume 1*, New York: Nova Science Publishers, Inc, 2019.

[3] Valentinov, Vladislav, "Explaining the Rise of Rural Governance in Europe", *European Planning Studies*, Vol. 16, No. 8, 2008.

[4] Bjärstig T., Sandström C., "Public-private Partnerships in a Swedish Rural Context: A Policy Tool for the Authorities to Achieve Sustainable Rural Development?", *Journal of Rural Studies*, No. 49, 2016.

[5] Oliver Müller O., "Learning to Lerder. Ritualised Performances of 'Participation' in Local Arenas of Participatory Rural Governance (Open Access)", *Sociologia Ruralis*, Vol. 4, 2019.

等模块有效结合起来①。

也有部分外国学者基于政治经济学、社会历史学等学科视角,对中国农村经济发展、政治生态以及社会治理等展开了研究,并取得了不错的成果。美国学者费正清曾指出,中国农村社会的真正统治者是夹于国家和村民之间的乡绅阶层,在治理实践中,乡绅在很大程度上直接或间接管理着乡村社会事务,特别是公共事务②。杜赞奇在系统分析中国华北地区乡村的国家、地方精英、宗族所掌握的权力时发现,这些权力在乡村治理中都具有不可忽视的独特作用,也就是说不同的权力可能在不同的领域发挥着自身独特的作用,且各权力之间关系错综复杂、相互交织影响③。马克·赛尔登基于中国农民赋税过重和农村市场经济没有形成的现实指出,中国乡村治理的进一步完善应该从农民赋税问题和农村市场构建两个方面入手,才是清源固本之道,才能全面提升治理水平④。当然,该观点已经不再适应当前的中国乡村发展实践。

乡村治理现代化建设是推进国家治理能力和治理体系现代化建设的基础工程和关键环节。应该说,很长时间以来,乡村基层治理都是中国社会学、管理学等学科领域热衷探讨的经久不衰的话题之一。目前,随着中国正式进入社会主义新时代,国内不同学科领域对乡村治理的理论探索进入了新的发展阶段。

从乡村治理的内涵来看,贺雪峰把乡村治理看作一种管理模式,这种管理模式旨在通过乡村居民的自主管理,进而实现乡村社会有序发展⑤。与此不同的是,党国英从公共产品的视角指出,乡村治理本质上可视作一个公共产品的供给过程,在其供给中,主体是政府部门,供给对象是乡村社会。⑥ 对此,郎友兴的观点是,中国乡村治理是凭借公共

---

① Lu M., Jacobs J.C., "Rural Regional Governance in the United States: the Case of the Resource Conservation and Development Program.", *Geographical Review*, Vol. 103, No. 1, 2013.

② [美]费正清:《美国与中国》,世界知识出版社2008年版,第12—24页。

③ [美]杜赞奇:《文化、权力与国家:1900—1942年的华北农村》,江苏人民出版社第2008年版,第1—4页。

④ [美]马克·赛尔登:《革命中的中国》,上海财经大学出版社2002年版,第261—263页。

⑤ 贺雪峰:《乡村治理研究与村庄治理研究》,《地方财政研究》2007年第3期。

⑥ 党国英:《我国乡村治理改革回顾与展望》,《社会科学战线》2008年第12期。

权力并能过共治与协商相结合的机制，致力于提升乡村社会治理质量与水平，直接功用在于纠正村落共同体村民自治过程中可能存在的偏差，核心目标是实现乡村居民安居乐业，然后以此为基础推动乡村社会健康、有序发展[1]。陈家刚基于政治学视角把乡村治理视作最基层的权力运作过程，追求和实现基层民主是乡村治理的核心要义，通过国家赋予的法定权力加以引导和规范各类行动是乡村治理的主要运作方式，最大限度地确保国家公共利益在乡村地区的实现是乡村治理的最终目标[2]。从国家政权及其建设的角度看，乡村治理可以视作一个权力转移的过程，也就是国家权力自上向下、从中央向基层渗透的一个过程，尽管体制性权力名义上收至乡镇政府一级，也就是说，国家行政机关的最基层就是乡镇政府，但其体制性权力可以凭借其影响向下延伸到乡村基层社会，进而完成国家对乡村权力的建构，以及对乡村社会进行符合其意愿的整合，促进乡村社会稳定和谐[3]。冯留建等对我国乡村治理的发展历程进行了总结，并认为我国乡村治理经历了三次极其重要的转变，即从"政社合一"到"乡政村治"再到"三治融合"的发展转变，每次转变都是时代发展的内在要求，每次转变都获得了巨大成就，目前已经初步形成以"三治合一"为主要特征的富有中国特色的乡村治理体系[4]。

从乡村治理现状来看，李红娟和董彦彬基于农村、农业和农民三大主题维度指出，农村空心化、农业非农化、农民市民化、人口老龄化等趋势日益明显，叠加效应越发显著，这些因素及其叠加效应都是乡村治理中的现实挑战[5]。张向东等认为，当前我国不少地区的乡村治理模式依然是"乡政村治"模式的延伸，但这种治理模式在乡村经济社会不断发展过程中暴露出了乡村权力冲突、村集体与村民之间关系紧张等一

---

[1] 郎友兴：《村落共同体、农民道义与中国乡村协商民主》，《浙江社会科学》2016年第9期。

[2] 陈家刚：《基层治理：转型发展的逻辑与路径》，《学习与探索》2015年第2期。

[3] 何虹果：《乡村治理内涵界定之争：分歧及其原因分析》，《湖北文理学院学报》2021年第3期。

[4] 冯留建、王宇凤：《新时代乡村治理现代化的实践逻辑》，《齐鲁学刊》2020年第4期。

[5] 李红娟、董彦彬：《中国农村基层社会治理研究》，《宏观经济研究》2021年第3期。

系列不容忽视的问题①。从乡村治理存在的主要问题来看，1982 年国家恢复乡政府，农村建立村民委员会，中国乡村社会自此正式形成了国家行政管理与村民自我管理并行的双重治理模式，也就是通常所说的"乡政村治模式"②。对此，周常春等认为，"乡政村治模式"一方面确实激发了家庭经济活力，促进了乡村经济社会发展，另一方面也引致了宗族势力的抬头，进而导致了乡村治理权力分配严重失衡，出现了"内卷化"现象③。从治理困境来看，魏三珊认为，乡村治理尚存在治理结构僵化、村民参与度非常低等存在已久且难以克服的痼疾，这些痼疾导致了乡村社会资源无法合理、有效配置以及乡村社会组织参与公共事务治理的优势与特长难以发挥等问题，阻碍了村民自治发展进程④。

从乡村治理完善的路径来看，切排、赵志浩基于对华北某村治理现状的实证调研后指出，要真正、全面地走出乡村治理所面临的现实困境，一方面，要改变城乡间资源分配不均衡的传统做法，真正实现城乡公共产品和公共服务供给的均等化；另一方面，多渠道加强村级"两委"组织建设，强化主体责任，落实主体职责，才有可能实现乡村治理绩效的帕累托改进⑤。赵普兵则从农民主体作用发挥的角度指出，乡村治理从来都不是个人或单一主体可以胜任的，而是全体村民共同谋划、沟通、妥协、协作的结果，因而要通过加强村民理事会、村民议事会等在乡村社会中具有极强生命力和影响力的组织建设，以村民理事会、村民议事会为载体重塑乡村治理架构，促进村民由"被动管理"到"主动参与"的转变⑥。对此，项继权、鲁帅从治理体系进一步完善

---

① 张向东、李晓群：《整合与分立：中国农村基层治理的单元组合研究——以广东清远、浙江杭州农村基层治理改革为例》，《华中师范大学学报》（人文社会科学版），2020 年第 1 期。
② 李红娟、董彦彬：《中国农村基层社会治理研究》，《宏观经济研究》2021 年第 3 期。
③ 周常春：《贫困县农村治理"内卷化"与参与式扶贫关系研究——来自云南扶贫调查的实证》，《公共管理学报》2016 年第 1 期。
④ 魏三珊：《乡村振兴背景下农村治理困境与转型》，《人民论坛》2018 年第 2 期。
⑤ 切排、赵志浩：《农村治理模式选择之殇——基于华北 X 村的个案》，《西北农林科技大学学报》（社会科学版）2019 年第 4 期。
⑥ 赵普兵：《协商治理：农村自治转型之路》，《华南农业大学学报》（社会科学版）2019 年第 2 期。

的角度指出，逐步形成具有开放包容、城乡融合、公民平权特征的治理机制，是推动我国乡村社会治理体系转型的有效路径①。卢福营、王子豪从宏观视角提出的建议是：从顶层设计入手加强乡村治理统一部署的同时，要根据社会主要矛盾的变化以及乡村居民的美好生活需求重新审视新时代中国的乡村治理，要借助创新要素的力量驱动乡村治理的资源整合，以解决乡村治理中存在的各类"碎片化"问题，形成治理合力，提升治理有效性②。对此，雷明指出，乡村治理的关键在于保证多元主体的协同行为及协同结果有效，进而开发、释放乡村内部各类治理主体的潜能与活力；实现乡村有效治理的前提在于采取有效途径提高乡镇政府工作人员和乡村自治组织的制度理解力和制度执行力，为乡村居民积极参与乡村公共事务管理与乡村社会建设提供必不可少的机制保障；乡村居民的积极态度与新乡贤的主动参与是达成乡村自治目标的关键所在，可以有效激发乡村居民及新乡贤参与乡村公共事务的积极性，发挥其主观能动性和首创精神；除了要加强前面的基础性条件建设，乡村居民的主体思想建设也须予以高度重视③。

2. 有关乡村治理现代化的研究

研究地方乡村治理转型时，国外学者大都倡导以公民为基本导向，以响应公民实际需求为基本目标，并极力推崇公民参与和多主体协同的治理理念与方式。Boonstra W. J. 在研究乡村现代化治理政策落实问题时发现，尽管政府政策非常明显地努力朝着乡村多主体治理方向引导和转变，但乡村治理政策在实践中却往往因为主体"不在场"或者主体参与不积极等问题而变得越发困难④。Arora-Jonsson S. 在分析公民参与乡村治理问题时发现，以往公民社会和国家行政机构之间不平等、显失公平的合作关系，以及农村政策作用目标的实践偏差，在一定程度上淡化了农村居民的参与激情、弱化了乡村治理的内生力量，这无疑动摇了

---

① 项继权、鲁帅：《中国乡村社会的个体化与治理转型》，《青海社会科学》2019年第5期。

② 卢福营、王子豪：《有效性取向的乡村治理整合式创新》，《浙江学刊》2019年第2期。

③ 雷明：《多维理论视域下的全面乡村振兴》，《广西社会科学》2022年第2期。

④ Boonstra W. J., "Policies in the Polder: How Institutions Mediate between Norms and Practices of Rural Governanc", *Sociologia Ruralis*, No. 46, 2010.

乡村治理现代化建设的群众基础[1]。此外，公民社会内部分群分化而导致的裂痕及其潜在权力关系分配不公在现代社会变得越来越明显，也进一步加大了乡村现代化治理政策的实施难度。对此，Tewdwr-Jones M. 指出，在单一制委员会战略和地方运作的双重推动下，乡村现代化治理政策的重新定位需要纳入更多实践和理论界专业人士的意见并获得其支持。还有部分学者独辟视角，以治理要素为出发点，论述了其在乡村复兴、再造以及可持续发展中的重要作用，这些研究本质同样是关于乡村治理现代化的探索[2]。Assche K. V. 等认为，充分发挥农民创业精神和创业动能是乡村复兴、治理转型及现代化建设的一个重要途径[3]，Andrea G. 等认为，发展农村金融也是乡村再造和乡村现代化建设的有效路径[4]。

党的十九届四中全会聚焦"推进国家治理体系和治理能力现代化"，强调要坚持和完善共建共治共享的社会治理制度，并以此为基础加快基层社会治理新格局构建的步伐。毫无疑问，因国家与乡村社会具有内在的同构性，国家治理体系和治理能力现代化的建设目标必然同时内在包含了乡村治理现代化建设。这种同构性衍生的内在要求既推动着，也倒逼着乡村加快治理现代化建设步伐。目前，围绕着乡村治理现代化建设，国内学界展开了热烈探讨。

从乡村治理现代化的基本内涵来看，国内学者主要围绕其内在构成、相对传统治理的特征、追求目标以及实现手段等展开研究。桂华指出，乡村治理现代化内涵丰富，是乡村治理体系与治理能力二者的同步现代化，而这两者之间实际上可以归纳为手段与目的之间的关系[5]。刘婷婷和俞世伟在对乡村传统治理与现代化治理的异同进行对比分析之后

---

[1] Arora-Jonsson S., "The Realm of Freedom in New Rural Governance: Micro-politics of Democracy in Sweden", *Geoforum*, Vol. 79, No. FEB, 2017.

[2] Tewdwr-Jones M., "Rural Government and Community Participation: The Planning Role of Community Councils", *Journal of Rural Studies*, Vol. 14. No. 1, 1998.

[3] Assche K. V., et al., "Rural Development and the Entwining of Dependencies: Transition as Evolving Governance in Khorezm, Uzbekistan", *Futures*, Vol. 63, No. nov, 2014.

[4] Andrea G., et al., "Digital Entrepreneurship and Field Conditions for Institutional Change: Investigating the Enabling Role of Cities", *Technological Forecasting and Social Change*, Vol. 146, No. 9, 2019.

[5] 桂华：《面对社会重组的乡村治理现代化》，《政治学研究》2018 年第 5 期。

指出，相对而言，乡村治理现代化应该更加注重乡村伦理生态，在实践中既要努力体现治理与伦理的一体两面性，也要追求治理的事实与价值维度的内在一致与高度融合①。在探讨乡村治理现代化的追求目标时，有学者将其归纳为"实现以农民为中心的乡村善治，具体包括追求民利、促进民和以及尊重民意"②。至于乡村治理现代化建设的手段，冯留建和王宇凤指出，乡村治理现代化建设要遵循现代化治理的基本规律，要引入现代化治理的基本理念，构建起现代化治理机制③。对此，贺雪峰则认为村级党政机构、乡村产权主体以及乡村居民个体以大局为重展开积极合作、充分协商，并通过制度化的参与机制与参与方式，实现农村公共服务有效、充分供给才是乡村治理现代化建设的重要法定④。

关于乡村治理现代化建设的实践难点，邵宏珠指出，新时代乡村治理现代化建设面临价值、制度和行动三重困境，也就是乡村治理中维系公共领域基本价值的公共性有待进一步明确、聚合各种不同力量的乡村组织协作能力有待进一步增强，以及切实为乡村居民办实事和治理能力相对弱化⑤。余阳认为，乡村治理现代化建设的目标没有达成广泛共识，很多乡村地区并没有确立合理的建设目标，只是在机械式地、盲目地推进治理现代化，从而出现了诸多与社会发展进程及方向不匹配的新问题⑥。李三辉认为，因历史原因，我国乡村发展现状与新的治理要求之间存在明显的不一致性，且这种差距是无法在短期内完全消除的；具体来说，推进乡村治理现代化建设面临着多元共治格局尚未形成、乡村治理"内卷化"与"碎片化"问题突出等多重困境⑦。改革开放以来，城乡人口流动障碍日益松动，城乡预期收入差异导致了席卷全国的农民

---

① 刘婷婷、俞世伟：《实现乡村治理现代化的伦理之道》，《行政论坛》2021年第4期。
② 潘坤：《乡村治理现代化的政治伦理建构》，《云南民族大学学报》（哲学社会科学版）2021年第1期。
③ 冯留建、王宇凤：《新时代乡村治理现代化的实践逻辑》，《齐鲁学刊》2020年第4期。
④ 贺雪峰：《乡村治理现代化：村庄与体制》，《求索》2017年第10期。
⑤ 邵宏珠：《新时代乡村治理现代化的困境与实现逻辑》，《农业经济》2020年第9期。
⑥ 余阳：《当前乡村治理面临的新挑战》，《人民论坛》2018年第12期。
⑦ 李三辉：《乡村治理现代化：基本内涵、发展困境与推进路径》，《中州学刊》2021年第3期。

工务工潮，乡村地区大量青壮年人口流入城市，在为城镇化、工业化加快发展提供要素支撑的同时，也导致了乡村人口持续外流、村落日益空心化，"新老断层"与"青黄不接"成为不少乡村地区人才队伍的真实写照，这进一步使得人力资本原本就积累不够的乡村地区发展越发艰难，并因此而开始走向衰落和凋敝；尽管有少数乡村青壮年在外打工、经商学到了现代经营管理知识和专业技能并作为精英返乡创业，带动了乡村经济发展和乡村居民致富，但因乡村发展相对缓慢且个人发展空间与城市不可同日而语，绝大部分精英并没有返回乡村，而是选择留在城市谋求发展；可见，人才队伍的严重缺失，同样是乡村治理现代化建设面临的难点和痛点之一[①]。姚璐莘和蒙冰峰提出，在当前的乡村治理现代化建设进程中还存在基层干部人情关系观念深厚而法治理念淡薄、政治觉悟与道德素养良莠不齐、责任担当与工作创新意识欠缺以及具体工作执行偏差与难以落实到位等方面的现实障碍[②]。还有学者从传统文化的角度探讨了乡村治理现代化建设的实践难点。在城乡一体化建设进程中，部分长期外出务工村民经过城市文明洗礼与同化后不再留恋乡土社会，甚至有部分外出村民开始忌讳乡土文化，导致乡土文化出现了认同危机；部分视野不开阔、短期外出务工的村民受城市生活的深刻影响，返乡后迷失了自我，导致极端个人主义、利己主义以及拜金主义等消极思潮在部分村民中开始泛滥；过分注重现代城市文明教化与旨在追求升学的乡村教育，在很大程度上导致乡村教育独有的文化传承功能日渐式微，由此引发了文化延续断层与传承断代的危险，这些因素叠加在一起，进一步加大了乡村治理现代化建设的实践难度[③]。

从推进乡村治理现代化的具体路径来看，王国勤指出，因我国不同地区的发展差异较大，乡村治理现代化建设首先要努力克服地区之间的经济、政治、文化、社会等差异，如果这种发展差异继续维持，乡村治理现代化建设是无法展开的，因此要制定包容性的制度，使制度创新能

---

① 胡士民、牟姣姣：《创新乡村治理体系 从良序迈向善治》，《生产力研究》2021年第1期。

② 姚璐莘、蒙冰峰：《乡村治理现代化中基层干部道德责任研究》，《领导科学》2020年第18期。

③ 丁亮、蔡婧：《乡村治理现代化：目标定位、发展困境与推进策略——第四届中国县域治理高层论坛会议综述》，《社会主义研究》2020年第2期。

够在更广泛的区域普遍开花、结果，成为促进区域平衡发展的有力保障[1]。吴理财等[2]认为，德治、法治和自治分别是乡村治理的重要伦理基础、不可或缺的制度保障和最终目标，因而要在确立村党支部在乡村治理中主导地位并进一步明确村委会具体执行职能的同时，通过利益疏导强化利益联结，为现代乡贤的培育创造良好的社会环境。陈朝霞基于乡村党支部领导地位的视角指出，乡村基层党组织是乡村治理现代化建设顺利推动的关键所在，必须建优建强乡村党支部这一重要的前提条件；要在坚定强化村党支部领导核心地位的基础上，配强配齐村两委班子队伍，严格落实"四议两公开"等制度，确保各项治理事务在制度框架内展开；在此基础上，要慎重选拔、使用乡村党支部书记，具体可采取引导在外务工、务商获得成功的农民工回乡任职以及从家庭农场主、种粮大户等乡村能人中选拔村支部书记等方式；而且，还要采取县级领导直接驻村挂点、多部门一对一帮扶乡村党组织建设等方式，有效治理那些软弱涣散的乡村党组织，打造作风优良、能真正为乡村治理现代化建设做出贡献的村党支部[3]。徐铜柱和张恩认为，通过法治化手段治理好村干部腐败、不作为、乱作为等问题，是推动乡村治理现代化建设的基本前提，因而要通过权力制约、政治监督等途径净化政治环境，塑造风清气正的乡村政治生态[4]。加快培育乡村组织，是推进乡村治理现代化建设和达成乡村社会善治目标的重要保障；乡村组织包括乡村党组织、自治组织等正式型组织以及群众性组织、志愿者协会等非正式型组织；从正式型组织的角度来看，要充分发挥乡村党支部在乡村治理现代化建设中的核心领导作用，联合村委会这个关键的自治组织和其他治理主体，不断完善参与机制和治理机制，提升治理能力和治理水平，服务乡村经济社会各项事业的发展；从非正式型组织的角度来看，乡村非

---

[1] 王国勤：《走向公共性的农村治理现代化——以浙江省为例》，《科学社会主义》2014年第5期。

[2] 吴理财等：《新时代乡村治理体系重构：自治、法治、德治的统一》，《云南行政学院学报》2018年第4期。

[3] 陈朝霞：《乡村治理现代化的困境与路径研究》，《中南林业科技大学学报》（社会科学版）2022年第2期。

[4] 徐铜柱、张恩：《乡村微腐败的异质性表现及其法治化治理之维》，《湖北民族大学学报》（哲学社会科学版）2021年第2期。

正式型组织运作相对较为灵活，具有资源优势和专业特长，且其一直以来独有的礼法教化功能，能够在很大程度上托底乡村地区的法治建设，弥补法治建设相对滞后的不足，这是正式型组织难以替代的，因而要重视其在乡村治理现代化建设中的主体性地位；特别是在不少偏远乡村地区，非正式型组织在促进文化传承、凝聚民心以及规范行为等方面具有不可替代的作用[1]。刘志阳和王泽民提出，推进乡村治理现代化建设的关键所在是将多样化的地方探索与顶层设计有效结合，做到上下统一；重点任务则是有效激活国家法律与传统伦理道德在乡村社会的双重规范作用，做到行动统一[2]。

（二）有关数字化与数字技术的研究

1. 有关数字化的研究

1995 年，被称为"数字革命传教士"的美国麻省理工学院（MIT）媒体实验室（Media Lab）主任尼葛洛庞帝教授推出了被我国译为《数字化生存》的著作。该著作一方面从生活、工作、出行、社交以及娱乐等众多视角对数字科技给人们带来的影响进行了较为详细的描述，另一方面也对一些其他值得深思的问题进行了展望，引发全球轰动和广泛共鸣，"数字化"自此成为全球经济社会领域中的一个重要的热门词汇。

通常认为，数字化是指将客观事物（信息、信号）抽象、转换为一系列二进制代码，并对其进行加工、存储、处理、展示和传播的过程。数字化信息是指以文字、图像、声音、动画以及视像等形式储存在一定的载体上并可供利用的信息，与数字化信息处理方式相对应的是模拟信号呈现方式。模拟（analog），其原意是指相似物或类似的事物，也有"连续的数值"的含义。在信息处理方面，模拟方式是把信息作为"连续值"进行处理，是一种连续的信号。凌羽乔指出，数字化是把客观对象或客观事物作为"数值"进行处理的过程，数字化的处理结果是获得一串离散的信号；数字化把所有客观对象或客观事物通过编

---

[1] 任佳嘉：《乡村振兴背景下实现治理有效的现实困境及创新路径》，《湖北经济学院学报》（人文社会科学版）2022 年第 6 期。

[2] 刘志阳、王泽民：《人工智能赋能创业：理论框架比较》，《外国经济与管理》2020 年第 12 期。

码的方式使其变为以"0"和"1"为表征的一串数字，然后再通过解码将其还原出来①。

在英语语言中，单词"Digital"是"手指、脚趾"的形容词形态，后被引申为"数字的、数值的"。现在人们所说的数字，通常是指阿拉伯数字。大家熟知的是，阿拉伯数字是由"0—9"共计10个基本符号和"十进制"构成的。然而，在数字化处理方式的"二进制"语言系统中，只运用了阿拉伯数字中的"0"和"1"这两个符号。尼葛洛庞帝（1996）提出，"0"和"1"可以表示人类生活中所有的文字、图像、语音等信息。在二进制语言系统中，"0"的意思是指"没有"，也就是"无"的意思，与"无"和"0状态"相对应的是"有"和"1状态"②。也可以这样理解，"1"在计算机二进制语言系统中表示的并非一个具体的数量，而是表示一种与"0"相反的状态。"1"和"0"的关系可以理解为"有"与"无"、"是"与"非"以及"开"与"关"等类似的非此即彼的关系。这实际上就是说，"1状态"的真正含义应该理解为"非0状态"。对此，张磊和崔铁军的总结是："0"和"1"组成的二进制数字用最少的基本要素，组合出了尽可能多的数字③。

最初，数字化语言主要是通过"英文符号+数字"来表达的，使用的是ASCII（American Standard Codefor Information Interchance）技术码，也就是"用于信息交换的美国标准代码"。ASCII技术码通过8个"比特"用以代表所有阿拉伯数字、所有英文字符（大小写）以及所有标点符号与其他常用符号，经过这样处理后，256种不同的信息均可由技术码来表达。1963年，"计算机图形学之父"伊万·苏泽兰为数字技术在图形学领域的应用开辟了道路，拓展了数字技术的应用空间。1965年，苏泽兰预测了规模无极限、无边界的未来数字化虚拟世界，提出了感觉真实、交互真实的人机协作新理论，为人机交互跨出了坚实的一步。1968年，苏泽兰进一步推出了集合各路技术、最接近现代VR设备的"三维头盗显示器"，尽管该显示器实用价值并不大，但依然被广泛

---

① 凌羽乔：《"数字"概念初探：起源、流变与未来》，《理论界》2021年第11期。
② ［美］尼葛洛庞帝：《数字化生存》，海南出版社1996年版，第229—231页。
③ 张磊、崔铁军：《时空编码数字超材料和超表面研究进展》，《中国科学基金》2021年第5期。

认为是 VR 技术发展史上的一个重要里程碑。从 20 世纪 80 年代开始，数字技术开始进入文字处理阶段，计算机的应用功能正式从处理数字、字符等向文字处理延伸和扩展，这种变化使人们真正认识到了计算机是一种可能改变未来的"新工具"，因为它一方面促进了科研工作者的"大换笔"和"大换脑"，另一方面也为人们认识、改造自然与社会提供了新的手段和新的工具。从 20 世纪 90 年代开始，计算机发展进入新的阶段，开始"进入寻常百姓家"，得以在全社会范围内广泛使用，深入影响人们日常工作与生活。从 1995 年开始，网络空间开始把世界上不同国家、不同民族和不同地区连接在一起，把更多分别处于孤立状态的人们连接在一起，人类社会自此正式进入网络化的"全球村"时代。目前，数字虚拟化的社会广度得到了极度扩展，数字化设计、数字化营销、数字化书刊、数字化博物馆、数字化政府、数字化城市、数字化乡村、数字化校园等层出不穷且日新月异，数字化虚拟事实上已经成为越来越广泛的社会现实。

2. 有关数字化技术的研究

有关数字技术的内涵，Autio 等指出，在数字化经济时代，大数据、互联网、云计算等数字技术风靡云涌、不断涌现，且逐渐被应用于各类各级管理、治理实践活动之中[1]。Berger 等（2021）认为，数字技术本质上是一种产品或者服务，是嵌入在信息通信技术之中或者融合了信息技术后使用成本更低、效能更加显著的特殊的产品或服务[2]。从总体上看，数字技术具有可编辑性、可扩展性、开放性以及关联性等方面的特征[3]。从具体内涵来看，数字技术的可编辑性实际上是指其表现载体的非固定性，是允许其他对象访问、修改以及运用的一种能力，它能保证设备通过逻辑结构注入新功能、适应新环境、开辟新用途[4]；可扩展性

---

[1] Autio E., et al., "Digital Affordances, Spatial Affordances, and the Genesis of Entrepreneurial Ecosystems.", *Strategic Entrepreneurship Journal*, Vol. 12, No. 1, 2018.

[2] Berger E. S. C., et al., "Digital or not—The Future of Entrepreneurship and Innovation", *Journal of Business Research*, Vol. 125, No. 3, 2021.

[3] Usai A., et al., "Unveiling the Impact of the Adoption of Digital Technologies on Firms' Innovation Performance", *Journal of Business Research*, Vol. 133, No. 4, 2021.

[4] Cennamo C., Santalo J., "Generativity Tension and Value Creation in Platform Ecosystems", *Organization Science*, Vol. 30, No. 3, 2019.

强调的是数字技术具有相对低消耗、低成本与相对大规模的高效率的特征，也就是说它具有能以前所未有的低成本、对大规模业务进行高效率处理的一种能力；开放性强调的是数字技术使用边界的包容性特征，这里的包容性可以理解为非专利性，也就是允许其他个人和组织参与共享和加工使用数据信息的程度或可能性；关联性突出强调的是数字技术的沟通促进特征，也就是利用多主体的在线实时互动，促进其功能与价值全面释放的一种能力[1]。从表现形态来看，数字技术主要包括数字物理组件、数字平台以及数字基础设施3种具体形式；数字物理组件是指包括手机App等应用程序在内的数字化软件以及包括电子芯片等在内的物理设备中的硬件；数字平台是指诸如IOS系统、鸿蒙OS系统、Android系统等为数字组件提供通用性服务的体系架构；数字基础设施则是指提供通信、协作或计算能力的工具和系统，具体包括云计算技术等工具和系统[2]。

19世纪末，数字技术通过在工程领域的具体实践、反复总结和高度凝练，最终形成了影响深远的近代开关理论，也就是目前通常所说的"继电—触点网络理论"。后来到20世纪40年代初，因持续的战争意外地推动了军事科学的快速发展，第一台电子管电子计算机基于战争发展的需要经由军事科学家的共同努力而正式诞生，但在当时，数字技术的使用范围并不广泛，即使在军事科学领域，它也只是被应用在自动电话交换系统以及数字通信等极其有限的领域中。从20世纪60年代开始，晶体管广泛代替电子管作为数字技术应用的基本器件，这大幅扩展了数字技术的应用领域和使用范围。于是，数字技术开始被广泛应用于计算机、数字通信、测量仪表以及自动控制等多个领域。20世纪60年代末至70年代中期，数字技术的应用空间、应用领域开始不断扩展，陆续进入社会各行各业，数字雷达、自动控制、卫星电视、医学等学科领域都开始出现了数字技术的身影，这使得越来越多的人开始认识、接

---

[1] Bharadwaj A., et al., "Digital Business Strategy: Toward a Next Generation of Insights", *MIS Quarterly*, Vol. 37, No. 2, 2013.

[2] Cenamor J., et al., "How Entrepreneurial SMEs Compete Through Digital Platforms: The Roles of Digital Platform capability, Network Capability, and Ambidexterity", *Journal of Business Research*, Vol. 100, No. 7, 2019.

受和使用数字技术。20世纪70年代中期至20世纪80年代中期，世界上第一台微型计算机正式诞生，这标志着数字技术的应用开始进入了一个全新的阶段。此时，数字技术不仅深度嵌入计算机、通信等传统领域，也开始进入普通百姓日常生产生活的各个方面，如交通自动控制、家庭用具自动控制、可视电话、智慧养老等。从20世纪80年代中期开始，数字技术开始应用于互联网架构，并迅速成为当时集聚创新要素最多、辐射带动作用最为显著、效益最为可观的技术创新领域。

（三）有关数字技术赋能社会治理及乡村治理的研究

数字治理兴起于20世纪90年代末，国外学者率先对其展开了阐述。随着数字技术在各国政府管理活动中应用率和应用范围的不断提高与扩展，数字技术对社会治理的影响也引起了更多专家、学者以及实务界的高度关注。经过理论界和实务界的不断探索，共同丰富、完善数字技术赋能治理体系与治理能力的研究内涵。有关数字技术对社会治理的影响，Adi A. 等指出，在数字化新时代，整个社会体系及其运行机制都面临着全新的机遇和巨大的冲击[1]；也就是说，数字技术的发展与应用给社会各行各业既带来了新的机遇，也产生了全新的挑战[2]。数字技术在政府治理中日益广泛的应用，改善了以往政府与公民之间的信息不对称状况，为政府公共服务精准供给奠定了基础，使公共服务供给方式、供给机制得以转变，并由此而形成了以公民为中心的新公共服务典范[3]。从积极影响来看，数字技术在公共部门中的深度嵌入与广泛应用，使得不同部门可以采取一致行动，从而改进了程序与管理方式，既促进了组织效率的提升，也促进了公共服务供给质量的提高[4]。数字技术不仅能使政府公共服务供给变得更为广泛、更加高效、更加精准，也能提升公民参与意愿和参与深度，促进了公共服务供给成本与社会治理

---

[1] Adi A., et al., "Corporate Social Responsibility in the Digital Age Volume 7 About the Contributors", No.10, 2015.

[2] Hijmans, Hielke, "The European Union as Guardian of Internet Privacy Volume 31", 2016.

[3] Becker S. A., et al., "NMC Horizon Report: 2017 Higher Education Edition", *Journal of Open Learning*, 2017.

[4] Dunleavy P., et al., *Digital Era Governance—IT Corporations, the State and e-Government*, New York: Oxford University Press, 2006.

成本的双重降低，特别是，数字技术还是削弱全球化负面影响的重要对冲工具①。

作为科技发展结晶的数字技术及其引发的革命，对社会治理的影响是显而易见的。以大数据、云计算等为主要代表的新一代数字技术经反复实践而日益成熟，其低成本和高效率特征使其迅速并深度嵌入社会各领域、各行业，与社会治理的关系也越发密切。一方面，数字技术使信息获取变得更加快捷、加工和利用更加方便，节约成本并提高了整个社会的运行效率；另一方面，数字技术的运用还生产出了更多的数据信息，对社会组织的结构调整甚至是政治权力的分配都产生了日益显著的重要影响，在一定程度上改善了社会治理生态。我国"十三五"规划纲要要求，"把大数据作为基础性战略资源，全面实施促进大数据发展行动"。《中华人民共和国国民经济和社会发展第十四个五年规划和2035年远景目标纲要》（以下简称《目标纲要》）第五篇的核心内容就是有关数字化及数字技术的应用规划与展望，其标题为"加快数字化发展　建设数字中国"。在本部分，《目标纲要》对我国如何引领数字新时代？如何利用数字技术激活各行各业的数据要素潜能并使其转化为经济效能？如何利用数字化转型所产生的巨大推动力量驱动治理方式变革？以及如何利用数字技术助推治理模式创新进而全面提高治理机制运行效率等数字化相关议题做了较为详尽的阐述和展望。而且，《目标纲要》对数字乡村建设也提出了诸多颇具建设性、前瞻性的规划，如加快推进数字乡村建设步伐，尽快建立健全乡村综合信息服务体系，加快发展数字化农业，利用数字技术加快培育和发展乡村新业态、新产业，利用数字技术促进乡村治理服务转型发展等。

当前，有关数字技术在社会治理领域中的应用，学界也存在置疑声音。数字技术无限应用，一方面可能由此导致行政权力不受约束而野蛮扩张，另一方面也可能因平台漏洞而导致个人数据被过度采集、不当消费和隐私泄露等难以预料的风险②。在数字技术语境下，许多社会治理

---

① Holeman I., et al., "Digital Technology for Health Sector Governance in Low and Middle Income Countries: A Scoping Rreview", *Journal of global health*, Vol6, No. 2, 2016.
② 戴祥玉、卜凡帅：《地方政府数字化转型的治理信息与创新路径——基于信息赋能的视角》，《电子政务》2020年第5期。

应用平台和应用系统被强制推广应用,但又受限于组织内部层级和部门权限约束,可能会出现平台建设标准不一致、部分功能重叠、同质化以及数据共享不充分等平台不规范、数据不规范等新问题。这可能产生一个这样的后果:原来存在的"信息孤岛"不仅没有被打破,甚至可能出现"小孤岛"被人为演化为"大孤岛"的意外现象;当然,也可能因统一规划的缺乏而可能造成重复性的建设,如不考虑用户体验的政务 App 泛滥,这必然引发公众反感,且浪费社会公共资源[1]。还需要指出的是,如果不对社会治理的实质性效果持续予以高度关注,仅仅强调数字技术的应用范围或者应用形式,一方面会导致预期的扁平化治理结构无法实现,另一方面也会增加垂直的链条,其表现就是多出了信息管理这样的层级,由此就可能出现"管理空转"等数字技术应用异化现象[2]。

对社会治理而言,数字技术的无限发展与过度使用也可能导致诸多意想不到的失控风险,进而冲击社会治理体系的运行轨迹,出现运行异化现象。一方面,数字技术的全方位介入,将会强化社会治理体系及其运行机制对其的高度依赖性;另一方面,数字技术的发展与应用也可能影响治理主体的公共伦理价值观,进而出现技术工具理性与伦理价值理性二者不协调、不一致等异化风险,其严重后果是导致网络民主被技术性架空[3]。从治理过程来看,数字技术的全方位介入还可能导致公共价值伦理消退、数字弱势者被歧视等方面的新挑战[4]。在数字技术深度嵌入人们的生活场景后,技术填充与占据可能造成驱离人以及对人的反叛甚至伤害等问题,会影响人们的向心力和凝聚力,进而加大治理难度[5]。Lopes N. 和 José Faria 认为,无论是公共部门,还是私人部门,

---

[1] 文宏:《从自发到工具——当前网络围观现象的行为逻辑分析》,《公共管理学报》2013 年第 3 期。

[2] 钟伟军:《公民即用户:政府数字化转型的逻辑、路径与反思》,《中国行政管理》2019 年第 10 期。

[3] Klimova J., *Digital Technology in Risk-Based Approach of Continuous Audit*, Cham: Springer, 2019.

[4] Lipps M., et al., "Risk Governance Model for an Operation or an Information Technology System", 2012.

[5] Liu W., et al., "Research for the Rough Extension of Strong Relevant Logic", *International Journal of Digital Content Technology & Its Applications*, Vol6, No. 15, 2012.

在数字治理过程中都不可避免地面临着三重网络脆弱性，即技术脆弱性、治理脆弱性和人为行为脆弱性[①]。从治理的民主性来看，数字技术可能会在无形中赋予治理技术类专家直接影响决策的权力，在极端情况下甚至可能出现"少数技术派专权"的后果，进而造成民主性在社会治理中的消退。在此情境下，人们可能会看到这样的现象，当面临某项政策难题时，治理决策者会自然地向外行且没有治理经验的技术专家求助，使得相对更加民主的公众参与和公共辩论通道被人为封闭[②]。对此，Dawes S. 描述了一个未来的数字治理框架，框架中包括技术和非技术的内容及其相互作用关系，并认为成功搭建适合政府运行机制的基础架构除了必需的基础技术和基本设施，更应该考虑相关政策与应用价值以及人、组织和其他社会因素，特别是要充分重视人的因素，要充分尊重民主，保证各类主体能有序参与公共事务治理，以应对数字治理时代各类复杂而动态的新挑战[③]。

乡村治理不是个体行为，而是一种系统行为，因而乡村治理体系是一个层级性、结构性特征非常显著的系统。从生成内因来看，乡村治理体系的形成既有乡村内部力量的推动，也有乡村外部力量的推动，但其目的是一致的，即达成乡村社会治理有序、保持社会的和谐稳定并促进全面发展。从乡村治理体系的构成要素来看，乡村治理体系既包括治理体系本身携带的因素，如治理主体及其参与机制、治理诉求表达与回应机制、决策支持机制等，也包括外部性因素，如制度环境、政策环境以及人文环境等，还包括内部因素与外部因素之间的互动规范。与大多数系统具有相似性，乡村治理体系并非静态和一成不变的，而是随时代发展而改变的[④]。随着以多主体伙伴式关系为主要特征的城市治理形态的影响越来越大，并被"传播"到乡村地区，以获取更多治理资源和实

---

① Lopes N., José Faria, *A Cybersecurity Model for Electronic Governance and Open Society*, Cham: Springer, 2018, PP.92–107.

② Dunleavy P., Margetts H., "The Second Wave of Digital Era Governance", https://www.researchgate.net/publication/228124529, (2014-05-27) [2020-01-20].

③ Dawes S., "Governance in the Digital Age: A Research and Action Framework for an Uncertain Future", *Government Information Quarterly*, Vol.26, No.2, 2009.

④ Jones O., Little J., "Rural Challenge (s): Partnership and New Rural Governance", *Journal of Rural Studies*, Vol16, No.2, 2000.

现多方共赢为主要目的的乡村多主体结成的伙伴关系逐渐形成，这种新的多主体共治格局推动着原有的乡村治理体系、结构和治理模式不断变更创新[①]。自21世纪以来，随着数字化新技术的日益成熟、不断集成与广泛运用，数字技术事实上已经替代了部分传统要素，正式成为推动政府服务转型以及包括乡村社会治理在内的社会治理转型最为关键的创新性要素和最为重要的驱动力量[②]。为此，Dunleavy P. 从新公共管理理论无法对当前政府治理中出现的资源碎片化、职能条块化、权责分割化等现象进行合理解释的角度出发，并结合数字技术治理在政府治理中蓬勃发展且治理绩效显著这样一个特定的时代背景，提出了一个有关数字治理的基本逻辑构架，进而初步形成了所谓的数字治理学说。按照他的观点，政府实行数字技术治理最核心的内容主要有三个部分，即把原来条块化的机构进行再整合，通过流程再造优化碎片化的公共服务供给，以及通过数字技术工具和平台实现整体的、多利益相关主体共同参与的决策方式[③]。

现代信息技术不断嵌入乡村各行各业、各领域，为数字乡村治理新模式的塑造创造了重要条件[④]。姜英提出，数字化时代的到来，数字技术在乡村社会治理领域的应用将会变得更为普及和广泛，使得向广大乡村群众提供满足其个性化需求的精细化公共服务成为现实，这无疑促进了乡村社会治理效率的提升，增进了乡村居民的幸福感[⑤]。因此，要顺应社会和时代发展潮流，积极推进乡村地区数字化基础设施建设和数字技术的创新应用，加快构建统筹城乡发展的信息化资源协调和共享机制，实现乡村经济社会发展与信息化建设的有机融合以及数字技术在乡

[①] Shucksmith M., "Disintegrated Rural Development? Neo-endogenous Rural Development, Planning and Place-Shaping in Diffused Power Contexts", *Sociologia Ruralis*, Vol. 50, No. 1, 2010.

[②] Janowski T., "Implementing Sustainable Development Goals with Digital Government-Aspiration-capacity gap", *Government Information Quarterly*, Vol. 33, No. 4, 2016.

[③] Dunleavy P., "New Public Management is Dead-long Live the Digital Era Governance", *Public Administration Research and Theory*, Vol16, No. 3, 2006.

[④] 沈费伟、袁欢：《大数据时代的数字乡村治理：实践逻辑与优化策略》，《农业经济问题》2020年第10期。

[⑤] 姜英：《5G时代数字技术对乡村社会治理的支持与应用》，《农业经济》2021年第10期。

村社会治理各环节、各领域的全覆盖、深嵌入①。从治理模式的转变来看，将数字技术，尤其是日益成熟的大数据、云计算嵌入乡村治理各领域、各环节，将会从根本上颠覆传统的、人治烙印明显的管理范式。可以想象的是，尽管地方政府依然在乡村治理中发挥着政策规范等引导作用，是占主导性地位的治理重要主体，但乡村自治组织、乡村社会组织、涉农企业以及村民也会成为某个领域数据信息的生产者与传播者，并借助于大数据信息平台，通过向政府建议，与政府协商、谈判实现数据共享，进而化解政府与其他治理主体之间的信息不对称困境，并促进乡村社会治理体系从过去的一元主体、封闭式管理方式逐步向多元主体、开放式的现代治理模式转变②。从治理的精准性来看，将数字技术运用到乡村治理体系中，使由经验决策转向基于数据分析的智能化决策、由救火式的被动处理转向基于数据分析的事前预测、事中精准应对，提升乡村治理决策的精准性和应对举措的有效性；信息技术和大数据能够对乡村各方面的发展情况和村民的真实公共服务需求进行精准描述和及时传递，而及时、准确掌握这些数据信息并加以分析，则是实现公共服务与资源供需无缝匹配的重要条件；数据信息的变化实际上是事情发展、变化的规律与未来发展趋势的一种刻画，透视数据变化则能了解事情产生的内因，而掌握事物产生和演化背后的内在原因，则是各类乡村治理主体提前研判乡村治理实践中可能出现的问题与潜在风险，并据此对症下药制定应对方案的关键依据③。从村民自治的角度来看，数字技术深度融入乡村社会治理，一方面能增强乡村社会中各类数据信息的透明度，另一方面也能提高数据信息传递的准确性与及时性，使各类治理主体能够更加精准、更为快速地获取、掌握乡村居民的实际治理期盼与治理诉求等关键信息，进而及时解决乡村社会治理中一直以来存在的办事"难、慢、繁"等老生常谈却无法从根本上解决的问题，提高

---

① 程名望：《数字乡村建设助力乡村振兴的机遇和挑战》，《国家治理》2021年第20期。

② 向晓梅等：《科技革命的治理逻辑与社会主义市场经济体制完善路径》，《南方经济》2021年第9期。

③ 王瑜、汪三贵：《互联网促进普惠发展的基本经验：成本分担与多层面赋能》，《贵州社会科学》2020年第11期。

广大乡村居民群众的满意度指数,并唤醒、增强其参与乡村自治的内在动力与主观能动性①。

当然,数字技术赋能乡村治理也存在一些不确定性的影响。因为乡村地区的信息化基础设施建设依然存在不同程度的滞后性和不完善性,数字技术的应用可能因"水土不服"反而增加乡村治理的各项成本②。尽管随着我国信息化建设进程的加快,乡村地区数字化基础设施正在不断完善,但与城市相比差距依然较为明显,而且不同乡村地区之间的数字化基础设施差距也正在显现。在一些经济发展较慢、位置偏远的乡村,其公路、水利等传统基础设施建设都存在明显的短板,就更不用说其数字化基础设施建设滞后了,这些地区事实上已经成为我国数字化发展中出现的新短板和新"洼地",其数字化基础设施建设的任务尚非常繁重,可谓任重道远③。从信息的流动与共享来看,在当前我国乡村治理实践中,数字化的信息交流平台建设较为滞后,信息数据的传输也通常是单向度地从乡村社会流向地方党委和地方政府,数据并没有在各个治理主体和部门间实现多向度传输与多主体共享,这必然限制着其他乡村治理主体作用的发挥④。从数据的可利用性来看,乡村社会琐碎事务非常多、数据极为庞杂,但因信息管理、加工和数据整合能力不足,大量有关乡村生产生活的数据只是被简单堆砌,得不到及时、规范处理,这严重影响了数据的质量和可用性,也必然会制约数字技术提升乡村治理的绩效⑤。在推进数字化治理的过程中,部分乡村居民可能因数字素养不高而存在对数字化治理认识不到位的情况,导致其参与积极性不高和主体作用优势无法发挥,进而导致数字乡村治理的实施缺乏群众基础⑥。此外,部分村民认为自己对数字技术需求度不高,并认为数字技

---

① 朱建建等:《"十四五"期间乡村治理数字化的框架与指标体系设计》,《统计与信息论坛》2021年第9期。
② 郭美荣等:《数字乡村背景下农村基本公共服务发展现状与提升策略》,《中国软科学》2021年第7期。
③ 汪雷、王昊:《乡村振兴视域下的数字乡村治理:困境与出路》,《邵阳学院学报》(社会科学版)2021年第4期。
④ 赵琨、苏昕:《乡村政务服务数字化的三点对策》,《理论探索》2021年第3期。
⑤ 孙九林等:《农业大数据与信息化基础设施发展战略研究》,《中国工程科学》2021年第4期。
⑥ 王雨磊:《数字下乡:农村精准扶贫中的技术治理》,《社会学研究》2016年第6期。

术可信度不高，更愿意相信多年积累的经验，宁愿摸着石头过河，这也在一定程度上限制了数字技术嵌入乡村治理体系[①]。

二　国内外研究述评

从国内外相关文献来看，尽管有关乡村治理现代化、数字技术对乡村治理影响的研究成果还比较薄弱，但有关乡村治理、数字化的研究无论是在研究规模、研究范围，还是在研究领域等方面都取得了丰硕的成果。毫无疑问，这些成果一方面为乡村治理领域进一步的深化研究夯实了理论根基，提供了好的分析视角，另一方面也为进一步考察乡村社会和乡村发展状况提供了许多相关性结论和方法方面的经验启示。然而，从总体上看，有关乡村治理的研究主题尚较为单一，已有成果注重于数字技术在某个具体领域应用的探讨，但缺乏将相关主题纳入同一框架进行的整体性分析，也就是说，已有研究对数字技术与乡村治理二者之间内在关联的挖掘尚不够深入、不够充分。部分文献关注到了数字技术对乡村治理的影响，但研究的焦点依然局限在外延式的技术应用和发展层面，缺乏内涵式的价值探究。个别研究涉及数字技术对乡村治理的影响，但主要是从宏观层面或规范性角度展开的思辨式理论阐述，因而从当前的理论思辨逐步转向理论与实证相结合的研究，从宏观层面的探讨逐步转向中微观领域的分析将可能是本领域研究的重要方向。同时，尽管研究实践个案的文献并不少，但缺乏对数字技术赋能乡村治理的原则、驱动机制以及一般性治理框架构建的研究，也就是说，有关数字技术对乡村治理影响的研究尚未形成具有统一认知的研究范式。

第三节　研究方法与研究思路

一　研究方法

本书主要使用文献研究法、规范分析和实证分析相结合以及理论建构法与案例分析法。

（一）文献研究法

本书在基本概念界定部分，采取文献研究法追溯最初的原始概念，

[①] 李道亮：《我国数字乡村建设的重点、难点及方向》，《国家治理》2021年第20期。

深入辨析治理、乡村治理、乡村治理现代化、数字化、数字技术等核心概念内涵，为全书奠定了良好的概念基础。在文献综述和理论基础阐述部分，系统梳理了有关数字技术、乡村治理等方面的研究文献，以及城乡均衡发展思想、信息不对称理论、技术治理理论、整体治理理论等理论依据，对其借鉴价值和理论适用性进行了综合评述，使本书能既受益于前人的研究成果以提高研究起点，又能在前人研究的基础有所突破和提升。

（二）规范分析和实证分析相结合

从乡村内部整合以及外部参与等多种视角梳理乡村治理的理论基础，进一步界定乡村治理及其现代化建设等概念内涵。并且，在理论分析基础上，本书对乡村治理的经济、社会绩效进行了评估，通过数据和结果分析印证理论的有效性。其中，宏观部分的实证分析使用数据主要来自2021年的《中国数字乡村发展报告》和《中国统计年鉴》，以及河北、安徽、江西等14个省份的统计年鉴，微观部分的实证分析使用数据则全部来自河北、安徽、江西等14个省份、56个行政村的535名包括地方政府工作人员、乡村基层党组织成员、村民自治组织代表、乡村社会组织代表、新乡贤代表以及村民群众的主观评价。宏观、微观部分实证分析使用的方法分别是回归分析法和结构方程分析法。

（三）理论建构法与案例分析法

在数字技术与乡村治理现代化建设内在关联的分析中，本书建构了乡村多元主体协同治理机制、乡村治理透明化权力运行机制、乡村治理科学化监督激励机制以及数字技术赋能乡村治理现代化建设实现机制等系列理论模型，为宏观、微观实证分析奠定理论基础。为通过分析国内外利用数字技术赋能乡村治理及其现代化建设的典型实践与经验，找寻各地进一步利用数字技术促进乡村治理现代化建设的有益启示，本书探讨了浙江德清县"一图感知五四"和浙江龙游县"龙游通"数字技术赋能乡村治理现代化建设实践，以及英国、美国、日本数字技术赋能的乡村治理实践，通过这些典型案例分析提炼了其对我国数字技术赋能乡村治理现代化建设的经验启示。

二 研究思路

本书遵循"发现问题、分析问题、解决问题以及持续改进"的一般研究范式，其具体研究思路如图 1-1 所示。

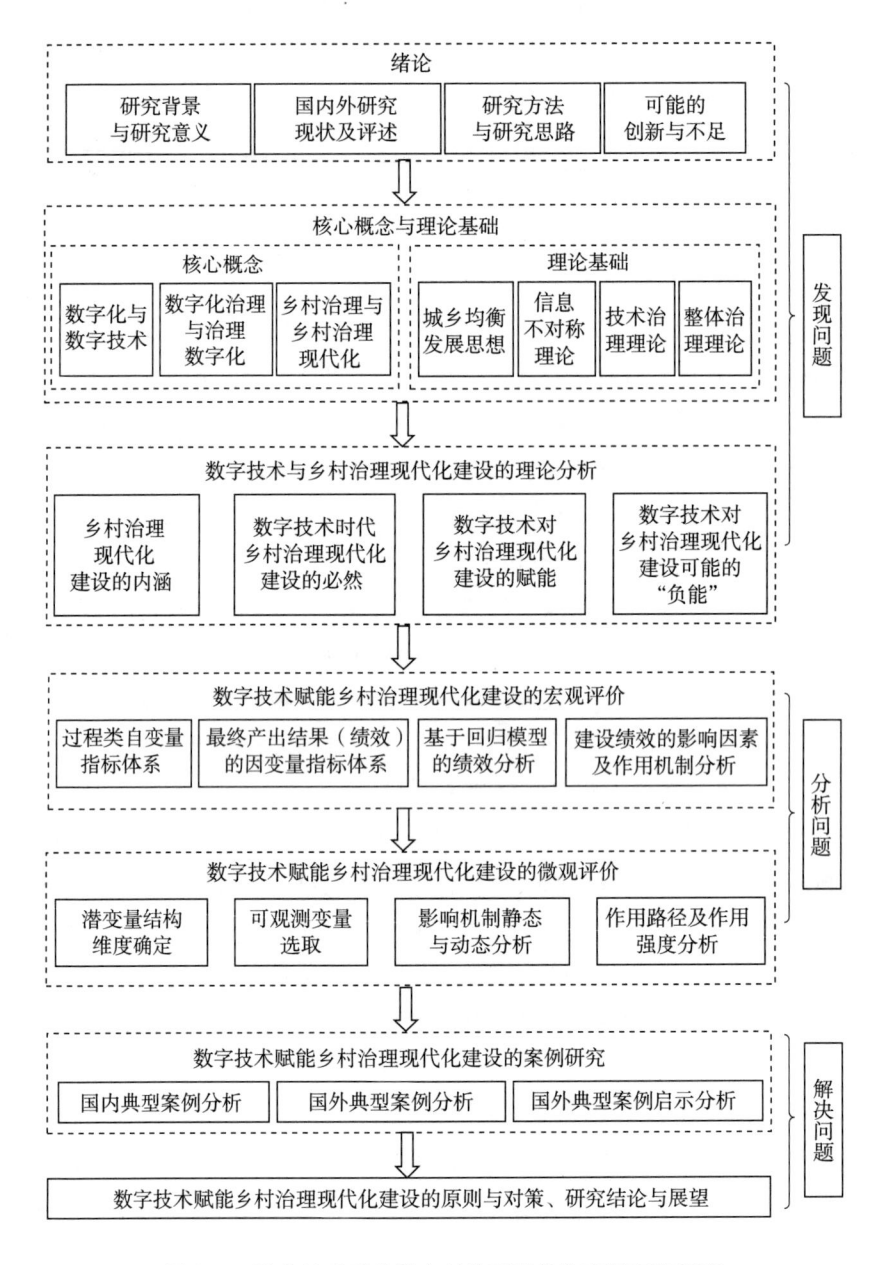

图 1-1 数字技术赋能的农村治理现代化建设研究思路

第四节 主要研究内容

一 "发现问题"主要研究内容

除绪论外，本部分阐述了数字化与数字技术、数字化治理与治理数字化以及乡村治理与乡村治理现代化等相关概念，然后对城乡均衡发展思想、信息不对称、技术治理等理论和整体性治理理论展开了全面分析，提炼其对本书研究的启示。从满足人民美好生活需要、消弭城乡数字鸿沟等维度探讨了数字技术时代乡村治理走向现代化的必然。从治理主体协同化、治理资源供给均衡化等角度剖析了乡村治理现代化建设的内涵。从搭建数字化治理平台多主体协治局面促进，构建一体化聚合平台促进资源供给精准化等维度探讨了数字技术对乡村治理现代化建设的赋能。从技术"利维坦"引发信息安全忧患，动摇治理主体技术信心以及"算法歧视"加剧社会不公，影响乡村治理现代化建设软环境等维度全面分析了数字技术对乡村治理现代化建设可能存在的"负能"。

二 "分析问题"主要研究内容

（一）宏观部分

从乡村治理现代化建设的国内外研究成果出发，介绍了数字技术赋能乡村治理现代化建设宏观的评价思路，然后阐述了数字技术赋能乡村治理现代化建设宏观评价指标选取的标准和原则，确定了数字信息发布情况、数字办事服务情况等六类过程类自变量指标体系，以及涵盖就业、社会保障和社会福利等六大维度的数字技术下乡村治理现代化建设最终产出结果（绩效）的因变量指标体系；通过回归模型探讨了数字信息发布情况、数字办事服务情况等变量对数字技术赋能乡村治理现代化建设绩效的影响，得出了数字信息发布情况、数字办事服务情况和数字建设人才技术情况显著正向影响乡村治理现代化建设绩效，以及数字平台安全防护情况、移动新媒体建设情况和数字化设施建设情况显著负向影响乡村治理现代化建设绩效等结论。

（二）微观部分

在介绍了数字技术赋能乡村治理现代化建设微观评价的科学性、具体评价方法以及评价指标建构原则的基础上，阐述了数字技术赋能乡村治理现代化建设微观评价指标体系建构思路并建构了绩效评价的微观指标体系，提出了数字技术赋能乡村治理现代化建设绩效微观影响因素指标体系建构思路并建构了影响因素指标体系，利用结构方程法实证研究了数字技术赋能乡村治理现代化建设绩效的微观影响因素及其作用机制，得出了数字技术赋能乡村治理现代化建设绩效待进一步提升，数字化基础设施、多主体协作机制、村民素养以及数字技术应用是影响建设绩效的重要因素，完善数字基础设施、加强数据使用规范是补齐数字技术赋能乡村治理现代化建设短板的切入口，进一步提升文化素养、发展数字经济是强化优势的有效抓手等主要结论。

三　"解决问题"主要研究内容

（一）案例分析及启示

探讨了浙江德清县"一图感知五四"数字技术赋能乡村治理现代化建设实践，并从技术嵌入引发多重冲突视角分析了其面临的困境，进而从"理念—制度—技术"的互嵌和赋能视角对"一图感知五四"数字技术赋能乡村治理现代化建设做了进一步思考；分析了浙江龙游县"龙游通"数字技术赋能乡村治理现代化建设，并从制度体系、基础设施等与技术失配的视角分析了其面临的困境，进而从"党建引领+多元共治+硬、软件赋能"对"三通"合一与"四化"共振数字技术赋能乡村治理现代化建设做了进一步思考；分析了英国、美国、日本数字技术赋能的乡村治理，并得出了加强顶层设计以促进数字技术与乡村治理高度融合，建设数字化共享平台以夯实数字技术赋能乡村治理基石等启示。

（二）原则及对策部分

提出了数字技术赋能乡村治理现代化建设应该坚持的六大原则，即坚持乡村基层党组织领导原则，坚持自治、法治和德治三治协同推进原则，坚持有"温度"智治的原则，坚持有效性治理原则，坚持因地制宜原则，坚持以村民共同富裕为治理动力的原则；提出了数字技术赋能乡村治理现代化建设的八大对策，即明晰数字技术赋能乡村治理现代化建设多元参与主体责任边界、改造升级基础设施补齐数字技术赋能乡村治理现代化建设短板、完善数字技术赋能乡村治理现代化建设治理平台及其功能模块、加强数字技术赋能乡村治理现代化建设的专业化人才队伍建设、激发村民参与数字技术赋能乡村治理现代化建设的主观能动性、引导和激励体制外力量参与数字技术赋能乡村治理现代化建设、发展数字经济夯实数字技术赋能乡村治理现代化建设经济基础，以及规范数据标准消除数字技术赋能乡村治理现代化建设协作障碍。

第五节　可能的创新与不足

一　可能的创新

本书可能的创新主要体现在以下几个方面。

（一）建构了具有创新性的分析范式，提出了具有探索性的价值目标

建构"理论-案例"双层逻辑与"宏观-微观"双重视角创新分析范式，提出探索性的价值目标。遵循"理论-案例"双层逻辑，对数字技术赋能乡村治理现代化建设展开理论建构和实践案例分析，基于"宏观-微观"双重视角对数字技术赋能乡村治理现代化建设绩效进行实证分析；基于价值逻辑、价值理念等3大核心要素，提出数字技术赋能乡村治理现代化建设的价值目标。上述分析框架和价值目标对数字技术赋能乡村治理现代化建设的研究而言，具有一定的探索性。

（二）提出了逻辑严谨、颇具新意的学术观点

传统乡村治理模式面临着治理主体协作松散、治理资源配置粗放、决策机制悬浮化等实践困境，制约了乡村经济社会全面发展；乡村治理现代化建设现旨在形成以治理主体"共同体化"协作、治理资源"情境化"配置、治理机制"智能化"运行为核心内容的新治理模式；利用数字技术赋能效应能促进乡村治理现代化建设，进而实现乡村振兴、共同富裕、城乡融合发展等国家战略。这些内在逻辑严谨、颇具新意的学术观点是对已有同类研究的重要补充。

（三）研究方法特色鲜明

建构乡村多元主体协同治理机制、数字技术赋能乡村治理现代化建设实现机制等系列理论模型，为宏观、微观实证分析奠定理论框架。分别利用 MRA 回归法、SEM 模型法实证分析数字技术赋能乡村治理现代化建设的宏观、微观绩效并探究其影响因素与作用机制。重视多种方法

集成应用的本课题，彰显了鲜明的研究方法应用特色。

二　不足之处

（一）理论分析不够系统

受文献收集渠道的制约，有关数字技术对乡村治理影响的研究综述不够充分，特别是数字技术对乡村治理现代化建设支撑作用的阐述尚有待进一步深化。

（二）调查区域有待进一步扩大

因时间和精力所限，本书的实证研究（包括典型案例）收集的样本数量比较有限，其代表性如何，结果与全国其他地区是否具有一致性，有待进一步探索。与此同时，不同地区的数字技术基础设施建设、乡村治理现代化建设之间存在较大的实践差异，必须通过大量的实地调查和数据分析才能全面了解和充分掌握实际情况。

（三）建设路径与政策建议的可行性有待检验

本书从数字技术嵌入路径、多元治理主体协同治理等维度建构的合理定位政府角色、全面实施数字化战略和打造统一数据信息平台等数字技术下乡村治理现代化建设路径及提出的相应政策建议，并没有充分考虑其具体实施效果以及可能在实际遇到的现实阻碍。

第二章

核心概念与理论基础

界定核心概念实际上是对特定研究领域边界的确定、思考以及表达，能反映出研究主题在理论与实践之间的合并与融通的程度或者状态。界定研究的核心概念，一方面是对前人研究积累和智慧的传承，另一方面则是对已有成果的创造性探索和突破。理论基础的阐述则为研究的开展提供了一种观察角度、思考方式以及解释依据，能够增强研究结论的说服力。

第一节 核心概念

与数字技术赋能乡村治理现代化建设密切相关的概念主要有数字化、数字技术、数字化治理、治理数字化、乡村治理以及乡村治理现代化，采用规范分析法对其进行深入解读，并借鉴他人研究成果提出与时代发展相适应的创新概念。

一 数字化与数字技术

（一）数字化

说到数字化，必然离不开信息化，在数字化概念未提出并引发共鸣以前，信息化曾是一个炙手可热的词，被人们广为关注。目前认为，信息化这个概念是由日本学者 Tadao Umesao 于1963年最初提出的。按照他的阐述，信息化是通信现代化、计算机化以及行为合理化的集合体。其中，通信现代化并非技术含义层面的现代化，而是基于现代通信技术的社会活动信息及其交流过程；计算机化强调的是信息从产生、存储、加工到利用，均在计算机控制与管理下得以实现；行为合理化强调信息化并不能超越人类约定俗成的行为准则，人类依然要在公认的准则与规范下采取行动。根据 Tadao Umesao 有关信息化的观点可知，判断一个国家或地区是否进入社会信息化，并非看计算机使用的数量或使用计算机的人数，而是看其社会计算机化的程度。之后，随着1967年日本科学技术与经济研究机构正式使用信息化概念，该概念随后得以在中国、苏联等东方国家传播并风靡一时，但一直到20世纪70年代末，西方学界才开始接受和使用信息化概念。

早在20世纪40年代，美国著名数学家、信息论的创始人克劳德·艾尔伍德·香农（Claude Elwood Shannon）提出了以"在一定条件下，所有信息都可以通过离散的序列来表示证明"为核心内容的采样定理。应该说，采样定理为"信息可以通过数字技术由模拟格式转变为数字格式"这个重要论断提供了坚实的理论基础[①]。之后，Reed T. V. 在 *How Do We Make Sense of Digitized Culture?：Culture, Power and Social Change in the Internet Era Description* 一书中对数字化进行了这样的描述：文字、影像、语音等虚拟世界与现实世界中存在的事物或对象的各种各样的信息均可以用"0"和"1"进行简化表达，这就是所谓的数字化；数字化以数字的生成作为直接目的，把客观对象或事物的特征以指标化的方式进行表征，通过数字获取、生成、加工以及增值等环节来实现自身在现实社会中的应用空间和巨大价值。

显然，"信息化"与"数字化"之间并不能画等号，两者具有较大的内涵差别。信息化关注的焦点是从"业务到数据"，与此不同的是，数字化的关注焦点则是从"数据到业务"。从本质方面来看，相对信息化而言，数字化最大的不同是业务逻辑方面的数字化而不是业务本身的数字化，因而将业务与技术高度融合进而实现管理、决策、运行等环节的智能化和自动化，成为数字化的价值追求。信息化关注的侧重点主要是如何管控各个具体的业务环节，从本质上看是对业务的结果数据进行合理再存储，并将其作为优化或者再造业务流程的参考依据。从外在形式来看，数字化相对而言更强调运行模式的转变，大数据、云计算、移

---

① Reed T. V., *How Do We Make Sense of Digitizing Cultures?：Culture, Power and Social Change in the Internet Era Description*, Second Edition, New York: Routledge, 2019, P. 25.

动互联网、区块链等技术的发展，一方面使业务流程更加注重以客户/用户/民众的体验为核心导向，另一方面也使市场组织、非政府组织以及政府组织等跨界主体协同进行前瞻性决策成为现实，从而可以更加精准地满足客户/用户/民众的个性化需求。从发展过程来看，数字化发展包括信息数字化、业务数字化以及数字化转型三个具有递进特征的阶段。

从本质上说，信息数字化（Digitization）是将模拟信息转化成 0 和 1 表示的二进制代码，以方便计算机存储、处理和传输这类信息，是从技术角度所做的界定。与此不同的是，业务数字化（Digitalization）关注的是商业模式的改变。从本质上来说，信息数字化实现了依靠云计算、大数据、人工智能等技术将现实生产生活实践中五彩缤纷的场景在计算机世界的全息重建，而"业务数字化"则是基于 IT 技术所提供的支持，并在业务与技术二者高度交融的情况下所诞生的。数字化转型（Digital Transformation），也就是通常所说的超越数字化，它既包括信息数字化，也包括业务数字化。由此可见，不能把数字化转型与技术转型二者简单地画上等号，数字化转型的内涵相对更加丰富，涵盖面相对更加宽广，主要强调由客户/用户/民众驱动的战略性业务转型；数字化转型既离不开数字技术的鼎力支持，也离不开各组织及其部门的理念更新、结构优化等。

（二）数字技术

随着移动通信网络和数字技术的深度普及，高速、高效的信息处理方式已经覆盖到了工业、农业、商业等各行业、各领域，人类的生产生活前所未有地被数据信息所包裹和联结。数字技术在各领域的深度、内化应用，给人类社会的生活、出行、社交、交易等带来了巨大的便利。最早提出"数字技术"概念的是著名新经济学家唐·泰普斯科特（Tapscott Don），他在提出该概念的同时，也预测了未来数字技术的发展将会给人类经济和社会带来巨大冲击与改变[1]。从总体上看，对于数字技术的内涵，目前学界存在狭义及广义两种不同的理解，前者认为数

---

[1] Tapscott Don, *The Digital Economy: Promise and Peril in the Age of Networked Intelligence*, New York: Mc Graw-Hill, 1996, PP. 128-159.

字技术指的仅仅是信息通信技术，后者则认为除了信息通信技术，数字技术还包括更为宽广的内涵。

1996年，美国商务部在相关报告中将数字技术视为电子商务技术及应用至其他领域且具有发展潜力的信息技术。自此之后，在美国统计局、人口普查局的相关报告中，均将电子商务和数字技术紧密联系在一起。希尔施·克莱森（Hirsch-Kreinsen）曾提出，数字技术的核心是CPS，即信息物理系统，它通过物理系统与嵌入式软件的连接，实现了二者之间的技术交互和彼此融合，然后通过软件在全球范围内共通的数据来进行统一分析处理。从该角度来看，数字技术可以理解为互联网与大量数据信息结合后所产生的新型通用型技术，它可以将生产过程中各要素打散，然后再通过新的排列组合并产生新的生产要素[1]。数字技术在经济社会发展中产生的主要效益来源并非技术本身，而是通过数字技术在各行业中的广泛应用，再通过时间成本的节约与机会成本的创造来实现。通常来说，数字技术能产生的经济效益在一定程度上取决于产业自身的发达程度，产业越发达就越可能产生高经济效益。

近些年来，随着数字技术应用范围的不断拓展、应用方式的日新月异，呼吁从广义层面阐述数字技术的声音越来越多，他们普遍认为数字技术是运用数字组来存储数据、传递信息的一门技术，具体涉及数字的转换、存储、传递、加工、转化、挖掘等一系列操作，是信息通信技术、数据处理技术、人工智能等多种技术的综合化和集成化。

二　数字化治理与治理数字化

（一）数字化治理

在具体的使用方面，"治理"一词通常与策略、管理、战略等词语具有大致相近的意思。追根溯源，"治理"的英文单词是"Governance"，而在英文中，"Governance"与"Government"（政府）非常相似。事实上，"治理"正是从"政府管理"衍生而来的，其起源可以追溯至英国著名古典自由主义思想家约翰·洛克（John Locke）的《政府论两篇》一书。在该书中，洛克花费了大量的笔墨深刻论述了政府权

---

[1] Hirsch-Kreinsen Hartmut, "Digitization of Industrial Work: Development Paths and Prospects", *Journal for Labour Market Research*, Vol. 49, No. 1, 2016.

力的来源以及政府该如何行使权力，其提出的许多观点对政治学的后续发展以及政府行政方式等均产生了巨大的影响[1]。随着数字技术在效率提升方面巨大优势的日益体现，其应用领域不断扩大，政府管理者和决策者当然意识到了这种现象，于是把它引入了政府工作，进而促进了数字技术与政府治理的融合。应该说，数字技术在政府治理中的应用和嵌入，使政府政策的形成和表达更为合理和科学。在与政治日益深度化的结合过程中，数字技术改变了政府治理流程、决策方式等，并实现了自身与政府治理的相互构建。这种表现主要体现在两个方面：一方面，数字技术带来的高效率，大幅提升了公共治理事务的处理效率和政府运行效率；另一方面，公民有关政府行政方式的认知与总体印象的获得，正被基于数字化表征的事实所改变和重新塑造。

20世纪90年代末，数字技术的迅速发展、日益成熟、不断集成以及广泛应用一方面加速了工业化的发展，另一方面也为政府在公共管理方面数字治理模式的形成提供了强有力的技术支撑。学界认为，"数字治理"这一概念是由美国著名信息社会学家曼纽尔·卡斯特（Manuel Castell）在《网络社会的崛起》中首次正式提出的，卡斯特在该书中提出了一个数字治理的理论框架，尽管该框架存在一定的缺陷，但它为后续公共管理理论的研究指明了新方向，开辟了新路径[2]。自此，有关政府数字治理的研究成果日益增多，英国政治与公共政策学家帕特里克·敦利威（Patrick Dunleavy）系统阐述了政府实现数字治理的必要性、可行性，并提出了一些具体治理模式。特别是，敦利威还对比分析了多个发达国家政府治理模式，然后以此为基础探讨了数字治理在现实社会中的潜力以及价值所在，按照敦利威的观点，数字化的电子行政、智能化的决策方式、公众参与新渠道的开辟以及公共服务资源的重新整合与供给方式的优化等是数字化治理的核心内容和重要表现[3]。

对于数字治理的具体内涵，国内外学者普遍借鉴了米切尔·巴克斯（Michiel Backus）的经典论述。巴克斯认为，数字治理可以从广义和狭

---

[1] ［英］洛克：《政府论两篇》，赵伯英译，陕西人民出版社2004年版，第23—57页。
[2] ［美］曼纽尔·卡斯特：《网络社会的崛起》，夏铸九译，社会科学文献出版社2003年版，第8页。
[3] Dunleavy P., et al., *Digital Era Governance*, New York: Oxford University Press, 2006.

义双重视角加以认识；广义视角的数字治理可以理解为，在信息技术工具的支持下，整个社会运行和组织的形式得以改变，这种改变具体体现在社会资源的整合与再分配方面；狭义视角的数字治理可以理解为，在政府内部运行中应用信息技术工具，促进政府行政处理程序的简化[①]。综上可知，数字治理一方面表现为信息技术工具在政府治理及政策实施过程中的广泛使用，另一方面则表现为政府以数字方式在社会经济方面进行的宏观调控，以及社会资源重新整合与优化分配。特别是，政府立法、监管部门等其他公共管理机构也受到了信息技术工具的影响，从而更好地发挥了自身的作用。在数字技术被应用于政府公共事务处理之前，政府有关办公文件的存档方式，只能依靠纸质文档和政府雇员的集体记忆。然而，随着信息技术的多样化发展和广泛应用，政府用来进行文件记忆的媒介选择范围日益扩大，各类资料数据均可交由计算机保存。政府工作各环节数字化程度的不断提升，使政府办公流程随之得以简化，这无疑减少了政府工作的出错率，提高了行政效率。从狭义视角来说，数字治理体现在政府、市场主体、民众三大社会主体的实时互动与有效沟通方面，政府可通过运用先进的信息技术，大幅简化公共管理的行政过程及处理程序，使政府自身与企业之间的沟通方式更加便捷、更加高效；政府各部门与公众的信息交换也因数字技术的嵌入而变得速度更快、容量更大。也就是说，数字治理的核心作用主要体现在：信息技术能通过政府政务平台这个载体发挥连接政府与市场主体、普通民众之间信息交换的桥梁作用；充分运用数字技术手段一方面能促进政府自身运转效率的提升，另一方面也能扁平化政府与市场主体、民众之间的沟通渠道，提升沟通效率。

（二）治理数字化

尽管"治理"与"数字化"时常被共同提起，但"治理"与"数字化"前后顺序的调整也将带来两个含义截然不同的概念。前文较为详细地剖析了数字化治理及其内涵，接下来将数字化和治理两个词倒过来，也就是探讨治理数字化及其内涵。有观点指出，数字化通常需要大

[①] Backus M., "EGovernance and Developing Countries: Introduction and Examples", *International Institute for Communication & Development*, Vol. 3, NO. 3, 2001.

量的人、物、事及其产生的数据的堆集才能发挥效用,如果只有几个自然人或者是几个企业,数字化的价值是无从体现的。也就是说,数字技术需要基于网络上数量巨大的相互连接节点方能实现其价值,这使得在业务上对数字化程度要求较高的公司较传统公司而言治理难度将会更大,两者之间治理难度的差别源于现代更加庞杂的组织结构、多层级的金字塔式股权结构安排等诸多因素。与此同时,一个组织如果要想实现数字化转型,首先要进行的就是整体的文化创新与变革,也就是要让全体员工都接受并内化数字文化。然而,这种变革都是一分为二的,数字文化会给一部分人创造新机遇,也可能会损害另一部分人的既得利益,因而究竟如何平衡不同人员的利益、实现多方共赢,成为数字化治理面临的主要课题。这种数字文化引发的理念变更并不是直接通过信息技术本身对公众产生影响,而是通过影响与信息技术相关的政治、经济、文化等所面临的文化环境而发挥作用的[1]。

从另一个角度看,数字既是政府所了解和掌握的各类社会信息,同时也是政府进行社会治理的一种重要手段或工具。目前,数字技术在众多国家或地区治理体系中的广泛应用,深刻预示其应用广度和深度将会不拓展。政府部门愈加频繁和熟练地运用数字信息技术,也从侧面彰显了数字技术在政府治理、政策执行、公众监督过程中日益突出的重要作用。通常情况下,为了达成某种公共目标,政府会将目标通过数字化的指标向社会表达,并通过文件或其他形式向下层政府传递,然后下层政府再传给其相关部门或是分配到具体的政策执行者。从上述这一数字化实现形式可以预见的是,随着数字化时代的正式到来,政府基于社会信息集合、通过互联网实现的社会和国家之间有效互动的数字化治理模式成为大势所趋。历史经验表明,科学技术的发展会一方面改变生产方式,提高生产力,另一方面会成为社会制度和政府治理体系转型的推动器。目前,基于数据集合、信息技术的数字治理正在成为全球数字化转型的重要特征。当然,数字化转型最初发生在经济生产等领域,然后开始向政府治理领域延伸,其主要原因在于,数字技术能够适应当前更为

---

[1] Dunleavy P., "New Public Management Is Dead—Long Live Digital-Era Governance", *Journal of Public Administration Research & Theory*, Vol. 3, No. 3, 2006.

复杂、多样态的现实社会环境，为以往面临的治理困境方面提供具有突破性的新方法，为当前面临的新治理难题提供更为合适和更为经济的解决策略。在我国，地域广袤、人口众多必然导致社会治理规模较大、治理环境相对复杂、面临治理问题更多，借助信息技术和数字化工具可以帮助政府突破旧治理模式的瓶颈约束，形成新的治理生态。

三 乡村治理与乡村治理现代化

（一）乡村治理

自中华人民共和国成立以来，我国基层治理发生了诸多变化，这种变化体现着明显的渐进式改革特征。新中国成立初期，国家面临着重重的基层社会矛盾，只有通过土地改革和社会主义集体化将政府权力渗透到基层，才能尽快控制和稳定基层。但这也造成了一个不良后果：地方治理自主性很差，完全依赖于国家权力的单向控制。在单向控制下，自下而上的信息传递变得非常困难，基层政府的自主性日益消退。党的十八大前，随着农村税费的全面取消，乡村治理中的国家权力在一定程度上被削弱，以家庭为基础的农村能人非正式治理方式格局日益形成，乡村治理的自主权在一定程度上得到了加强。党的十八大之后，通过中央政府一系列的制度安排，党组织基层治理能力普遍得到了明显的增强，国家权力开始全面融入乡村治理。习近平总书记指出，"要加强和创新基层社会治理，使每个社会细胞都健康活跃，将矛盾纠纷化解在基层，将和谐稳定创建在基层"。城乡基层是影响党的事业发展、国家长治久安、人民幸福安康的基石。对此，党的二十大报告强调，要"推进以党建引领基层治理，持续整顿软弱涣散基层党组织，把基层党组织建设成为有效实现党的领导的坚强战斗堡垒"，这实际上为新时代乡村社会治理提供了有效的行动指南。

从政治学视角来看，乡村治理需要政府、乡村自治组织、乡村社会组织、村民等主体相互协同和共同治理，从而实现乡村社会的集体利益和公共伦理价值。在多主体共同治理体系中，乡村治理中的"乡村"是治理的基本单位，其覆盖面其实是非常广泛的，"治理"强调是乡村治理的主要落脚点。作为近些年来各级重要会议、各级政府报告中出现的高频概念，乡村治理得到了诸多学者的重视，不少学术成果都对其内涵进行了解读。有学者认为，乡村治理是乡村社会的管理行为和自主活动的结合，旨在促进乡村经济社会的可持续发展；乡村治理旨在针对性地解决乡村社会存在的现实问题；村民群众的自治是乡村有效治理的前提和关键[1]。也有学者提出，乡村治理可以理解为国家和相关组织为乡村社会提供公共资源和产品的一种行为[2]。

联合国全球治理委员会在《我们的全球伙伴关系》这一报告中，对治理的内涵进行了深入阐述，为其解读提供了一个可参考范本，即"各种公共的或私人的机构管理其共同事务的诸多方式的总和"[3]。就本质而言，治理是多个主体通过相互合作、协调以及彼此制衡、调适，以共同处理社会问题的一个过程。在党的十八届三中全会上，"治理"这个词在我国首次正式出现在官方文本中，此次会议既提及了"社会治理"，也提出了"国家治理体系和治理能力"等新概念。众所周知，管理与治理并非一回事，两者之间存在巨大的差异。管理突出强调政府的主体地位，非常注重强制性和政府的绝对权威性；治理强调非强制性和自愿性，注重政府、社会组织和市场主体之间的沟通合作，并且治理参与主体是平等处理面临的公共事务，非常注重纵向和横向之间的互动过程；治理对激发社会潜在活力、促进社会广泛参与具有显著的意义。"乡村治理"这个概念在国内学界最早由徐勇提出，他认为乡村治理是公共权力管理乡村实务并实现乡村社会稳定发展的特定过程[4]。之后，贺雪峰认为，乡村治理实际上是中国乡村的自我管理，其目的是实现乡村社会有序发展[5]。王晶晶等则提出，乡村治理是指基层政府、社会权威组织等乡村公共权威以不同方式解决乡村面临的现实问题[6]。

尽管学者对"乡村治理"的内涵有不同的解读，但这种解读大体可以归纳为宏观、中观和微观三个层次，即宏观层面的政策、制度和外部环境，中观层面的行为主体以及微观层面的具体手段和治理目标。目

---

[1] 王明为、杨灿：《新型城镇化背景下乡村治理的转型路径研究》，《云南社会科学》2021年第2期。

[2] 李金锴等：《乡村治理何以有效？——国外典型实践模式及启示》，《山西农业大学学报》（社会科学版）2022年第1期。

[3] 俞可平：《治理和善治引论》，《马克思主义与现实》1999年第5期。

[4] 张厚安、徐勇：《中国农村村级治理》，华中师范大学出版社2000年版，第20页。

[5] 贺雪峰：《乡村治理研究与村庄治理研究》，《地方财政研究》2007年第3期。

[6] 王晶晶等：《浅析"乡政村治"》，《甘肃农业》2005年第9期。

前，乡村治理已经不再是过去那种自上而下的管理和控制，日益复杂的现实环境需要越来越多的社会力量参与到乡村公共事务的治理中来，推动乡村治理向"协同治理"的方向转变。综合来看，乡村治理是以村为主要阵地的治理，是在基层党组织的领导下，是一个由基层乡镇政府、乡村自治组织、乡村社会组织、村民等治理主体相互配合、共同参与的过程。综上所述，乡村治理可以理解为，基层政府、乡村自治组织、乡村社会组织、新乡贤以及村民等多元主体，通过团结协作，整合多种资源，共同参与乡村政治、经济、文化和生态等各方面政策的协商管理，以实现乡村经济社会有序发展的过程。

（二）乡村治理现代化

乡村是国家最基层的单元，从该角度来看，乡村社会治理现代化无疑是国家治理现代化的内在构成。乡村治理现代化是相对传统的乡村治理方式而言的，其特征主要体现在：文件处理日益高效化、部门制度不断科学化、村干部队伍专业化、治理程序相对简洁化、矛盾化解与问题处理方式多样化等。从构成要素的角度来看，乡村治理现代化需形成多元化的治理主体参与机制、市场化的乡村经济发展机制、透明化的政府权力运行机制以及便民化的公共服务。其中，多元化的治理参与主体是乡村治理现代化最为核心的要素，市场化的经济建设是乡村治理现代化坚实的物质基础，透明化的权力运行是乡村治理现代化的基本前提，便利化的公共服务供给则是乡村治理现代化的关键保障，四者之间相互作用、彼此影响。2018年颁布的《中共中央国务院关于实施乡村振兴战略的意见》（以下简称《意见》）对新时代我国新型乡村治理体系的建构做出了整体部署，提供了具体指南。《意见》指出，要建立党委领导、政府负责、社会协同、公众参与、法治保障的新型治理体系，进一步促进自治、法治、德治"三治"融合，确保建成富有韧性、充满活力、契合时代需求的新型乡村治理体系；特别是要加强乡村党组织建设，提高乡村居民及自治组织的自治能力，建设法治村；要进一步提升村民群众的道德水平和素养，建设好平安村。

乡村治理能力现代化主要体现在两个方面：第一，国家权力对乡村社会实行自上而下的适度管理。第二，乡村社会自治保持有序有效的局面。从国家权力的角度来看，首先，乡村治理能力现代化需要进一步明确乡镇政府在乡村治理中的职能和使命，并通过现代化的技术和工具提高治理绩效。其次，乡镇政府要在法律法规的框架下，积极创新政策供给、加强政民互动以及乡村道德文明建设和文化建设。当然，提升乡村治理能力是一件需要高度务实的事情，需要以解决乡村实际问题为核心靶向和基本导向，需要明确乡村治理目标和准确把握乡村居民的实际需求，方能充分调动乡村社会自治的内生性动力，激发乡村自治组织、乡村社会组织、新乡贤以及乡村居民参与乡村治理的内在积极性和主观能动性，进而培育出具有科学治理理念和现代治理素养的多元化乡村治理主体。从乡村社会自治的角度来看，乡村治理能力现代化要求乡村居民不断提高法治意识与依法自治的综合能力，不断增强守法意识和民主精神，持续提升参与素养与治理能力，这是多元社会主体参与乡村治理决策和具体治理活动并有效行使监督权的重要前提。从乡村治理现代化建设的发展进程与演变规律来看，治理模式的创新既是其核心要义，也是其重要表现形式。从最终结果来看，乡村治理现代化的最终目标是通过建立制度、价值观和政策相结合的现代化治理体系结构，形成乡村内部以及乡村与城镇之间全面协调的发展新格局。

从总体上看，乡村治理现代化的建设目标包含了参与主体多元化、运行体系民主化、法治合意化、制度规范科学化以及社会响应积极化等多类型、多向度的价值内涵。现代化的乡村治理体系理应具有显著的科学性、良好的协调性，以及健康且稳定的运行与操作机制，该机制的最大特征是能适应乡村发展的实际需要，并具有一定的自我调适能力。换言之，在现代化的乡村治理体系和治理能力的双重支撑下，乡村地区的经济、政治、文化、社会和生态环境要能实现更好、更全面的协调发展。从内在关系来看，乡村治理现代化建设具有一体两面的统一性，既内在包含了治理体系的现代化，也内在包含了治理能力的现代化，且两者是一个相互依存、彼此影响的有机整体。从发展过程来看，乡村治理现代化建设是一项复杂、系统的工程，建设过程具有梯度性、阶段性等特征，涉及人类行为、意识以及思想等诸多领域[1]。也就是说，乡村治

---

[1] ［美］塞缪尔·亨廷顿：《变革社会中的政治秩序》，李盛平译，华夏出版社1988年版，第33—40页。

理现代化建设会受乡村社会自身发展水平和人文环境的影响，其建设绩效也受制于乡村治理体系的完善程度和治理能力的水平高低。

目前，无论是理论界还是实务界都有一个共识，即单一主体不可能推进乡村治理现代化建设，乡村治理现代化建设的方向必然是主体多元化的格局。乡村治理主体既包括乡镇政府、乡村自治组织、乡村社会组织，也包括村民群众等组织和个人，这些主体是乡村经济持续发展和乡村社会和谐稳定的核心力量。当然，随着乡村社会组织的日益成熟，社会力量开始介入乡村治理，乡村精英、乡村社会组织等力量在乡村治理及其现代化建设舞台上所发挥的作用也越来越重要。但不管怎么样，乡村治理现代化建设都不应离开基层党组织的全面统一领导，方能实现基层党组织、乡镇政府、乡村自治组织、乡村社会组织、新乡贤、村民等多主体合作治理的动态平衡。在这一动态平衡的协作过程中，各主体扮演的角色、承担的责任是有差异的，其具体的职能职责定位也有所不同。

第一，基层党组织。在乡村治理实践中，基层党组织主要是乡镇党委、村党组织这两个组织载体，通过这两个组织载体，可以将党的理想、政策意图等渗透到乡村社会体系之中，以此加强对乡村治理及其现代化建设的全面领导。党的二十大以来，随着乡村改革发展和面临形势与任务的变化，党和国家特别重视基层党组织在乡村治理及其现代化建设中的核心地位和全面引领作用。实际上，中国共产党的基层党组织既是国家战略、国家政策的实施者，又是基层民意的聚集者，在乡村治理及其现代化建设中同时扮演着多重角色，既是领导者，也是组织者，还是协调者，重要性不言而喻。历史经验表明，基层党组织的领导是乡村治理及其现代化建设的根本性保障，在乡村治理及其现代化建设的全过程中，任何治理主体都不能单打单干，都需要服务党的统一领导。当然，治理主体不可能在不考虑自身利益的前提下积极参与乡村治理及其现代化建设。因此，基层党组织需要积极参与乡村具体工作，面对不同参与主体之间可能因利益诉求差异而产生的矛盾和冲突时，基层党组织要积极搭建协商平台，依托自身强大的政治资源和组织资源，及时平衡矛盾、协调冲突。

第二，乡镇政府。作为国家行政机关的神经末梢，乡镇政府是国家行政权力与职能最基层的行使机构，在乡村治理及其现代化建设中处于主导性的地位。通过乡镇政府这个重要的平台，国家政策和行政权力直达农村，使国家治理能力在乡村地区得以体现。作为国家基层政权，乡镇政府在国家和乡村社会之间具有重要的连接作用，既负责国家政策的基层实践，也将国家公共资源在乡村地区进行合理配置。乡镇政府负责乡村社会的政治、经济、文化、教育、科学、公共卫生等具体的行政工作，是国家公共服务和公共资源的具体供给者。在乡村治理现代化建设进程中，乡镇政府通过下沉国家公共资源、政治权力将自身深度嵌入乡村社会体系之中。而且，乡镇政府还在协助基层党组织工作，为多个治理主体的协作共赢搭建好合作平台，协调各治理主体之间的利益关系等方面发挥着重要的作用。可见，乡镇政府在乡村治理及其现代化建设中的作用是不容忽视的，否则有可能会导致乡村社会陷入治理无序、建设无章的状态。

第三，乡村自治组织。乡村自治组织也就是通常所说的村民委员会（村委会），从本质角度来看，乡村自治组织是乡村全体居民通过特定机制民主管理乡村公共事务、维护乡村社会秩序和集体利益的一种社会自治组织。村委会既是广大村民的"娘家人"和"组织者"，也是乡镇政府的"代理人"，为村民参与乡村治理提供平台的同时，也在乡镇政府的指导下负责宣传、贯彻落实各项国家政策和法律法规。当然，因为具有"代理人"这一特殊身份，村委会还需负责推进扶贫项目、收集人员信息等乡镇政府安排的政策执行工作。尽管目前少数村委会可能存在机制僵化、队伍老化、治理效率低等不足，但无论如何，村委会依然是乡村治理及其现代化建设的重要组织。

第四，村民群众。乡村群众历来都是我国革命和社会主义事业建设的中坚力量，是农业农村发展的主力军和农村社会财富的创造者。革命战争时期，村民群众为中华人民共和国的成立做出了巨大的牺牲和历史贡献，最终成为当家作主的国家主人；新时代的村民群众既是乡村治理及其现代化建设的参与主体，也是各项方针政策的接受者、执行者。如果离开村民群众的支持，仅仅依靠政府的力量是不可能推进乡村治理现代化建设的。而且，村民群众相对更加熟悉乡村发展情况、深谙乡村风土人情，对乡村治理及其现代化建设中存在问题的实际认知也相对更为深刻，更具有发言权。可见，乡村治理现代化建设进程的顺利推进及其绩效的提升，很大程度上取决于村民群众的力量。

现代化是一个相对过去和现状不断改进、不断创新的单向递进的动态过程，是社会全面发展与整体进步的重要标志与必然趋势。可见，推动乡村治理现代化建设是对传统的"乡村治理"模式不断改革的一个动态过程。中国治理现代化建设是复合型的现代化建设，是治理体系与治理能力现代化二者的同步建设与协同推进，其鲜明的目标是：促进国家治理体系在经济、政治、文化、社会、生态等不同领域，以及政府、社会与乡村基层等不同层次治理的规范化和有序化，使党领导人民以法治思维治国，从而将中国特色社会主义固有的制度优势通过现代化建设这个载体转化为国家治理的效能优势，实现国家的长治久安。因此，作为国家治理现代化在乡村社会的具体实践与内在延伸，乡村治理现代化建设旨在推动乡村经济实现产业化、乡村政治实现民主化、乡村文化实现大众化、乡村社会实现和谐化以及乡村生态实现绿色化的发展过程。

需要进一步说明的是，现代与传统二者并非彼此对立的，而是一种传承与发展的关系。现代化本质上是对传统进行的改进与完善，是人类社会发展和进步的总体趋势，与以往的乡村治理相比，乡村治理现代化建设是使乡村适应和引领现代社会的一个动态过程。从实践层面来看，乡村治理现代化建设包括自上而下和自下而上两个互动、互构的双向过程。一方面，为实现国家战略和乡村发展的具体目标，要通过自上而下的政策指导和资源配置引导，不断健全乡村治理体系；另一方面，为实现乡村可持续和健康发展，应发挥村民群众的创新精神，自下而上地推进村民自主创新进程。因此，在新的历史发展阶段，乡村治理现代化建设要立足乡村发展实践，把创新乡村治理模式、提高治理绩效摆在突出的位置，加快构建起多元主体协同的乡村治理新格局；要推进乡村治理目标向公共服务便民化转变，为村民群众提供优质的公共服务；要推进乡村治理由地方政府说了算向民主协商转变，进一步增强村民的权利意识，促进乡村民主政治深入发展。

第二节　理论基础

结合数字技术赋能的本质内涵和乡村现代化建设的时代要求，深入阐述城乡均衡发展思想、信息不对称理论、技术治理理论和整体治理理论，并分别提炼其对数字技术赋能乡村治理现代化建设的研究启示。

一 城乡均衡发展思想

"均衡"一词最初出现在力学领域，主要表示物体处于一种相对静止的状态。后来，"均衡"这个概念被引入新古典经济市场的分析范式之中。按照新古典经济学的观点，社会经济现象具有三个维度的均衡：两个相互独立的商品在价值方面具有相等性；市场供需的平衡性，即市场供需处于帕累托最优状态；结构的一致性，即不同层次或同一层级不同结构的事物具有内在一致性。一直以来，城乡关系是人类社会发展进程中最为重要的宏观关系之一。在人类社会发展早期，是没有城市与乡村概念的，也就不存在城与乡的区别，因社会生产力的不断发展推动了社会分工而导致了城乡的差异化发展和城乡利益的分离。美国著名经济学家阿瑟·刘易斯（Arthur Lewis）在《劳动力无限供给下的经济发展》一文中强调：尽管发展中国家长期以来既有现代化的工业，也存在传统性的农业，但其经济发展的方向与重点必须放在传统农业向现代工业的改造方面[1]。西方城市协调发展理论也指出，城市快速发展必然会导致环境受到污染、人口过度集聚、交通拥堵、公共资源不足等问题，这就是人们通常所说的城市病。因此，在社会发展到一定阶段之后，必须开始实施产业从城市向农村地区转移引导政策，让城市为农村发展提供先进技术和资金支持，前者支持后者发展，进而缩小二者之间的发展差距，最终实现城乡一体化式发展。

（一）城乡均衡发展思想内涵

有资料表明，恩格斯（Friedrich Engels）是第一个提出"城乡一体化"概念的人。他在《共产主义原理》中曾这样论述："废除旧的分工，进行生产性教育，转变工作方式，共享社会利益，实现城乡一体化，才能充分发挥全社会的人才力量，让城乡每个人都得到全面的发展[2]。"詹姆斯·布坎南（James Buchanan）等指出，财政平价可以理解

---

[1] Lewis A., "Economic Development with Unlimited Supplies of Labour", *The Manchester School of Economic and Social Studies*, Vol. 22, No. 2, 1954.

[2] 马克思、恩格斯：《共产主义原理》，中共中央马克思恩格斯列宁斯大林著作编译局译，人民出版社2014年版，第67页。

为处于相似情况的人可以得到大体相同的财政盈余，要通过政治程序实现财政公平，就必须向经济富裕地区征收一定的税款，作为对经济落后地区发展的支持，进而实现区域的平衡发展①。应该说，这一描述与当前我国的社会现实比较相似，因历史上重工轻农等原因，我国长期以来都存在城乡发展失衡的客观现实，即农村各项事业的发展比城市相对落后。与此同时，经过多年的发展积累，我国城市已经具备支持农村发展基本条件。《人力资本理论》作者、诺贝尔经济学奖获得者舒尔茨（Theodore Schultz）曾指出：20世纪50年代以来，尽管农业和农村发展步伐落后于城市，但其在工业化进程中发挥着不可或缺的重要作用；尽管在国民经济中的贡献的占比在一直缩小，但农业依然是一个国家或地区经济的重要组成部分，如果在产业政策方面过于忽视农业、过分强调工业将无法实现经济社会的全面现代化。需要注意的是，尽管我国长期以来一直是典型的农业大国，但随着工业化水平的不断提高和城镇化的快速发展，越来越多的农民进城务工、务商，导致越来越多的农田被人为废弃或者永久性征用，这不仅在一段时间内引发过城市化进程中的城市病问题，而且也在一定程度上引发过粮食恐慌。同时，工业的过度扩张和农业的过度萎缩，也会导致自然生态环境恶化，因而只有加大农业发展支持力度、改善农业发展环境，实现工农业二者的均衡发展，国家的整体经济、社会才能保持健康、持续和稳定的发展态势。

在我国，党和中央政府一直比较重视城乡均衡发展。中华人民共和国成立初期，毛泽东同志在《论十大关系》一书中旗帜鲜明地指出，必须协调好农业、轻工业、重工业之间的关系。构建协调的城乡关系有利于转变长期存在的城乡二元不均衡结构，是我国实现社会主义现代化国家目标的内在要求。邓小平同志曾强调，"农业搞不好，工业就没有希望，吃穿消费就解决不了"。进入21世纪以来，胡锦涛同志提出了"两个趋向"理论，并认为从西方工业化国家的发展历史进程及特征可以看出，在工业化起步阶段，农业通常为工业发展提供原始积累和要素支持，对工业发展给予单向的支撑，但当工业化发展到一定的程度后，

---

① 詹姆斯·布坎南、李公绰：《评里根政府的新经济政策》，《国际经济评论》1981年第6期。

就需要工业反过来为农业提供支持和发展推动力，城乡之间的关系同样如此。2019年5月，习近平总书记在江西省考察时强调，城镇化与乡村振兴二者互促互生、相得益彰，要构建新型城乡关系，健全城乡融合发展机制并完善相应的保障政策，为城乡协调、融合发展提供制度保障。2021年8月，习近平总书记在河北省考察时指出，全面建设社会主义现代化国家，一方面要继续建设好繁华的城市，另一方面也要加快建设好繁荣的农村，形成新型工农城乡关系。从理论发展与创新的角度来看，习近平总书记有关完善我国城乡关系、促进城乡融合发展的系列重要论述，逻辑严密，层层推进，是对马克思主义城乡关系思想的重大补充和重要发展。

综上可知，城乡关系相关理论从经济、金融、人力资本、公共服务等不同角度为城乡关系的进一步发展提供了思想启示和理论指导。建设城乡统筹协调发展的关系具体包括以下要求：一是建构好统筹的城乡政策框架，也就是取消阻碍农民平等权利和公平待遇获得的制度和政策，公平、公正和一视同仁地对待城乡人口，确保城乡居民权利享有无差异化。二是要实现工业和农业的均衡发展，并在发展中日益形成优势互补的工业和农业产业结构。三是统筹好城乡社会服务体系，整合好城乡公共资源并对其进行合理、优化配置，逐步实现城乡公共服务供给的均等化。四是进一步统筹好城乡生态环境的发展，也就是促进城市人工生态环境和农村自然生态环境二者的协调发展。

（二）城乡均衡发展的实现路径

1. 要进一步强化制度保障

要深入改革和创新乡村振兴、乡村治理的体制机制，优化制度供给，为其提供有效制度保障。接着，要重点解决好"人""地""钱"等乡村振兴、乡村治理中的重点、难点问题。"人"主要是指劳动力及其素养，人才是技术、管理、创新等生产要素的唯一载体，人类社会发展史表明，没有人才支撑，社会发展是无从谈起的，因而只有确保农村劳动力有序外流与内生成长之间的长期动态平衡，才能真正优化农村劳动力构成结构。"地"主要是指作为农业生产发展、农村建设和发展空间载体的土地资源。要尽快妥善处理好农地关系问题，需要进一步健全土地退出机制以及农村生态复苏的保障机制。"钱"是推进乡村振兴以及健全乡村治理必不可少的经济资源，当前主要是要解决好进一步扩大资金来源、改善资金使用结构、提高资金使用效率等问题。与此同时，推进乡村全面振兴和乡村治理，也需要进一步理顺有机农业与小规模农业之间的联系，在推进乡村振兴、乡村治理的过程中，必须认真、全面贯彻生态文明和绿色发展理念，实现有机农业与小规模农业的融合发展。当然，推动乡村全面振兴和乡村治理现代化建设还离不开法律的规范，只有在法律的统一规范下，才能实现自治、法治与德治三者的有机融合。而且，乡村全面振兴和乡村治理现代化建设不可避免地要实施绩效考评，绩效评价是确保乡村全面振兴和乡村治理现代化建设顺利推进的重要工具。

2. 要充分发挥乡镇的连接作用和特色城市的示范作用

乡村振兴、乡村治理现代化建设必须以乡村这个特定的空间单元为基础。大都市区是促进城乡融合、实现乡村振兴和乡村治理现代化建设的重要发力点，因而要以大都市圈为基本依托，以城乡互联互通的基础设施为重要途径，促进城乡资源要素的互相联结、彼此交换，促进城市的先进资源要素逐渐向乡村地区扩散。乡镇既是城市的末端，也是乡村聚落的延伸，是城乡融合发展的桥梁和纽带，其功能作用的发挥对乡村和城市二者融合发展具有无法替代的重要功能。可见，在乡村振兴和乡村治理现代化建设的过程中，制定科学、合理的村镇发展规划以进一步优化村镇空间布局，是实现乡镇在城市与乡村之间的桥梁和纽带作用的关键所在。目前，特色城镇发展模式在融合经济发展与生态环境保护、人文要素与自然景观以及新产业、新业态与农业等方面展现了强大的功能和作用。因此，要以特色城市发展模式为示范，探索乡村特色产业发展新模式，推进乡村地区三产融合发展，通过融合产业拓展就业新渠道，增加乡村就业机会，为农民增收、乡村振兴和乡村治理现代化建设进一步夯实基础。

3. 要通过协调分区分类，促进乡村振兴和乡村治理现代化建设

中国幅员辽阔，经济基础、资源禀赋等差异较为明显，农村发展水平也参差不齐。总体而言，东部地区村庄、郊区村庄和资源密集型村庄发展水平相对较高，而西部地区、山区、生态脆弱地区以及边远周边地区村庄的发展水平相对落后。因为乡村发展水平和层次均存在现实差

异，不同乡村地区实现乡村全面振兴以及建成新型乡村治理体系所需要的时间、资源必然也有所不同。在推进乡村振兴和乡村治理现代化建设的过程中，不可能追求全国各地并驾齐驱，同时取得一致的建设成效、达成一致的发展水平，要充分考虑到乡村发展的现实差异性，通过分步、分批发展和建设策略，最终实现城乡的平衡发展。具体来说，要结合行政区划、农业基本功能定位、区域规划，尽快编制"国家乡村振兴战略规划—县域乡村振兴规划—城乡振兴联合规划—村镇乡村振兴详细规划"四级规划体系；在此基础上，要根据经济社会发展水平、村镇选址条件，并结合县域、村镇分类情况，鼓励具有较高发展水平的乡村利用自身的先发优势，进一步深化与城市的资源和要素互动，努力探索和创建城乡融合发展的新道路与新典范，为城乡均衡发展开创新局面；要通过政策引导和支持中等发展水平的乡村地区激发内生发展活力，探索形成城乡要素合理流动、资源优势互补以逐步缩小城乡发展差距的新模式；要大力支持原来深度或相对贫困的乡村地区，在确保其不返贫的基础上，闯出一条充分发挥后发优势、赶超先发地区的新路径。

4. 要总结不同乡村地区发展模式的经验

不同地区具有不同的发展特征、功能和优势，其生态环境、基础设施水平、产业构成、新业态发展情况、交通可达性、人口构成与密度、社会组织发育情况以及传统文化与价值观念等都存在较大的现实差异，这种地区差异必然导致发展路径的多样化。因此，要因地制宜研究乡村发展类型和乡村治理模式，鼓励通过具有差异性的乡村振兴模式，缩小城乡空间差距。同时，乡村全面振兴和乡村治理现代化建设是一项系统工程，也是一项农村发展壮大的综合性工程。不同地区的乡村全面振兴和乡村治理现代化建设成功经验可能会有其不一致的外在表现，但透过现象看本质，可以从这些成功经验中找寻其内在特征和共性规律，进而提炼富有普适性的模式和机制，一方面可以进一步丰富乡村振兴和乡村治理现代化建设的理论内涵，另一方面也可以为二者的实践提供思想指导。

二　信息不对称理论

在欧美国家先后经历了资本主义革命和两次工业革命之后，以英国经济学家亚当·斯密为主要代表的经济学家提出、发展和丰富了市场经济的自发性和规律性理论。斯密认为，市场经济规律具有普遍适用性，在世界各国都能发挥作用，因而需要用市场的自发性来调节经济发展和配置经济发展资源[①]。然而，实践充分表明，市场经济并不是万能的，也有其自身难以克服的弊端和不足。信息经济学认为，在实际贸易不断流动的背景下，因贸易和市场信息无法充分、及时、有效传递给利益相关方，如果信息出现偏差和滞后，市场资源的配置机制就不可能达到最优状态。有关信息不对称的研究成果表明，信息不对称所导致的问题一方面会损害买卖双方的当前利益，影响交易的顺利进行，另一方面会进一步降低整个市场的交易效率。

（一）信息不对称理论的基本内涵

信息不对称是指具有一定普遍性的信息在所涉及的组织和个人之间具有不一致和不对称的情况。在传统的市场经济体制下，进行经济交易的主体会基于自己认知中的特定经济活动内容信息进行分析从而做出交易与否的决定，比如商品交易过程中经济主体对商品价格的了解，但因市场定位或信息检索渠道的不同，商品交易的双方在进行交易时所获得和掌握的信息是不对称、不一致的。商品交易中，掌握信息相对更加全面的交易方会处于比较有利的地位，获得更多的利益。与此相反，掌握信息相对匮乏的交易方则会处于不利的地位，是利益受损的一方。根据信息不对称理论的观点，在产品或服务的交易过程中，因为卖方掌握的信息通常比较多，买方会因各种原因无法获得有关货物的完全的信息，在这种情况下卖方可能会诱导买方犯错，因为这样卖方会实现利益的最大化，但与此同时买方的利益会受到相应的损害，这种信息不对称的长期发展扰乱了市场秩序，影响了市场经济的整体发展。信息不对称的原因在于，在市场经济语境下，每个人都有不同的分工和不同的专业，每个社会成员对自己的能力和熟悉的领域都有更为详细的了解，而其他人则无法全面掌握这些信息。特别是在当今社会分工日益细化的社会背景下，随着信息技术在社会各行各业的广泛应用，社会中各类信息海量式

---

① [英]亚当·斯密：《国民财富的性质和原因的研究》，郭大力、王亚南译，商务印书馆1974年版，第26页。

增加，几何式递增，且信息更新速度明显加快，导致从事同一产品或服务交易双方的认知差距也在拉大。

按照传统经济学理论的观点，市场机制这只"无形的手"对市场具有持续的自动调节作用。在价格机制的作用下，市场中的生产者会根据市场预期价格的上涨或下降而增加或减少商品供给，消费者则相应地减少或增加商品的消费，并最终维持市场供需的动态平衡。在这种理想的市场条件下，在自动出清的市场机制作用下，资源的配置始终合理、有效。然而，该理论有一个关键的假设前提，即市场信息是完整的，也就是生产者和消费者都可以拥有完整的市场信息，并根据所掌握的信息做出理性决策。但这一关键的假设前提早在19世纪60年代就受到了学界的质疑和挑战。英国知名经济学家哈耶克（Friedrich August von Hayek）曾在其讨论中明确指出，在一个经济系统中，信息是分散且不完全对称的，即某一特定领域的信息会分散在不同的经济实体之间，不同主体在同一时间获取的信息是不完全对称的，信息拥有量方面的约束是造成信息不完整、不对称的一个重要原因[1]。哈耶克的上述观点，在推动信息不对称理论的发展和完善过程中起到了极其重要的作用，但令人遗憾的是，他的论述并不具有系统性，也就没有形成完整的理论体系。

尼尔森（Nelson）等学者将市场上的产品分为三种类型，即搜索产品、经验产品以及信任产品。可以凭借外观识别且在能购买决策前挑选的产品称为搜索产品；源自购买体验的产品属于经验产品；无法凭借个人经验与能力评估的产品则是信任产品。在此基础上，阿克洛夫（Akerlof）于1970年正式提出了信息不对称理论。他认为，因农产品同时具有搜索产品、体验产品以及信任产品等诸多属性，消费者在购买决策前不可能收集到完整的产品和市场供需信息，从而出现了市场中买者与卖者的信息不对称现象，而信息不对称引发了逆向选择、道德风险、市场失灵等诸多问题，产生了"柠檬市场"（次品市场）。

信息传递与信息甄别分别是拥有信息相对充足的交易方和拥有信息相对贫乏的交易方在化解信息不对称对自身不利影响时所采取的策略。

---

[1] 邓正来：《哈耶克方法论个人主义的研究》，《浙江学刊》2002年第4期。

信息传递是指掌握信息相对较为充分的一方试图将其拥有的信息通过特定方式传递给完全不掌握信息或者信息相对贫乏的一方，信息甄别则是信息贫乏的一方通过诱导等行为使信息相对充足的交易方公开其信息，从市场交易效率来看，无论是信息传递还是信息甄别均能获得一定的帕累托改进效应。在农产品信息不对称市场模型中，信号传递可以理解为拥有农产品特征信息的卖方向没有该信息的买方发出有关产品质量的信号。具有特色的优质农产品的销售商可以通过广告、品牌或产品溯源信息等多种方式宣传其产品的优势与特征，积极向买方传递信号，传递其产品经得起时间考验、值得购买的信心。据此，可以假设市场上敢于发出信号的产品通常是质量较高的产品，而有意隐藏质量信号的卖家提供的产品则更可能是劣质的。然而，一方面，传输信号的真实性是难以考证的，传递信号的卖方所出售的产品也并不一定是品质过硬的；另一方面，卖方也可能因为成本过高而不愿意传输产品质量信号，导致品质过硬的产品不被市场接受。尽管如此，在经过消费者多次购买、消费并对产品进行反馈之后，"伪装"产品质量的卖方终究会被市场淘汰，且信号传递成本的降低也会让更多优质产品被消费者熟知。信息甄别是指信息量相对较少的买家先与卖家设置不同的采购条款，即不同的报价，然后卖家选择其愿意接受的报价来公布自己的产品信息。一般来说，每个消费者都有一个与某种产品质量相对应的心理预期价格，对于不同质量的产品，其愿意支付价格是不相同的。

（二）信息不对称的类型

以事件发生时间的前后顺序不同为标准进行划分，可以将信息不对称分为事前、事后信息不对称两种类型。通常情况下，事前信息不对称主要是因处于信息有利地位的一方为订立合同故意披露某些虚假信息而造成的；事后信息不对称的主要原因则是拥有信息相对充足的交易方在交易合同签订生效后，有意隐瞒了其随后采取的某些行动。在市场交易中，事前信息不对称会导致逆向选择，而逆向选择会造成显失公平的交易后果。逆向选择是指交易双方在掌握信息不对称的条件下，卖方凭借其在产品信息中占据的有利地位想方设法追求最大化的利益，从而使处于不利地位的买方在做出决策时会因信息量不足而难以抉择或者是决策后遭受利益损失。

事后信息不对称在市场交易中产生的不公平结果称为道德风险,道德风险是指拥有信息相对更加充足的交易方为了确保自身利益最大化,而故意损害信息相对贫乏交易方利益的现象。通俗地说,道德风险可以理解为一笔交易在合同正式订立之后,信息相对充足的一方向信息相对较少的一方隐瞒某些行为以谋取利益的现象。从委托与代理的关系来看,代理人通常能够充分掌握交易的相关信息,但委托人对这些信息的了解则不充分,这使得代理人有机会,也有可能为了达成自身利益最大化目标而冒险采取某些行动,而这些行动通常导致委托人的利益受损,但其行动因难以被发现而无须承担相应后果。

(三)信息不对称导致的问题

普遍认为,信息不对称会导致两个破坏市场秩序的严重后果,也就是前文所分析的逆向选择与道德风险。通常情况下,就是信息掌握充分、处于有利地位的一方通过故意隐瞒信息以获取最大化的利益,但与此同时必然会损害信息掌握不充分、处于弱势地位一方的利益。如果这种情况在市场交易中持续存在,不良商品将会充斥市场并扰乱市场秩序。尽管较高质量的产品或服务的成本比低质量商品或服务要高,但因贸易商难以准确辨识商品质量的好与坏,质量较低的产品或服务的价格与较高质量的产品或服务的价格可能出现完全一致的情况,这显然会导致交易不合理以及竞争不充分、不公平,使得交易双方的行为被扭曲或者无法做出理性的决策。最终,市场交易效率必然持续降低,严重的情况下会导致市场交易量减少、市场规模萎缩。

经济学家乔治·阿克尔洛夫(George A. Akerlof)以二手车交易市场为例,深刻而又形象地对信息不对称可能导致的逆向选择进行了阐述[1]。根据其分析,买方在二手车市场交易中处于相对劣势的地位,无法获得有关车辆质量和评估的完全信息,即使有部分二手车的质量非常好,但买方也可能因为不确信产品质量而舍不得付款购买,因此导致拥有高质量二手车的卖方无法出售产品并因此而遭受损失。如果这种情况在市场中得以持续,这些拥有高质量二手车的卖方将不得不离开二手车

---

[1] Akerlof G. A., "The Market for 'Lemons': Quality Uncertainty and the Market Mechanism", *Quarterly Journal of Economics*, Vol. 84, 1970.

交易市场，其后果是低质量的二手车将越来越多地涌入市场。再如，在日常生活中，商品价格下跌通常会导致两种完全不同的市场反应：一是市场对价格下跌反应良好，商品需求在较短的时间内快速增加；二是消费者不熟悉价格下跌的产品，也就是不掌握该商品的信息，认为产品价格下跌是因为质量问题所导致的，这会导致市场上对该产品的需求量与价格下跌前相比反而变得更低。这种现象也是信息不对称造成的逆向选择的另一种表现形态，这种逆向选择会发出错误的市场信号，导致市场资源错配。

从前文可知，道德风险通常发生在合同正式签订之后，是交易的一方为了获取更多利益或者规避某些义务而不按事先约定采取的单方面行为，属于典型的道德风险。道德风险现象在社会生活中是非常普遍的。例如，一些企业在争取上市的过程中，伪造个人资料、经营材料和资产资料，甚至通过非法融资方式筹集资金以顺利获得银行的信贷支持，如果企业不能按期归还银行贷款，借出款项的银行将遭受损失，成为直接的受害者；再如，一些企业为避免直接裁员可能引致的系列风险，在与雇员签订合同之后，通过行政手段或通过排挤、打压等方式迫使员工以自愿的形式离职，损害了员工的利益。因此，信息不对称及其可能导致的逆向选择与道德风险，均会对市场秩序产生不可避免的负面影响。

三 技术治理理论

（一）技术治理理论的内涵

追溯到古希腊时期，"真理城邦"的理想开始在西方社会显现和形成。真理城邦者柏拉图与公民政治者亚里士多德，均主张按照理性逻辑、科学逻辑或者技术逻辑来治城理邦。技术治理（technocracy）主义则与此不同，它倡导的"真理城邦"具有现代化特征，实际上也可以称为"科学城邦"。应该说，"科学城邦"的运行与治理，特别是政治活动规则具有一定的科学性色彩，这一点与"真理城邦"存在明显的差异。通常认为，如果对技术治理思想的起源进行向上追溯，那么无疑是英国哲学家弗朗西斯·培根以及法国空想社会主义者圣西门所提出的有关设想、观点与主张。在《新大西岛》这本著名的小说中，培根虚拟了一个与当时社会现实情况明显脱节但具有浓厚科学特色的乌托邦，其科学特色主要体现在治理主张方面。具体来说，是体现在该乌托邦的所罗门宫的构成方面,即由科学家与技术专员而非神职人员构成的所罗门宫。后来,在《论实业制度》一书中,圣西门的技术治理思想得以初步体现,他认为社会必须加以改造,但不能依靠传统的政治家,而应依靠科学化和工业化发展所带来的力量,因此他极力主张进行政治权力让渡,倡导把其交给科学家、实业家等人员而非职业官僚。再后来,他的技术治理思想在《一个日内瓦居民给当代人的信》一书得到了充分的体现。在该书中,他提出了用代表科学技术的牛顿协会替代具有教化功能的教会,以及用掌握科学技术的专家替代神职人员的新主张。

自提出以来,技术治理观点和主张就受到了西方不少学者的关注,法国实证主义哲学家孔德以及英国哲学家斯宾塞等都对其进行过拓展、补充和延伸。在美国,经贝拉米、弗雷德里克·泰勒以及凡勃伦等共同努力,技术治理的观点和主张不断完善,系统性日益增强,最终成为自成系统的技术治理理论。受技术治理理论思想的影响,美国在20世纪三四十年代出现了一场对后世影响颇深的技术治理运动(Technocracy Movement)。尽管技术治理运动没有持续太久就以失败告终,但该运动产生了一个影响无比深远的后果,那就是显著地促进了技术治理理念的广为传播,使其日益受到了全球学界与实务界的共同关注。当时,技术治理思想主要有两个特征:一是主张运用科学原理、方法、工具以及技术进行社会管理,二是吸收自然科学与社会科学方面的专家对社会进行管理,也就是所谓的专家决策。尽管西方技术治理主义与中国技术治理实践具有非常大的差别,但它可以为中国技术治理理论研究和实践提供基本分析视角。

目前,通常认为技术治理是一个"理解"远少于"运用"的专有术语。要明确到底什么是技术治理,首先无疑要明白到底什么是技术、技术的内涵有哪些。作为一种具有自主性特征的工具,技术的核心是某类型的知识进行多方面完善后所形成的成果,技术既包括工程意义方面的"硬"工具,同时也包括社会意义视角的"软"工具。普遍认为,技术治理有四类不完全相同但又具有一定关联的含义:将技术治理视为一种对象、将技术治理视为一种工具、将技术治理视为一种机制以及将技术治理视为一种理念。通常认为,可从两个层面对技术治理的内涵加以理解:一是在现代国家的治理实践中,治理方法的"技术化"特征越来越明显；二是通过引进新技术，尤其是数字信息技术嵌入治理各环节，现代国家可以有效提高公共服务能力与效率。

总的来说，技术治理概念方面的差异实际上指明了两条研究路径，即"技治"与"术治"。技治路径是指通过技术干预促进内部权力分配问题的解决，术治路径是指通过技术干预促进现有官僚结构变革。实际上，"技治"与"术治"路径都给政府带来了新的挑战，既影响了当前政府习以为常的治理逻辑，同时也重塑了政府固化的官僚结构。从宏观角度来看，当前国内有关技术治理的研究成果表明，社会治理正在从支配型管理向技术治理转型；从中观角度来看，技术治理实践激发了社会治理创新活力；从微观角度来看，技术治理实践正在深入各行各业。实践经验表明，技术治理应重在"治理"而非"技术"，准确地说应该是"治理者使用技术"而非"技术专家进行治理"，这无疑是技术治理与技术专家治理的根本区别所在。在许多研究者看来，技术治理内涵极为宽广，既包括了技术工具、治理过程、权力分配、关系变化、治理范式、治理目标、治理单位和对象，也包括了治理结构与监管制度。

（二）技术治理理论的基本逻辑

作为一种新的社会治理形式，技术治理的核心主张是通过运用科技工具对社会活动加以改造，其追求是实现社会活动的理性化、科学化。也就是说，以科学技术为工具的社会治理旨在把先进科技与社会生活两者搭建起连接桥梁，通过科技手段提升社会治理绩效。

目前，国内学界侧重于从"赋能"视角阐述技术治理的基本逻辑。张福磊和曹现强认为，现代技术治理的理论根源是还原论，也就是把纷繁复杂的社会现实问题转化为简单的技术问题；技术治理主张改进治理流程，其本意并不是促进制度价值提升；但技术治理也有其局限性，无法解决诸如治理工具与自然的冲突，以及流程简约化与治理内卷化之间的矛盾[1]。同样，董幼鸿和叶岚认为，技术治理是基于四重逻辑而产生的，即政权衰落逻辑、治理合法性和权威性的逻辑、领导精准和完善的

---

[1] 张福磊、曹现强：《城市基层社会"技术治理"的运作逻辑及其限度》，《当代世界社会主义问题》2019年第3期。

逻辑、还原论和工具理性的逻辑[1]。韩志明和李春生提出，技术治理通过社会事实的重组、信息的扩展和倍增以及重构的信息处理程序与"可视化"的处理结果，形塑了新的社会治理样态[2]。付建军则认为，引入数字化管理机制和客观技术指标来评估创新型治理手段，这让技术治理可以及时、有效回应治理手段[3]。综上不难发现，学者对技术治理逻辑的理解可以概括为三个层次。一是工具的理性，包括设计操作、计算方法、技术应用模式以及问题精准识别、问题简化、结果可视化和流程转化等技术优化带来的效率收益。二是沟通的理性，主要涉及社会关系的变化，包括基于宏观层面的国家与社会之间关系的变化，基于中观层面的地方政府与社会组织之间因治理行为而导致的关系变化，以及基于微观层面的不同社会治理主体之间因沟通、共享等而引致的关系变化。三是价值的理性，主要涉及决策的精准化、治理方式的重塑、治理结果的考察和评估等。

（三）技术治理的优势与局限

1. 技术治理的优势

技术治理主张从简化复杂的社会现象入手，以数字化的方式呈现社会生态，提高治理绩效。概括而言，技术治理的作用主要体现在以下三个方面。

第一，增加有关治理现实环境的客观认知。从理论视角来看，治理主体对社会现实环境的感知通常会受个人有限理性的影响，导致其难以获得有关治理对象的全部事实和完整信息。其后果是：治理主体可能将局部或特定区域的治理情况误以为是所有地区的全部事实，即以小概大、以偏概全。在这种情况下，如果对治理模式加以复制和推广，将会造成难以控制的局面。如果偏离各地区具体情况和特殊事实的基本属性，制度或政策在出台时就已经与社会实际需求发生了偏离，使管理实

---

[1] 董幼鸿、叶岚：《技术治理与城市疫情防控：实践逻辑及理论反思——以上海市X区"一网统管"运行体系为例》，《东南学术》2020年第3期。
[2] 韩志明、李春生：《城市治理的清晰性及其技术逻辑——以智慧治理为中心的分析》，《探索》2019年第6期。
[3] 付建军：《当代中国社会治理创新的发生机制与内在张力——兼论社会治理创新的技术治理逻辑》，《当代世界与社会主义》2018年第6期。

践出现"悬浮化"和"漫无目的"的现象。借助大数据、信息化等现代技术，可以全面和准确感知社会现实环境，这是展开治理实践所必需的基本条件。

第二，及时识别社会问题。社会需求具有普遍性，无论是精英阶层还是普通群众均有自己的社会需求。然而，因为话语权有限，普通群众的诉求可能在庞杂的社会体系中难以溅起"水花"从而容易被政府忽视甚至是"视而不见"。特别是，许多社会问题与社会治理诉求具有时效性，存在一定的"窗口期"，如果不及时发现和及时解决，会导致问题不断累积而集中爆发，进而在增加治理难度的同时也导致需要投入的治理资源陡然增加，加大了治理成本。利用大数据和人工智能技术对社会活动进行全过程动态监测，可以及时发现社会问题和诉求的"蛛丝马迹"，让政府不至于在公共问题爆发前没有任何准备。

第三，判断变革阶段与预判事物发展态势。事实上，对客观事实的全面、准确认知包含了两层含义：一是从某一特定时间截面对实际情况加以认识，二是对管理实际情况随时间推移而获得的感知。前者着眼于现在，后者则侧重于历史和未来。通过收集社会现实的高频数据，利用不同的技术工具，可以精确刻画出不同问题的历史演变轨迹，进而评估事件的未来发展趋势，使治理主体能够提前采取预案、主动出击，避免救火式的被动应付。

2. 技术治理的局限

有效运用技术工具可以提高复杂社会现实环境的可视性和可见度，帮助治理主体解决了在黑暗中如何实现"可视"的难题，也可以这样理解：帮助治理主体完成了"视力矫正"。然而，"复明"与"赋能"二者并不能画上等号。尽管掌握治理面临的环境与可资利用的资源等现实情况，是进行科学决策并采取行动开展有效治理的前提条件，但有效治理并不仅仅限于此，其原因是：治理目标的顺利达成还需要对治理目标的正确理解以及采取的治理措施适当、有效。有效治理是基于对客观事实的全面、准确认知以及对治理目标的"了然于心"，也就是明确治理现状和治理目标二者之间的相对位置而进行的。因此，为合理利用技术并释放其在治理方面的功能，还要清楚、全面地估计技术嵌入治理可能产生的意想不到的风险与后果。从治理目标的实现来看，技术治理并不能完全解决现实中存在已久的治理难题而达成各方期待的治理目标，但技术在治理中运用必然会导致诸如技术障碍等新问题的出现。

第一，治理决策存在"路径依赖"。过去的管理实践是基于管理主体的主观理解、主观感知和经验事实三大条件而展开的，在引入技术治理后，尽管治理工具的更新换代能在一定程度上让治理主体掌握更加翔实的现实环境信息，但其"主观认识中的管理目的"仍然没有发生根本性的改变。作为一个达成管理目标的必要条件，如果没有"对管理目标的正确认识"，就不可能明确现状与目标二者的相对位置以及其差距，类似于明白了起点坐标，但并不知道目的地在何方。于是，在路径依赖的影响下，治理主体的直觉依然在主导和影响着治理实践。

第二，技术治理对治理对象动态变化的预测具有局限性。从微观视角来看，治理可以理解为一种重复性的干预手段。如果治理对象被某干预手段反复作用并留下相应的影响，治理对象可能会因反复作用及其记忆而发生本质性的演化，而治理主体的认知可能具有一定的滞后性，这必然使下一步行动面临新的不确定性。实际上这是一个悖论：如果用大数据和其他技术工具来洞察不断变化的治理趋势，只有在没有任何干预的严格约束条件下方能保证其准确性和可靠性。这实际上就是说，在治理实践中，技术不可能完全准确预测、把握事物的发展规律，并根据发展情况调整应对策略以发挥治理主体所期待的作用与功能，与此相反，大数据和其他技术工具可能更适合在事后的复盘报告中应用。

第三，技术工具不能控制执政者的主观意志。通过利用技术工具来抽象化治理现实环境在技术治理过程中具有核心地位，也发挥着极其重要的作用。然而，是否使用以及如何使用这种技术工具，并不由技术工具本身决定，依然取决于治理主体的主观意愿与偏好。

四 整体治理理论

20世纪80年代，新公共管理理论开始在西方国家出现并逐渐上升为国家治理政策。从理论起源来看，新公共管理理论源于撒切尔夫人在英国政府推进和实施的系列改革，是一种改良后的公共行政理论和政府治理模式结合体。因为在实施前期取得了显著的效果，该理论影响了许多国家的政府机构和制度改革。然而，到了20世纪末，新公共管理理论因自身难以自愈的缺陷而日渐式微，开始退出历史舞台。新公共管理理论的政策主张主要有三个方面的内容，即强调分权，也就是拆散大部门的政府机构，通过职能细化创建特殊、分散的多个子部门；倡导竞争，也就是通过各种方式的竞争，以实现资源配置优化；倡导绩效，也就是既强调分散的公共服务部门的绩效，也强调政府的整体绩效。于是，在鲜明的绩效目标导向下，整个政府机构都想方设法实现与自身相关的具体绩效目标，导致了原有的政府治理目标被遗忘，进而降低了政府在全社会的公信力。正因为于此，到20世纪末，新公共管理实践在西方发达国家开始停滞不前，只有个别国家依然运用新公共管理理论作为政策制定的理论基础。此时，整体治理理论（Holistic Government）作为一种新的治理范式应运而生，实际上整体治理理论是从理论层面对新公共管理所造成的碎片化问题进行的回应。

同时，网络信息技术以近乎野蛮的速度快速发展、广泛融入政务活动，加速了整体治理理论的建构步伐。这主要体现在以下几个方面。第一，政务信息的传递与存储最初均以纸稿为载体，后来随着信息技术的介入，电子版开始取代纸稿，成为政务信息系统的重要支撑。信息技术的广泛应用改变了人们之间的信息交流、交换方式，也改变了人们的思维习惯，在节省政务办理时间的同时也显著地提升了行政效率。第二，信息技术成为组织结构变迁的催化剂，自20世纪60年代开始，信息技术正式成为政府组织结构调整和优化不可或缺考量因素，并影响其层级与宽度，这是传统的管理理论无法解释的，而且原来冗长的政府组织结构也因其高效率而逐渐趋向于扁平化。第三，当前许多政策的变化是因为信息技术的变化而做出的响应变化。因此，可以清晰地发现，网络信息技术的高效快速发展和广泛应用为整体治理理论的诞生和发展提供了土壤环境，整体治理理论是在信息技术的影响下应运而生、应时而生的。

（一）整体治理理论的内涵

接下来，从整体治理的主要职责、整体治理的内在逻辑和整体治理的实现策略三个维度来阐述整体治理理论的主要内涵。

第一，整体治理的主要职责。整体治理理论的历史使命是解决新公共管理造成的系列"碎片化"问题。碎片化政府现象源于传统的等级森严的官僚体制，同样具有理论渊源。马克斯·韦伯和林荣远在研究官僚主义问题时强调，专业化与分工化具有极其重要的作用，官僚体制有利于不同专业特长作用的发挥，但他们显然没意识到部门或者职能的过度分工必然会引致政府不同部门之间政策目标和政策手段的差异与冲突[1]。在部门数量设置方面，政府机构没有整体计划，任意设置；在职能分配方面，没有注意权责匹配；在项目合作方面，没有明确分工；这些现象难免会造成政府部门的重复建设和政府资源的不断浪费。职能碎片化下，政府往往要在一个项目中同时处理多个部门之间的关系，这本身就是公共资源的严重浪费，也会让接受服务的用户无所适从、倍感疲惫。因政府内部各部门之间以竞争关系为主，各部门的行动目标与行动策略也必然存在差异和冲突，在开展或协调同一个项目时，政府内部不同部门通常会互不支持甚至互相拆台。在公共服务的提供过程中，各部门只愿意花时间和精力处理好与本部门有关的事情，并想方设法将难题和错误转嫁给其他部门。还需要指出的是，在回应公民的诉求方面，各个部门都习惯于独立运作、独自行动，都认为没有其他部门的协助和支持也能办好事情，所以使得社会治理出现了严重的"缺位"现象。整体治理理论的主要任务是为解决好碎片化政府所导致的一系列社会问题提供启示和应对策略。

第二，整体治理的内在逻辑。从前文可知，整体治理是为解决新公共管理实践遗留问题而日益成熟的一种学说，显然整体治理与新公共管理具有完全不同的社会背景，因此也就产生了不同的官僚结构和运作方式。应该说，新公共管理实践严重削弱了公共部门之间的横向统一性与协调性，导致各部门"自扫门前雪"，公共机构各部门之间彼此独立、资源分散甚至相互牵制等现象日益突出，公共社会治理碎片化现象愈加严重。整体治理理论以满足公民的需求为基本逻辑起点，以公共机构及其利益相关者的特有资源为关键支持要素，将信息技术视为治理转型的主要驱动力，充分利用了网络和信息技术整合部门层次和功能。整体治理理论追求的治理目标主要有：消除各政府部门彼此离散、独立行动的

---

[1] 马克斯·韦伯、林荣远：《设有官僚行政管理班子的合法型统治》，《新远见》2012年第6期。

土壤环境；打破跨部门联合行动的壁垒，提升有限资源的综合利用率；以政府为主导，营造民主参与氛围，并激发多元主体以多种方式参与社会治理的积极性；通过整体性治理手段为公众提供统一、合意的公共服务。因此，整体治理的主张旨在追求部门合作，促进政府从过度分权迈向权力适度集中，从局部管理迈向整体治理，从碎片化管理迈向一体化协同治理。

第三，整体治理的实现策略。作为一种新的治理理念和治理方式，整体治理旨在改善政府部门之间不应存在的恶性竞争，打破部门之间的森严壁垒，减少分散治理现象，通过整合协调的一致行动响应公民的实时需求。具体而言，整体治理的实施策略主要包括以下几个方面的内容：反碎片化，就是将几个具有相似或相同职能的部门整合起来，创建一个新的部门；实行大部门管理，也就是建立职能更全面、更完整的部门，以便更好地整合特定领域的资源，为公民提供更加优质的服务，使得政府管理更加高效、资源利用更为合理；再政府化，就是把以前交给市场经营的项目拿回来交给政府；多方面发力，降低政府管理成本；利用信息技术对服务链加以改造，提高施政效率；精简相对复杂的管理层级，使治理流程更加顺畅，节省管理时间和节约管理成本。

(二) 整体治理理论的发展

作为20世纪90年代后期才开始发展并日益兴盛起来的新兴治理理论，整体治理理论目前尚在不断发展和完善中，但这并不影响其作为当前西方公共治理前沿理论的身份与地位。解决因新公共行政学说指导造成的过度制度化和功利化及其政府碎片化问题，并提升政府整体性运作效能，是整体治理理论鲜明的追求目标。从发展过程来看，该理论的发展大致可以分为三个阶段，即理念推广阶段、政策制定阶段和理论深化阶段。

第一阶段为理念推广阶段。整体治理的概念最早是由英国科学家佩里·希克斯（Perri Six）于1997年在其代表性著作《整体政府》中所提出来的，希克斯在该书中对效率导向的管理理念、等级森严的组织结构、解决而非预防问题、部门分权导致协调缺乏、过于强调过程等与传统官僚体制相关的许多问题进行了非常系统和深刻的论述与批判，并提出了一个切实可行的解决方案,即创建了四种未来的政府组织形式[1]。

第二阶段为政策制定阶段。1999年,佩里·希克斯出版了另一代表著作《圆桌中的治理:整体性政府的战略》。通过该著作的详细阐述,希克斯把自己提出的整体治理概念转化为具体的操作方案与行动策略。该书指出,新公共管理中的权力分化、职能分工导致了许多碎片化问题,这些问题具体包括政治家、公民、社会组织以及政府之间在行动目标、交付机制、解决方案等方面存在的多重矛盾和冲突,并认为最好的解决办法是整合过度分化的部门与职能并以此为基础组建起单一的政府[2]。

第三阶段为理论深化阶段。2002年,佩里·希克斯等出版了《迈向整体治理:新的改革议程》一书,内容包括了理论和实践研究,强调要通过加强政府组织之间的协调以解决政府碎片化困境以及日趋复杂的社会现实问题[3]。此后,国外一些研究人员进一步深化了整体治理理论的研究内涵,显著扩大了其研究边界,拓展了研究深度,充分挖掘了该理论作为管理工具的巨大价值,使其重要新兴治理理论的地位进一步得以强化。

(三) 整体治理理论的实践

作为一种以社会需求为基本导向的治理主张,整体治理理论视协调、融合、信任和责任为治理基础,视现代信息技术为基本治理手段,追求的目标是实现整体性的治理。从治理理念来看,整体治理强调预防社会问题,以及时回应公民的现实诉求,将为公民解决现实问题作为政府的运作核心。换而言之,政府的治理工作应侧重于研究公民的现实困难、及时响应和解决公民的诉求。

从治理结构来看,整体治理理论强调整合,且这种整合是基于公民现实诉求的整合。一是组织结构和形式的整合,包括各级政府的整合、治理职能部门的整合以及公私不同属性部门的整合。各级政府的整合侧

---

[1] 张玉磊:《整体性治理理论概述:一种新的公共治理范式》,《中共杭州市委党校学报》2015年第5期。

[2] 曾凡军:《基于整体性治理的政府组织协调机制研究》,武汉大学出版社2013年版,第98页。

[3] D. L., Stoker G., *Towards Holistic Governance: The New Reform Agenda*, London: Palgrave Press, 2002.

重于不同层次政府部门之间的整合；治理职能的整合侧重于一个部门内不同职能以及不同职能机构之间的整合；公私部门的整合强调的是营利性组织之间的公私一体化和民间合作。二是政策、法规、服务、监督四个层面的管理行为一体化。在政策层面，包括政策决策与制定、政策具体内容、政策结果评估和政策执行过程监测。三是倡导去部门分工化和碎片化，主张通过大规模的部门整合治理，重新整合某些具有相似或相同职能的机构、部门和组织，提高部门的整体协同性。

从治理机制来看，整体治理理论强调各主体之间的相互协调，并强调信任和责任在治理过程中的重要价值。协调主要包括公共利益目标的协调，组织间的对话合作以及共同行动。按照希克斯的观点，在整体治理中，信任和责任具有特殊且重要的作用，信任和责任在整体治理中意味着诚信、效率以及有效性。诚信主要强调对公款使用规定的严格遵守；效率主要是指提供公共服务的投入与产出之间的关系；有效性强调的是管理者必须对其行政活动负责任，也就是说只有政府雇员对自己的行政行为产生了高度的责任感，才能确保治理目标和治理手段在整体治理推进过程中具有一致性。

从治理手段来看，整体治理理论倡导运用信息化、网络化，实现服务专业化。邓利维认为，数字时代政府治理的核心要义是通过电子政务活动的全方位数字化，促进政府服务的重新整合和供给流程的优化[1]。整体治理理论极力倡导，要通过信息技术，建立起一个中央数据库，简化网络程序和操作流程，提供完整且不间断的公共服务。一般来说，"整体政府"强调的是政府机构通过"联结"、"协调"以及"合作"等途径实现部门职能整合。在现实中，具体表现为：既包括不同政府部门或政策领域主体在横向层面的合作，也包括各级政府机构之间在纵向层面的合作，还包括民间社会组织与公众就社会事务开展的联合合作等多项活动。整体治理理论还指出，公共管理的参与主体需要实现多元化，要改变政府提供的公共服务在内容、方式等各方面的垄断性地位，公共服务的提供需要以中央政府和地方政府、公私组织的合作共享为基

---

[1] Dunleavy P., et al., *Digital Era Governance: IT Corporations, the State, and e-Government*, Oxford: Oxford University Press, 2008.

本前提。

从结构角度来看，整体治理被视为对一个组织进行有意识的科学规划或结构重组，以促进政府组织之间更大范围内的一致性和合作。从文化和制度角度来看，组织的演进是适应内部和外部双向压力的过程，在这一过程中，能够产生独特的、制度化的规范与价值观。

五 理论启示

（一）城乡均衡发展思想的启示

在乡村振兴和数字乡村建设国家战略的指导下，在数字技术赋能乡村治理现代化建设的过程中，既要进一步规范市场秩序，确保城乡要素相互流动、平等交换，也要加快促进城乡公共服务供给均衡化，而均衡公共财政的城乡支出则是实现城乡公共服务供给均衡化的基本前提。众所周知，公共财政支出是国民收入再分配的重要表现形式，公共财政配置的均衡化也就成为城乡公共服务均衡化的重要基础。长期以来，我国城乡公共服务供给实践存在巨大差距，其关键原因正是公共财政支出存在城乡之间的不均衡。对数字技术赋能乡村治理现代化建设而言，城乡均衡发展思想主要有如下启示：一是发挥税收政策对乡村地区经济发展的促进作用。要通过税收政策促进乡村集体经济发展，提高乡村居民收入并以此为基础缩小城乡收入差异，夯实乡村治理现代化建设的经济基础。二是要加大公共财政对农业生产的支出。在国家年财政支持持续增长的基础上，地方政府应逐步提高公共财政用于农业生产发展的比重，将此作为长期支持农业发展的政策导向，当然也要将公共财政支农资金用在有利于农业结构调整和可持续发展的地方，优化支出结构。三是要创新财政税收制度。要进一步完善央地税收收入分配机制，适度增加县乡基层政府的财力，使其能在数字技术赋能乡村治理现代化建设做到"手中有粮，心就不慌"。

（二）信息不对称理论的启示

与传统亲自到现场的参与方式不同，数字化参与实现了乡村地区外出务工、务商人员参与场域由现场向数字化虚拟空间的转换，乡村地区各类公共事务信息的发布、协商、决策、治理执行以及矛盾化解等流程都可以置于数字化空间并在其中完成。数字化的参与空间是数字化虚拟场域，参与工具是手机、计算机等终端，不仅能确保乡村地区外出人口的参与权、知情权得以实现,还能改变其因信息不对称而处于的相对弱势地位。对数字技术赋能乡村治理现代化建设而言,其启示如下:一是相关治理主体要树立起信息观念。在数字技术赋能乡村治理现代化建设中,相关治理主体行使治理权,要提高其治理效率,首先要树立起信息观念,高度重视信息的价值和作用,并在工作中强化信息交流、共享,特别是要杜绝将信息私有化的情况。二是要构建有效的信息传递机制。在数字技术赋能乡村治理现代化建设中,各治理主体掌握的乡村生产生活的信息是不同的,因而要促进信息在各治理主体间广泛传播,为民主协商奠定基础。三是要拓宽沟通渠道。要搭建起其他治理主体与村民这个治理主体之间的沟通渠道,建设好平等对话平台,促进广大乡村居民有序、自觉参与数字技术赋能的乡村治理现代化建设。

(三)技术治理理论的启示

数字技术在乡村治理各领域的深度应用促进了乡村经济社会事务处理效率的提升,但也导致了诸多前所未有的治理新难题。因此,在数字技术赋能的乡村治理现代化建设进程中,要对乡村社会的数字化治理进行系统性优化和调整。一是要树立"敏捷适应"的治理理念。对新技术及其应用的过度管制必定导致创新激情消退,但如果任由其野蛮生长与应用,也会出现技术应用异化而导致"技术迷失"下的伦理丧失问题。对数字技术赋能乡村治理现代化建设而言,主要有如下启示:地方政府这个建设主体要树立"敏捷适应"的治理新理念,对数字化治理平台所引发的新兴问题高度关注并予以快速响应,建立健全动态反应机制。二是要以"多元共治"回应利益相关方的诉求。要遵循"合法性—能力—责任"这个基本框架,合理界定各治理主体与平台之间的责任边界,充分发挥各类主体在协同共治中的积极性、创造性。三是要以"场景驱动"识别治理目标与内容。乡村数字化治理平台中必然存在诸多差异化、零散化的场景,因此要通过对不同场景的持续跟踪,精准识别差异化、零散化的治理目标,并以此为基础形成基于场景的治理应对机制。四是要"技术"解决"技术"引发的难题。新兴技术的发展为数字技术赋能乡村治理现代化建设的数字化治理平台提供了新的政策工具,但需要注意的是,在应对一些由新兴技术引发的新困境上,用"技术"去解决因"技术"使用而引发的难题,其成本会更低、效率通常也会更高。

（四）整体性治理理论的启示

整体性治理理论源于对新公共管理理论实践所产生的碎片化、过度分权等问题的总结与批判，其核心主张是倡导政府协同供给公共服务，以更好地响应公众诉求，改革路径是加强政府部门的协同与联动，实际上就是要整合政府职能部门，实行大部门制。对数字技术赋能乡村治理现代化建设而言，其启示主要如下：一是要把价值理念作为建设行动的先导。整体性治理理论强调构建多主体协同一致的价值理念，这一点是数字技术赋能乡村治理现代化建设中跨层、跨界协同过程中需要特别予以重视的。二是要把机构整合作为建设行动的基本前提。按照整体性治理理论所倡导的政策主张，机构整合是实现整体性治理最关键、最重要的步骤。由此可见，在数字技术赋能乡村治理现代化建设的跨层、跨界联动中，最关键的第一个任务是整合政府职能部门，方能避免多头管理导致的统筹不足、整体规划欠缺现象。三是要把数字技术作为建设行动的技术保障。在数字技术赋能乡村治理现代化建设中，以整体性治理理论为指导的部门、多主体协同要取得预期效能，就必须重视数字技术的应用。

第三节　本章小结

本章主要介绍了数字化相关概念以及信息不对称、技术治理等理论。数字技术给世界带来了巨大改变，在诸多领域的应用都极大提高了整体绩效，乡村治理的数字化自然也承载了人们对于"更高效治理"的期待。在理论基础中提及的主要是"一个思想、三个理论"，即城乡均衡发展思想，以及信息不对称理论、技术治理理论和整体治理理论。城乡均衡发展思想源自我国城乡差距日益扩大的现实情况，上述三大理论则对数字技术赋能乡村治理现代化建设具有重要启示。随着全球数字化水平的不断提升，数字技术应用的领域也正持续扩大，充分利用数字技术赋能乡村治理现代化建设是必然趋势。但因地区之间经济基础、基础设施、居民素养、地方政府工作人员能力等诸多方面存在现实差异，将城市数字化政府建设的经验应用于乡村时，如何在数字技术应用过程中进行调整、调整幅度与调整方向应该如何度量？在乡村治理现代化建设过程中，地方政府对用于指导实践的治理理论的选择应该统一标准还是因地制宜？这都将成为数字技术下乡村治理现代化建设必须解决好的重要问题。

第三章

数字技术与乡村治理现代化建设的理论分析

21世纪以来，乡村人口年龄、性别等结构快速变化，乡村居民美好生活需求日益多元化，以进行农业生产统筹为主要目的的传统简约层级式乡村治理模式逐渐偏离了乡村发展实际，出现了既"管不着"又"管不好"的尴尬局面，影响了乡村社会的和谐稳定与持续发展。数字技术的日益成熟、不断集成与广泛应用加速了数字化乡村社会的形成，既为国家与乡村社会之间因沟通不通畅而产生隔阂的消除创造了重要前提，也优化了乡村治理禀赋，使得层级管理中经常出现的信息失真、决策悬浮、机制运行脱轨等现象大幅减少，并为乡村治理现代化建设提供了宝贵的创新性要素支持。可见，数字技术与乡村治理现代化建设二者之间存在特定的内在关联。

第一节 乡村治理现代化建设的内涵

乡村治理现代化建设关系到国家治理现代化总体目标的实现。伴随着一个现代化中国的快速崛起，社会"治理现代化"的时代命题亦越显重要。关于乡村治理现代化建设的具体内涵，许多学者给出了略有不同的解读。从治理主体角度来看，凌烨丽和李浩昇认为乡村治理现代化是多元主体发挥整体治理功能以满足乡村居民新时代美好生活需求的协同治理过程[1]。从治理过程来看，乡村治理现代化既是一种新机制、新模式的创造过程，也是打破传统桎梏进而实现乡村社会全面发展的实践过程[2]。从治理方式来看，乡村治理的现代化建设方式并非正规化的科层治理改造，而是体现着群众路线的新型简约治理[3]。同时，伦理作为治理的主要精神内涵，在治理过程发挥着无可替代的德教作用，因此乡村治理现代化建设亦应是伦理与治理双效发挥的过程[4]。马宇蕾从法治与自治相结合的角度指出，乡村治理现代化建设应当是一种硬法与社会自治规范等软法相结合的现代法治模式，其内在本质是良法善治在乡村社会的实践运用[5]。从治理目标来看，面对新时代、新要求与新发展，加强乡村治理现代化建设，有助于基层民主和法治建设，实现政府和社会之间治理和自治的良性互动，不断充实乡村居民的获得感、幸福感以及安全感[6]。

从上述分析可知，众多学者从治理主体、治理机制、治理方式等视角对乡村治理现代化建设及其时代内涵进行了较为详尽和全面的解读，成果较为丰富。本书综合各学者的主要观点，提出有关乡村治理现代化建设内涵的核心观点与主要见解，认为其是在国家治理现代化建设的大背景下，地方政府、乡村党政组织、乡村自治组织、乡村社会组织、新乡贤以及村民群众等多元主体，在符合社会现代化基本精神的前提下，在村民自治制度和其他政策制度的基本框架内，运用法治和德治的力量，对乡村地区经济、政治、文化、生态等公共事务进行协商，得出来的最优决策方案，进而实现广大村民群众公共利益的过程。需特别指出的是，乡村治理现代化中的现代化不是传统的对立面，而是在传统治理成功经验的基础上，构建起符合时代特征和需要的治理新模式。因此，

---

[1] 凌烨丽、李浩昇：《农民公共精神的流变及乡村振兴视域下的重塑》，《宁夏社会科学》2019年第4期。

[2] 黄博：《数字赋能：大数据赋能乡村治理现代化的三维审视》，《河海大学学报》（哲学社会科学版）2021年第23期。

[3] 欧阳静：《简约治理：超越科层化的乡村治理现代化》，《中国社会科学》2022年第3期。

[4] 刘婷婷、俞世伟：《实现乡村治理现代化的伦理之道》，《行政论坛》2021年第2期。

[5] 马宇蕾：《乡村治理现代化的法治路径及其优化》，《理论导刊》2021年第7期。

[6] 邱春林：《中国特色乡村治理现代化及其基本经验》，《湖南社会科学》2022年第2期。

结合乡村治理的主要内容及其现代化发展的新要求,本书将乡村治理现代化建设的核心要义解构为 5 个层面,即多元治理主体协同化、治理资源供给均衡化、治理决策智能化、治理权力运行透明化以及监督激励机制科学化。

一 多元治理主体协同化

乡村治理主体涉及地方政府、乡村党政组织、乡村自治组织、乡村社会组织、新乡贤以及村民群众等。乡村内部事务的决策与乡村居民利益密切相关,可见乡村治理现代化建设的重要目标之一是要构建"以人为核心"的治理体系,满足乡村居民的合理利益诉求。同时,多元主体协同参与乡村治理现代化建设,既是培育乡村民主治理意识、形成民主化治理体系重要的着力点,亦是推动乡村治理科学决策的必要前提。由此可见,乡村治理主体协同化强调的是政府主导、其他主体协同参与,针对乡村公共事务,提出合理建议、作出公正决策,以实现乡村治理民主化、高效化的过程。在数字技术的支持下,通过村务大数据平台,能有效增进乡村治理正式权力主体(乡镇政府、村支部、村自治组织)和非正式主体(新乡贤、普通村民)之间的及时、良性互动,以实现全体乡村居民公共利益的最大化。通过数字乡村平台,能有效解决传统管理主体与管理对象之间因信息不对称而可能产生的道德风险,进而实现国家治理、乡村生产活动与乡村居民需求远程的精准对接。特别是,在算法、传感器、手机终端、数据平台等数字技术的支撑下,乡村治理多元治理主体能全面、及时、准确地了解乡村治理的实时动态并为应对乡村公共事务献计献策。可见,数字技术支撑下的多元治理主体协同化,既有利于政府主导性作用发挥,又能保障乡村自治组织、乡村社会组织、新乡贤以及村民群众等主体直接行使民主权利、参与村务治理(见图 3-1)。

二 治理资源供给均衡化

乡村治理资源由政府下沉资源、集体经济积累、民间组织捐赠等有形资源和人文规范、乡村典章、约定习俗等无形资源共同构成[①]。治理资源的均衡、精准供给是乡村治理现代化建设的重要保障。然而,在乡

---

① 李蓉蓉、张树峰:《村庄治理资源的有效配置研究》,《当代世界与社会主义》2008 年第 1 期。

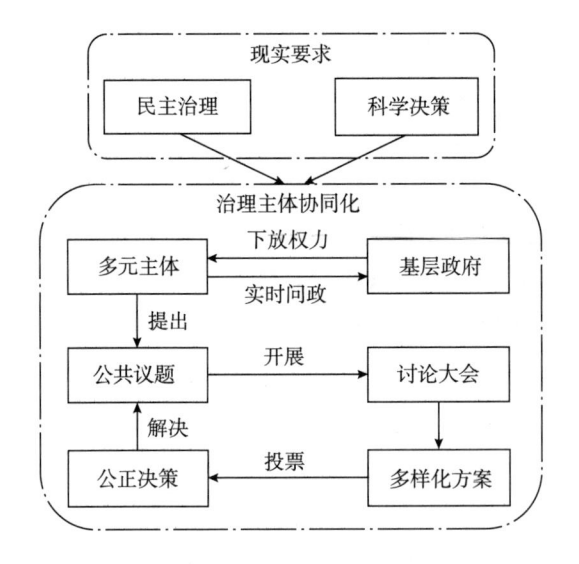

图3-1 乡村多元主体协同治理机制

村治理资源供给实践中，一直存在供给过程不规范、不科学以及供需不匹配等现实问题，已经严重影响了乡村的全面发展和全面振兴，制约着乡村治理现代化转型。究其原因，一是部分村干部等代理主体具有浓厚的功利思想和短见思维，倾向于将有限的资源配置在其眼中的"要事"上，以彰显自己的"业绩"。传统决策偏好依赖严重的代理主体容易受以往乡村治理决策经验的影响，忽视了时代变迁和问题的异质性，在资源配置方面容易出现决策刻板、僵化等现象。二是乡村居民寻求资源配置的积极性不高，主动表达诉求的意愿不强烈。通常情况下，资源配置决策都是由乡村精英群体提出的，而普通村民只是被动接受，很少会通过多元化的渠道自主表达利益主张和资源配置诉求。在多重因素的共同作用下，部分乡村把有限的治理资源主要投到盖房子、修厂房等"看得见"的业绩方面，却忽视了基础设施和软环境的建设。资源供给不均衡，必将严重制约乡村治理的现代化转型。因此，乡村治理资源的均衡供给成为乡村治理现代化建设的首要任务。乡村治理资源均衡供给，具体是指多元治理主体协同整合乡村治理资源，并将其均衡配置于乡村社会运行的各个环节，把有限的资源转化为实实在在的经济生产力和治理效能，以实现乡村和村民群体的公共利益，达成乡村现代化建设的目标。最重要的一点是，资源的均衡供给可以在一定程度上改变乡村内部发展分化的现实状况，填补乡村居民因资源匮乏及分配不均而产生的失衡心理，激发乡村居民参与乡村治理现代化建设的热情。

三 治理决策智能化

较长时期以来，社会对党和政府在乡村治理及其现代化建设中的职能职责存在认识偏差，主观认为就是党和政府"能"且"要"决定一切，这与乡村基层政府过去习惯于采用管控的行政方式开展乡村治理具有内在关联。乡村基层治理工作繁杂且艰巨，部分基层党政部门为了按时完成上级交办的任务，在资源有限、时间有限的约束下要取得好的治理绩效，就只有采用行政强制性甚至是独断式的决策方式。然而，尽管这种决策方式具有高效性，但其存在的弊端也是显而易见的，长此以往，会严重影响基层党政部门在乡村居民心中的形象，甚至扰乱乡村社会秩序。其实，在乡村治理实践中，党和政府的职能职责主要是"掌舵"。当然，过去有部分农村基层政府的决策方式确实存在不妥之处，但也不能因此而否定基层党政的掌舵功能。在新的发展时期，乡村居民素质的整体提升、城乡社会互动的日趋频繁，正倒逼乡村基层党政部门进一步转变决策方式以及执政思维。而且，"放管服"改革的不断深入，也在客观维度要求基层党政部门必须科学、智能决策。因此，只有更好地发挥基层党政部门的掌舵作用，并进一步健全其决策机制，才能确保其更好地服务于乡村振兴和乡村治理，引领乡村社会走向善治之路。从某种程度上来说，决策是所有工作开展的前提，没有决策提供的规划与指南，工作的开展不可能有条不紊、按部就班。数字技术为乡村治理决策提供了数据信息支撑与技术分析手段，决策的科学化、智能化程度明显提升。同时，通过大数据挖掘与数据聚合分析，能保证多元治理主体快速、准确发现和掌握众多繁杂的乡村事务之间存在的内在关联，从而为深刻揭示乡村公共事务的本质规律和演变趋势提供了可视化和简单明了的轮廓，奠定科学化、智能化决策的重要基础。当前，我国正处在乡村振兴战略两步走的关键交汇期，乡村社会难免会出现诸多前所未有的新问题和新挑战，把数字技术深度嵌入乡村治理各环节、各领域，高度重视乡村零散数据的收集及其建模分析，提前预测、判断和分析乡村社会治理中可能出现的新问题、面临的新困境，从而及早制定多种可供选择的应对方案，达成乡村治理决策智能化的目标。

四　治理权力运行透明化

权力包含了管控与服务两个方面，但从本质上说，管控的目的是提供更优质的服务，因此乡村治理现代化建设要突出强调权力为民服务的本质内涵。然而，目前的乡村治理实践中出现的诸多问题，大都源于乡村公共权力运行的不透明、不规范。在某些乡村地区，公共权力被村委书记、村主任、村干部等少数几个人牢牢控制，村级事务"领导说了算"式的"一言堂"以及集体资金象征性使用和选择性公开等现象时有发生，乡村居民的知情权、参与权等民主权利被实质"架空"。按照我国相关法律的规定，作为乡村基层公共权力的直接利益关联者，村民群众理应对乡村公共权力的运行进行全程监督，推动权力在阳光下运行。综上可知，乡村权力运行透明化，是保证村委书记、村主任以及其他村干部等执行主体在行使公共权力时能大公无私、以集体利益为重的前提。在实践中，对乡村具体公共权力列出详细清单，及时公开、公示权力运行过程及结果，是保证权力"高清化""透明化"运行的有效途径。一方面，通过编制每项具体权力对应的运行流程图，可以使执行主体明确权力运用边界，也就是清楚应该做什么以及不应该做什么；同时，权力运行透明化也是整治村委领导懒政的一剂良药，只有把权力摆在桌面上，把干部推到为乡村居民服务的第一线，村干部才能深知手中权力来自何方以及如何运用；另一方面，通过基层政务平台公布的权力运行流程，加深乡村居民对具体办事流程的了解，增强其法治意识和民主监督意识。总体来讲，权力透明运行是乡村治理现代化建设的坚实根基（见图3-2）。

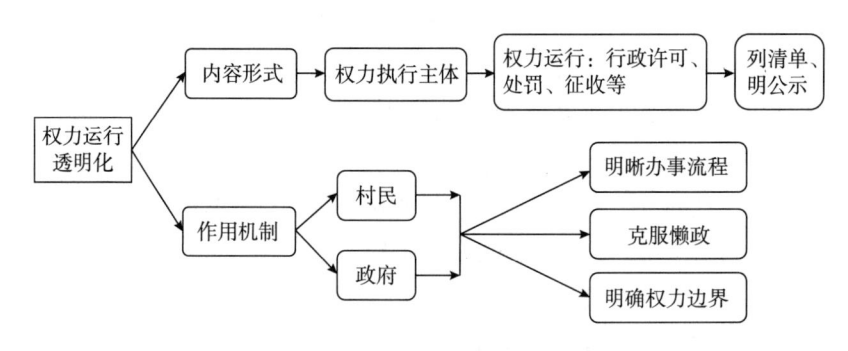

图3-2　透明化权力运行机制

五 监督激励机制科学化

从微观角度来看,乡村治理绩效的评判标准,重点在于乡村居民的主观评价,那么如何保证乡村治理现代化建设能有效提升乡村居民的满意度呢?乡村居民对治理主体、治理过程等的有效监督,无疑是一个重要而有效的途径。同时,没有监督容易产生寻租和腐败,乡村治理现代化建设涉及多方利益相关主体,有必要对乡村公共权力行使者进行客观的规制与约束,并形成科学化的监督机制。监督科学化是指在准确把握公共权力客观运作规律的基础上,通过监督机制和监督制度,实现公共权力的运行规范与运用合理[①]。具体而言,科学化的监督要摒弃"走马观花"或"蜻蜓点水"式的监督方式,做到将"日常监管"和"重点监管"有效结合,打通基层监督的"神经末梢",充分发挥监管的应有效能;在数字技术时代,科学化的监督要求探索数字化新技术、新手段在监督实践中的应用,实现快速、精准、高效化的监督。

同时,在乡村治理现代化建设实践中,因部分治理主体可能存在内在激励不足,参与积极性不高,导致了建设绩效较为低下的问题。那么,在解决了治理的规范性之后,究竟如何才能有效解决好治理主体参与乡村治理现代化建设的动力性问题呢?实现科学化的激励就显得尤为重要和迫切了。激励科学化是指通过设计适当的奖惩形式,如荣誉表彰、税费减免、优化工作环境等,对乡村治理参与主体的行为进行肯定、维持以及引导,以抑制其消极情绪的产生,消除不良情绪,进而有效提升治理绩效。科学激励不同于传统激励,从方式来看更侧重于利用大数据资源,关注被激励者的心理和情绪,并通过塑造舆情,提升被关注者的影响力和社会地位;从手段来看更加注重对被激励者工作软环境优化,营造良好、富有成就感的工作氛围,进而增强治理主体的工作责任心,提升其治理效能。总之,监督与激励就如同治理主体在乡村治理现代化建设进程中发挥治理效能的两道屏障,缺一不可(见图3-3)。

---

① 孙瑾微:《新时期党内监督科学化的研究成果综述》,《中共乐山市委党校学报》2015年第1期。

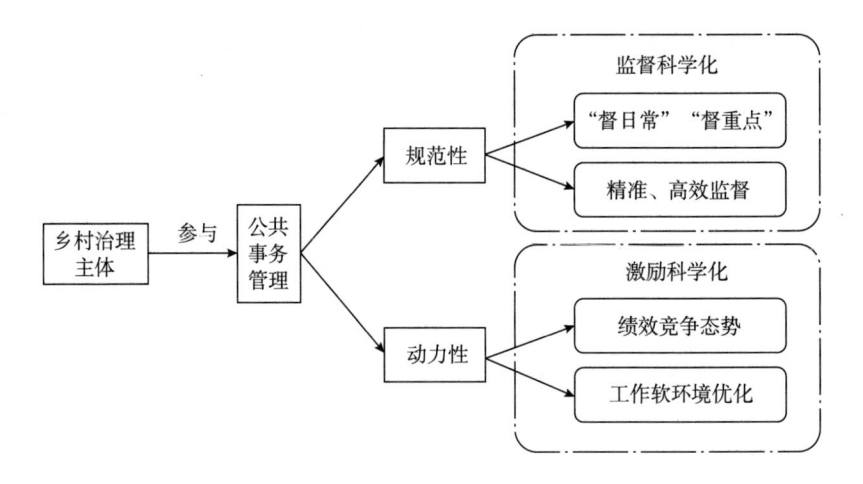

图 3-3　科学化监督激励机制

第二节　数字技术时代乡村治理现代化建设的必然

　　自古以来，我国都是以农立国的，乡村社会的和谐稳定既是国家长治久安的基本前提，亦是国家开展现代化建设的重要动力。因此，乡村治理一直是我国社会治理的重点，但也是短板和弱点。近些年来，城镇化水平稳步提升，乡村人口结构、社会结构随之发生了深刻变化，村民利益诉求、治理需求日益多元化，这在客观上对乡村治理模式的创新提出了新要求。同时，随着时代的发展，数字资源的重要价值日益凸显，已经成为社会生产、社会竞争不可或缺的资源，以数字资源开发、共享、利用等为中心而衍生出来的一系列科学技术，正嵌入社会的各方各面、各行各业。《中国互联网发展报告（2021）》相关数据显示，随着信息技术与实体经济的加速融合，数字经济的体量在我国快速增加，在 2020 年产生的经济总量已经达到令人惊叹的 39.2 万亿元，跃居仅次于美国的世界第 2 位。同时，数字技术的发展与应用推动着社会治理体系进一步完善。然而，尽管 2020 年我国农业数字经济同样发展迅速，其增加值占第一产业增加值的比重较 2019 年快速增长，但依然显著低于社会数字经济增加值的平均水平，乡村经济、社会的发展并没有与数字化发展同频共振。党的十九届四中全会聚焦"推进国家治理体系和治理能力现代化",出台了《关于加强和改进乡村治理的指导意见》(以下简称《意见》)。《意见》强调,要坚持和完善共建共治共享的社会治理制度,结合乡村建设的新情况、新趋势以及社会发展带来的新机遇构建乡村社会治理的新格局。从上不难发现,时代发展、国家战略规划等都对新时代的乡村治理提出了全新的要求,社会和国家共同呼唤着加快乡村治理现代化建设步伐。

一 满足村民美好生活需要的内在要求

党的二十大报告指出,坚持把实现人民对美好生活的向往作为现代化建设的出发点和落脚点。社会主要矛盾的转变深刻地反映了社会关系的变化,表明我国人民日益增长的美好生活需要已经由原来相对单一的物质需要开始出现多元化、多层次、多样态的新特征。随着脱贫攻坚战的全面胜利和乡村振兴战略全面铺开,我国不少乡村地区不仅摘掉了多年的贫困标签,也开始借助数字技术带来的发展活力,逐步向现代化乡村迈进。同时,城乡一体化战略正深入实施,城乡互动明显增多,在城市持续发展的潜移默化的影响下,乡村居民的思想观念、行为方式也发生了显著的变化,特别是对生活的要求开始向高质量方向转变。在衣食住行方面,乡村居民已经不再只是停留在吃饱穿暖的基本需求方面,有关物质产品的质量要求也在日益显著。在教育、医疗、养老等公共福利保障方面,乡村居民开始希望能享受与城市同等的待遇,如优质的教育资源、城乡均等化的公共服务供给以及待遇水平大体一致的养老、医疗保险供给等。在环境保障方面,当基本生活需求得到了满足后,乡村居民对天蓝水绿、空气清新的居住环境的要求也越发强烈。在安全保障方面,乡村居民的安全意识也越发强烈,对民主、法治、公平、正义、安全等方面的需要越发突出。随着我国经济社会的不断发展和科学技术的深入普及推广,乡村居民对美好生活的需求比以往任何时候都更加迫切和越发强烈。这就要求我国在新时代利用数字技术,从与乡村居民、乡村社会利益紧密关联以及乡村居民最为关心的焦点问题出发,破解当前乡村治理理念滞后、资源分配欠合理、决策机制不协调等阻碍,切实保证乡村居民的主体地位、鼓励其参与乡村治理、引导其自主创业致富;要求构建科学合理、和谐有序且运行高效的乡村社会治理体系,促进乡村居民的获得感、幸福感和安全感不断增进。综合上述观点不难发现，推进乡村治理现代化建设是在数字化时代背景下，对乡村居民新时代日益多元化的美好生活需要以及乡村社会的发展变化所做出的有效回应。

二　消弭城乡数字鸿沟的有效途径

随着云计算、大数据、人工智能等技术的迅速崛起，数字技术日渐成熟且应用领域日益广泛，这为产业转型发展带来了新的机遇、为数字经济发展提供了前进动力、为现代化建设的持续推进添翼加臂。自我国进入数字技术时代以来，智慧城市的建设及其治理亦是得以如火如荼地开展。中国互联网络信息中心（CNNIC）发布的第48次《中国互联网络发展状况统计报告》相关数据显示，截至2021年6月，我国城镇人口的网民数量为7.14亿人，占全国网民总数量的70.6%，如果按人口普及率计算，城镇人口互联网普及率为78.3%；相比之下，乡村地区的普及率仅为59.2%且网民数量也只有2.97亿人，仅占整体网民的29.4%。从上述统计数据可以清楚地看出，无论是网民规模还是互联网的人口普及率都存在明显的城乡差异。不但如此，随着乡村地区人口加速流动以及乡村生产生活方式的快速转变，过去简单等级式乡村治理不仅无法满足当前乡村居民的生产生活新要求，也成为拉大城乡数字鸿沟的助推器。目前，乡村居民并不能像城市一样充分享受数字技术发展与应用带来的红利，为有效应对当前所面临的城乡数字鸿沟困境，推动乡村治理走向现代化建设有其重要性和迫切性。首先，通过乡村治理现代化建设，可以搭建好乡村数字化基础设施，消除城乡数字信息的传递障碍。其次，通过数字技术支持下的乡村治理现代化建设，能保障乡村居民享受到更加快速、更为优质的公共服务，提升乡村居民的幸福感、获得感与安全感。最后，通过乡村治理现代化建设，推动数字技术赋能，紧跟城市经济社会发展步伐，发挥城市数字经济的带动效应，发展乡村电子商业、数字化乡村产业，将有限的乡村特色资源转化为无限的经济优势，加快乡村经济社会发展步伐，进而为城乡数字鸿沟的消弭提供重要经济保障。

三　促进乡村全面振兴的题中之义

众所周知，有效的乡村治理是促进乡村全面振兴、城乡融合发展以及民族复兴与国家富强的坚实基础。作为顶层设计的乡村振兴战略的提出，意味着通过有效的乡村治理形塑新的发展格局进而加速乡村复兴的机遇已经来临、条件已经成熟。然而，自改革开放以来，我国乡村地区发生了巨大的变化，使原有的社会关系结构以及人文环境得以深刻改变。而且，随着工业化、城镇化的纵深推进，在预期收益的驱动下，大量乡村青壮劳力为了追求更好的生活、实现个人的更好发展向城市迁移，老人村、留守儿童村已成为当下中国乡村社会最形象的刻画，特别是边远地区广大农村更是如此，这严重影响了乡村社会秩序和乡村传统美德的传承。这似乎预示着，乡村进入衰落阶段。为了应对这一重大问题，党的十九大报告提出，必须始终把解决好"三农"问题作为党和国家的首要任务，并强调要进一步健全自治、法治与德治"三治融合"的乡村治理体系，以加快推进乡村治理向现代化迈进。毫无疑问，这是党和政府立足实践，审时度势，根据乡村社会的变化及发展趋势对乡村治理提出的新要求和新任务。一方面，将"以人为本"和"乡村居民服务"内嵌于乡村全面振兴，而乡村治理现代化建设，有利于发挥乡村居民的内在积极性与主观能动性，集群众之智，聚群众之力，尊重农民群众在乡村治理现代化建设中的主体地位与首创精神，真正做到了以人为本和为人民服务，满足其多样化的美好生活需求，从而更好地达成乡村振兴的内在目标。另一方面，推进乡村治理现代化建设有利于发挥乡村基层党组织的引领作用，抓住数字技术带来的良好发展机遇，推动乡村产业转型发展，从而更好地达成乡村振兴的"产业兴旺"目标。总之，推进乡村治理走上现代化的道路，有助于保证村民主体地位、实现产业兴旺目标，是实现乡村全面振兴的客观要求。

四　提升国家治理绩效的基层行动

治理体系与治理能力的现代化程度，在很大程度上彰显着一个国家或地区治理效能的高低，也反映了人民群众对国家治理的满意度情况。同时，加强国家治理现代化建设，除有效提升国家治理效能的外显目标之外，还有一个影响深远的意义，那就是进一步完善中国特色社会主义制度。目前，乡村人口在中国总人口中依然占有相当大的比重，农业和农村在国家经济和整个社会中的基础性地位这一重大属性决定了乡村治理在整个国家治理体系中的重要位置。因此，可以说，乡村治理现代化水平，一方面对国家治理现代化水平具有重要影响，是国家治理现代化的内在衡量标准,另一方面也与国家治理效能的提升具有密切关系。没有乡村治理的现代化,就谈不上国家治理效能的提升,乡村治理实践在一定程度上影响着国家治理的走向,乡村治理机制和模式为国家治理创新提供了新视角,乡村治理取得的成果是国家治理效能提升的重要保障。同时,在高速发展的数字化时代,数据资源逐渐渗透在乡村居民日常生产、生活中的各个方面,基层政府亦可从海量数据的分析中准确把握乡村居民对乡村治理的真实需求,而这是压实乡村治理主体责任,合理分配乡村治理资源,以科学治理促进治理效能持续提升。此外,乡村治理现代化建设,要求搭建诸如"智慧村务"等新型数字化平台,这无疑为乡村居民参与乡村公共事务治理以及各治理主体感知乡村社情民意提供了有效、便捷的通道,提升了乡村治理决策的透明度和科学化水平,消除了政府决策与乡村居民真实需求严重偏离的现象,切实推动了基层政府更好地为乡村居民服务①。另外,乡村治理现代化建设还将目光转移到乡村生态环境的优化方面,即美丽乡村建设,为乡村居民生产、生活创造了良好的环境,提升了乡村居民对政府的满意度和认可度。可见,推进数字技术时代的乡村治理现代化建设,是提升国家治理效能的必要途径。

五 契合数字社会发展的务实之举

自21世纪以来,全球信息技术飞速发展,以大数据、人工智能、区块链等为代表的数字技术宣告了数字时代的正式开启。目前,数字技术逐渐渗透到人民群众的生活和社会发展的方方面面,如5G技术的成熟与推广,使人们信息交互的速度得到大幅提升,极大地方便了人们的生活和工作;人民群众可通过网络平台咨询事务、处理争端,可使用电子政务平台进行网络问政并监督政府行为,既保证自身合法权益,也促进了权力的透明化运行;"互联网+"的发展、应用和普及,激活了直播带货这个新业态,给疫情下中国经济的发展增添了新的活力。凡此种种,数字技术已深度融入社会的每个角落,关系人民群众的切身利益。而乡村作为社会发展的重要领地,亦应紧跟社会发展、时代进步的步

---

① 赵成伟、许竹青:《高质量发展视阈下数字乡村建设的机理、问题与策略》,《求是学刊》2021年第5期。

伐，推动数字技术的进入、布局与扩散，努力塑造出面貌全新的乡村社会。而且，数字技术赋能乡村治理现代化建设必然衍生出新的乡村样态，如数字化乡村、信息化乡村、智能化乡村等，重塑乡村发展环境。可见，加快数字技术赋能乡村治理现代化建设步伐，促进数字技术与乡村社会发展并行同步，无疑是未来乡村全面振兴的重要方向与全新目标。当前，乡村逐渐成为新技术培育、发展和应用的重要实践场所，乡村建设与数字技术的共通、互促、融合，直接影响着乡村现代化水平。因此，应加快乡村治理的数字化转型，畅通各治理主体的沟通渠道，提升治理效能，服务人民群众，让乡村发展更加充满活力、乡村社会更为和谐有序，让广大村民在数字技术赋能乡村治理现代化建设中不断提升幸福感。可见，推进乡村治理现代化建设，契合了数字化社会的发展新趋势。

综合上述分析可知，从人民、乡村、国家三个维度来看，乡村治理走向现代化有其深刻的现实意义，顺应了人民幸福、乡村振兴、国家富强等从微观到中观再到宏观等层面的多重现实需求。同时，在数字技术逐渐占领时代潮流的背景下，大数据已经成为新时代社会发展的核心要素之一，乡村治理应顺应时代潮流，顺应数字化发展趋势，有效运用大数据推动乡村治理现代化建设。当然，乡村治理现代化建设过程不是简单的技术应用，而是数字资源、数字思维、数字技术全面嵌入乡村治理主体协作、治理机制完善、治理方式改进等现代化建设全过程。在实践层面，尽管近些年来乡村治理实践进步显著、成就巨大，但也要清醒地认识到，乡村治理成效与社会需求二者之间的精准对接还存在诸多需要进一步完善的地方。新时代乡村治理内容的复杂性越发凸显、任务的艰巨性更加突出，传统的治理模式实际上已经很难对乡村治理需求做出有效的响应，需要依靠数字技术取得新突破，加快乡村治理现代化建设步伐。

第三节　数字技术对乡村治理现代化建设的赋能

在传统的乡村社会治理结构中，村两委、乡镇政府等主体通常代替乡村居民行使权力，乡村居民参与乡村治理的自主性和能动性被严重压制。在此情况下，治理决策不合理、权力运行不透明、监督难以实施以及乡村发展与时代发展脱节等问题也就在所难免。然而，随着现代信息科学不断完善、数字技术和数字经济的外溢效应不断扩大，以及乡村居民现代信息素养的日益提升和对数字化发展需求的不断释放，利用数字技术赋能乡村治理现代化建设的条件已经基本成熟。在"赋能"的各种内涵解读中，有学者将其理解为是权力的分散化及其再分配，认为是赋权于他人，是增进不确定性应对能力的关键[1]，也有学者认为赋能的过程实际上是一种专业性的干预[2]。因此，"数字技术赋能"可以理解为：通过数字技术赋予某种能力，创造某些必要条件与环境，为实现特定目标增加可能性。从该角度来看，数字技术是一种诱因，一方面能直接赋予行动主体某种能力，另一方面也能激发行动主体力量，进而实现既定目标[3]。近年来，随着大数据、区块链、人工智能等新型数字技术的深入发展，为乡村治理现代化建设带来了重大发展空间、创造了重要的历史机遇，促进乡村社会形成了共建、共治、共享的良好局面，在切实推动乡村社会治理现代化转型的进程中发挥着关键性作用。

然而，不能机械式地认为数字技术赋能乡村治理现代化建设只是信息技术在乡村治理体系和治理环节中的简单应用，它更多地体现对乡村各治理主体关系的调整方面，如保障乡村居民、自治组织、社会组织以及基层政府地位的平等，进而减少乡村纠纷、矛盾，建立和谐的社会环境，促进多元主体协同治理局面形成。从时间和空间维度来看，"线下办公"转变为"线上办公"，让"数据运行"代替"村民跑路"，既节省了办事所需时间，也"压缩"了空间距离。从成本和效率的角度来看，"数字办公"替代"纸质办公"，既减少了办公材料的耗费，也提高了办事效率。从建设目标维度来看，通过数字化平台聚合村民诉求，实现乡村治理现代化建设工作与乡村群众真实需求无缝对接，进而为乡村居民的获得感、幸福感和安全感的不断增进提供了保障。因此，数字

---

[1] 斯坦利·麦克里斯特尔著：《赋能：打造应对不确定性的敏捷团队》，林爽译，中信出版社2017年版，第197页。

[2] Hudon, C., et al., "Poitras, Enablement in Health CareContext: A Concept Analysis", *Journal of Evaluation in Clinical Practice*, 2011.

[3] 郁建兴、樊靓：《数字技术赋能社会治理及其限度——以杭州城市大脑为分析对象》，《经济社会体制比较》2022年第3期。

技术对乡村治理现代化建设具有显著的赋能效应。

一 搭建数字化治理平台，形成多元主体协同参与局面

传统乡村治理是按自上而下的层级模式展开的，很大程度上是依靠乡镇政府这个治理主体的经验和主观判断。在这种模式下，普通村民、新乡贤和乡村社会组织的话语权均非常微弱，表达主张的机会并不多，久而久之导致其诉求表达意愿日渐消退，参与治理的态度越发冷漠，导致各治理主体之间很难有效沟通并形成一致意见[1]。新时代乡村治理现代化建设要以乡村社会的现实需求为逻辑起点，通过构建数字平台有效聚合不同主体的治理资源和潜能，以及数字技术促进公共信息有效流通和公共资源合理配置，进而重构乡村社会治理体系，因而数字技术介入乡村治理现代化建设契合社会治理现代化的时代发展要求。

也就是说，基于大数据、区块链等技术的数字化治理平台，通过参数、脚本以及算法等的有效辅助，为跨层、跨界治理主体的协作提供了虚拟场域，形成虚拟共同体，平等协商、协同参与乡村治理现代化建设具体事项。在乡村社会与地方政府之间，数字化平台一方面打通了"最后一个"信息壁垒，上级政府的政策和动态规划能够顺利、及时传递至乡村，乡村居民也可以通过网上浏览政务平台了解政策最新动态，并表达其意愿与诉求，这种超越时空限制的交流和互动为多元主体协同参与奠定了良好的基础。另外，在信息有效传递的基础上，地方政府可以借助数字治理平台更好地履行在乡村治理现代化建设中的领导职责，精准投放建设所需的产品和服务等资源。村民群众、乡村自治组织、乡村社会组织、新乡贤等其他体制外主体也可通过数字平台建言献策，为共同推进乡村治理现代化建设贡献各自的力量。换而言之，使用基于数字技术支持的数字治理平台，能有效消除原有治理模式中多主体参与乡村治理现代化建设的跨层、跨界合作障碍，产生协同效应，获得更高的建设绩效。显然，这既有利于发挥地方政府的主导作用，保证建设不偏离"以人为本"的初衷，又能激发其他主体参与积极性，发挥各治理主体的资源优势和专业特长，进而形成多元主体协同参与乡村治理现代

---

[1] 孙莹：《协同共治视角下的乡村治理现代化——以四川省J市的乡村振兴实践为例》，《理论学刊》2022年第2期。

化建设的良好局面。

二 构建场景分析资源聚合平台，促进资源供给精准化

自然条件较差、交通不便利、文化教育相对落后等桎梏，既制约着乡村经济社会的持续发展，也在很大程度上影响了治理绩效的持续提升。因此，加强乡村地区地理、交通、文化教育等方面的数据分析，运用数字技术赋能乡村治理就显得尤为迫切。然而，受技术贫乏和数字基础设施薄弱等限制，当前的乡村治理实践中依然存在数据分布"碎片化"和"孤立化"等现象，导致数字技术对治理资源配置的优化效应难以释放。同时，治理主体的传统决策偏好不可能在短期内完全消除，如果没有技术的推动与支持，乡村治理资源与实际治理需求之间的无缝对接与有效匹配是很难依靠决策的引导而实现的。简而言之，自上而下的资源供给模式，是不可能通过基层政府的行政之手实现治理资源精准供给的。因此，利用数字技术促进治理资源精准供给具有重要的现实意义。

具体而言，一是通过数字技术构建一体化聚合平台，将乡村治理现代化建设场景中的各要素、各领域紧密联系起来，形成统一资源供给体系，打通乡村治理现代化建设场景中人、地、物、资金、设备等多种、多类资源流通障碍。二是通过一体化聚合平台汇聚关键数据，并对关键数据进行深度挖掘与分析，准确了解乡村治理资源的供给情况，快速找到资源供给的盲区、薄弱环节和需要重点改进的地方。在此基础上，通过数字平台和云端治理，准确测算治理资源的供给成本以及资源拥有率、使用率，做到每份资源都能恰到好处地用在刀刃上，全面盘活乡村治理资源。三是以技术为支撑，通过一体化聚合平台调动数据资源，通过网络搜索、在线协调，将各类资源合理配置到乡村治理现代化建设的各个环节。乡村治理现代化建设资源需求与供给的匹配度不断提升，有效避免了传统治理结构下的资源供给失衡、供给无效等问题，使得乡村治理实现了横向到边、纵向到底的理想局面。四是一体化聚合平台将城乡资源供给纳入统一的体系，打通城乡之间基础设施、公共服务、高端技术、专业人才等各种治理资源与要素的流通壁垒，促进城乡治理资源供给一体化和均等化，并将城市优质资源匹配到乡村，推动资源下沉，改善乡村治理现代化建设的要素环境。

三 加快完善数据驱动决策机制，推动治理决策智能化

从某种程度上说，乡村治理现代化建设过程是不同地区的基层权力机构针对不同问题不断进行决策的过程。作为治理现代化建设的核心环节，决策结果的科学化程度直接影响到后续环节的执行和最终执行结果。然而，传统乡村治理决策大都是基于上级政府意图以及乡村精英的偏好与经验，决策的自由裁量权非常大。因此，面对日益复杂的乡村公共事务，单纯依靠精英的管理经验和感官判断显然难以保证乡村治理现代化建设决策的科学性和高效性。目前，以区块链、大数据、云计算等为代表的数字技术已经成为社会治理的关键要素，聚焦数字技术赋能乡村治理现代化建设决策的本质内涵，可以发现将数字技术全面嵌入乡村治理决策，有利于构建起全新的数据决策机制，促进乡村治理现代化建设决策从"经验型"和"感性型"向智能化转变。

首先，传统决策通常是基于经验和抽样数据而做出的决策，尽管在获取这些数据时经过了分层、随机抽样等方式的处理，使得数据具有一定的代表性，但其仍存在很强的片面性、随机性，导致决策所依据的数据信息完整度不高，易使决策缺乏科学性。在乡村治理现代化建设过程中，通过大数据技术对各类数据的高效整合和全景分析，可以避免传统抽样调查误差和随机调查中样本量小、代表性不强等问题，便于决策者超越主观经验及时捕捉乡村社会关注的热点、重点和难点问题，从而为科学决策提供有力的数据支撑。其次，在收集相关数据信息的基础上，一方面，甄选有价值的信息并进行关联分析，有助于厘清乡村繁杂事务之间的内在关系，快速找到应对策略或者根据实际情况调整应对预案，将乡村社会和生产生活中产生的各类风险尽最大努力控制在最小的可控范围之内；另一方面，通过大数据精准预测事件走向，进行数据模拟分析，以前瞻性视角对各种决策方案进行"优胜劣汰"，避免乡村治理资源的无端消耗，使乡村治理从"救火式"的被动模式向现代高效主动模式转变。最后，决策主体利用大数据信息能及时了解决策的具体运行情况，通过数据反馈，窥探出决策成效与村民需求的对接状态，也让乡村治理现代化建设中存在的问题更加透明化，有利于针对决策执行情况填补漏洞、提出更加全面的决策方案，进而更好达成为人民服务、为人民谋福祉的目标。还应指出的是，各决策主体可以利用基于大数据的决

策平台，各抒己见，群策群力，消除分歧、寻求共识，整合最优决策方案，避免治理主体因意见不统一而出现"内讧"现象，从而增强乡村治理现代化建设决策的智能化程度。

综上所述，在数字技术时代，通过构建集数据优化、数据关联分析、数据模拟预测、数据反馈于一体的系统化决策机制，完全可以推动乡村治理现代化建设决策的智能化转型。

四 建立健全政务运行分析系统，促进权力运行透明化

在传统的乡村治理中，因基层体制壁垒以及精英与权力结合等原因，乡村公共权力出现了向少数人集中的特征，加之监督缺失导致权力运行过程中呈现出了较强的强制而非民主性。换而言之，乡村公共权力大多集中在基层政府、村委会及乡村精英等少数人手中，重大事项的决定并没有按照"一事一议"程序进行，进一步削弱了普通村民参与乡村公共事务的主观意愿。权力的运行一般都应该有相应的制度和规则加以约束，但受"皇权不下乡"治理逻辑的深远影响，乡村公共权力的约束并不严格。因而，推进乡村公共权力运行透明化，让权力在阳光下行使，理应是数字技术时代乡村治理现代化建设的题中应有之义。

数字技术的广泛应用，能在一定程度上改变乡村公共权力被少数人掌控的局面，改变乡村公共权力运行规则，推动权力运行由管理型向服务型转变，增强基层党务、政务、村务信息等的公开透明度。一是基于数据分析，编制权力清单。在相关法律法规的框架内，结合乡村历史传统和当前实际，利用大数据技术梳理出乡村公共事务明细及其对应的公共权力，并以清单的形式通过数字化平台逐一公开，让村民群众知晓并形成广泛的群众监督。二是创建大数据平台和乡村 App，推动权力公开运行。近些年来，在我国乡村治理实践中，通过创建大数据平台和使用乡村 App，推动权力公开运行的成功案例大量涌现，值得推广。如福州市长乐区的"智慧百户"、广州市从化区的"人力计"大数据平台等，本质上都是利用大数据平台或乡村 App 便捷性强、透明度高的特点，主动公开岗位职责、人员招聘、物资采购、财务管控、资产处置等乡村公共事务信息，使村民群众可以超越时空限制，在村务网站或微信公众号上查看公共事务处理情况，切实促进了乡村公共权力运行规范化、公开化。三是利用数字技术进行模拟仿真，固化权力运行流程。尽管运用

大数据规范了权力内容,但权力运行过程不出现异化现象也同样重要,为了保证权力运行的公开化,可以有效地运用数字技术,进行程序化设计,专门制作"四议两公开一监督"工作法、民事代理和乡村"三资"监督管理法等云网络平台工作流程图,对流程细节作出明确且详细规定。

总之,乡村公共权力执行代理人的每项权力及其运行都可以清晰的记录在网络上,通过构建全方位基层政务信息分析、平台公开、流程固化的数据系统,可能有效规避权力运行的随意性和失范性,最大限度地减少所谓的"自由裁量权",真正做到"该做的必须做,以及不该做的想做也做不成"。

五 采用"数据监控+数字舆情",完善监督激励机制

近年来,我国各地成立了村级监督委员会,加强了对乡村公共权力的监督,取得了一定成效,但这种监督作用的发挥还有待进一步释放。而且,随着时代的发展,当前监督模式的缺陷可能会越来越多,这必将严重阻碍乡村治理现代化建设进程,甚至威胁到党在乡村治理现代化建设中的领导地位。因此,应结合数字化发展背景,将数字技术嵌入乡村治理现代化建设监督体系之中。

数字技术下的自上而下的监督机制主要采取横向、纵向协同两种模式,相关监管数据信息经线下收集和自动收集并转换后进入监管体系中,成为监管资源。从横向角度来看,监管信息数据收集、分析和应用遵循"数据采集—模型比对—离线验证—反馈修正"的流程。对发现的异常信息数据进行自动比对分析,由被监管主体的上级主管部门及时核实、分类定级,精准锁定"异常人"、"异常钱"以及"异常事",使"部门挂钩、台账核对"的传统监管模式变为"数据监督、节点控制"的实时、在线以及动态的监管模式。从纵向角度来看,同级纪委和上级监察委员会可实时收集由数据信息所折射的异常问题,并将需要预警的问题及时下达给相关专项纪检监察机关,限时完成并反馈,形成链条式监管。

上下级共治、共管并通过上级的链条式监管,有效净化了乡村治理软环境,进一步保障乡村社会的共同利益。此外,对于乡村地区固定资产的管理和监督,也可通过数字技术搭建乡村集体资产监督管理平台,

对其进行统一监管。同时，数字技术还为自下而上的监督搭建了公开化的平台，为乡村治理现代化建设提供了公开透明的监督场景，既切实提升了乡村居民对乡村事务治理的参与感，也强化了乡村公共权力的网络舆论监督。在乡村治理现代化建设过程中，网络为村民问政提供了便捷通道，也把权力的运行过程交由村民主体监督，能够反映最真实的情况，及时发现和解决问题。在数字化时代，乡村信息政务平台可以将涉及村民群众利益的财务、土地等相关公共事务及时公开，充分保障个人的知情权，激发村民群众主动、自觉参与乡村治理现代化建设的积极性。不仅如此，村民群众还可以通过网络问政平台，积极表达治理诉求和意见，推动乡村治理现代化建设朝着更加科学透明的方向转变，而这种转变对政务信息的公开和透明又形成了倒逼压力，在一定程度上督促政府完善信息公开机制，提升建设效能，使乡村治理现代化建设朝着更为科学、更加民主的方向推进，进而形成一个良性循环。

以往对基层政府和乡村干部的激励通常是依靠加薪、升职、表彰等方式，忽视了对其能动性的挖掘和激发。因此，迫切需要结合数字技术，完善激励机制，激发基层干部的工作热情，提高乡村公共事务处理效率和质量，加快乡村治理现代化建设步伐。一是将绩效作为考评的重要标准，在政府官网、微信工作群等村务平台上公示基层干部的主要管辖范围和治理建设成效，形成竞争压力，并通过网络舆情有效激励基层干部努力工作。二是强大的数字化平台、便捷的数字化办公、超越时空限制的数据共享，大大提升了干部的工作自主性，优化了工作感知体验。三是信息技术会提高个人的认知水平和能力水平，有利于促进自尊和自我提升并增强工作效能感，进而激发基层干部办实事的干劲和活力。

综上所述，在乡村治理现代化建设进程中，数字技术已经成为乡村公共权力服务民众、提升治理现代化建设绩效的关键利器。基层政府通过自身政务服务数字化推动乡村数字化，利用数字化工具构建数字治理平台、创造数字集群等虚拟空间，推动治理主体平等、协商共治。运用数字化技术整合乡村内外资源，并实现资源配置的精细化、精准化。采用数据模拟和仿真分析，建立基于数据分析的决策机制，推动决策智能化。以数字信息记录、公开为抓手，利用数字编程，固化公共权力运行流程，推动权力在阳光下运行。以数据监测、数字舆情为突破口，形成科学化的监管和激励机制。可见，数字技术发挥作用的过程是一个社会性和政治性相结合过程，表达和再造了乡村社会的新机制，推动了乡村治理现代化建设进程（见图3-4）。

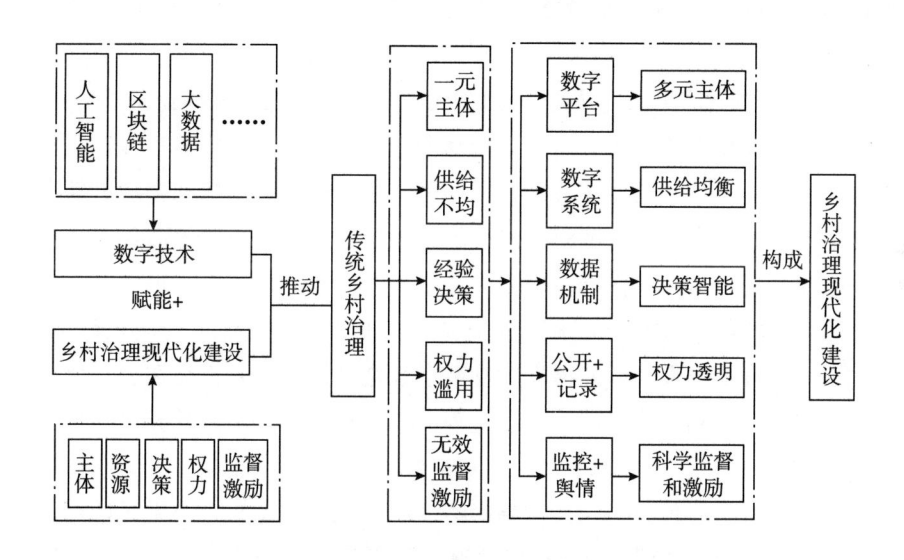

图3-4 数字技术赋能乡村治理现代化建设的实现机制

第四节 数字技术对乡村治理现代化建设可能的"负能"

数字技术赋能乡村治理现代化建设主要体现在：利用数字技术的多元功能，搭建数字化平台，推动多元主体协同参与，发挥乡村治理公共精神和民主精神。构建公共数据资源一体化系统，建立新型数据决策机制，促进资源供给均衡化、治理决策智能化，在实现治理科学化、民主化的基础上，利用大数据挖掘和分析，保证基层政府及乡村干部权力运行透明化，加强监督激励，进而提升综合治理绩效。然而，事物总是一分为二的，有利也有弊，数字技术嵌入乡村治理现代化建设可能产生信息安全忧患、加剧乡村社会不公、虚假抬高治理地位等"负能"效应。

具体来说，数字技术对乡村治理现代化建设可能的"负能"主要包括：技术"利维坦"引发信息安全忧患，动摇治理主体技术信心；"算法歧视"加剧社会不公，影响乡村治理现代化建设软环境；数字技术拔高地方政府地位，弱化其他主体参与意愿；数字技术异化使用，制约建设绩效提升以及算法"固定"导致治理主体创新潜能难充分释放。

一 "技术利维坦"引发信息安全忧患，动摇治理主体技术信心

在数字技术的实践应用中，涉及个人的数据收集、传递和分析，可能导致个人隐私暴露并被不法分子利用。大量的数据模拟和算法更新会将个人隐私信息、身体健康状况、网络浏览历史甚至位置等信息碎片化地保存起来。然而，在这些表面看起来并不完整的信息中，很多与个人隐私有关的信息可能会被不法分子提取、加工用于商业牟利甚至诈骗。这不仅导致了个人利益的损失，扰乱了社会秩序，而且也会在公共权力运行与公民权利保障机制的互动过程中，制造出一种新的社会风险，即"技术利维坦"。"利维坦"原来主要是指《圣经·旧约》中上帝在第六天所创造的一种海怪，最初是指裂缝的意思。英国哲学家霍布斯用它来比喻君主专制政体。"国家利维坦"是人类自己创造出来的不受控制的怪物：人们极度依赖强大的国家提供的"和平与安全"保障，却总想留一手不让它逃脱缰绳。随着大数据、互联网、人工智能等数字技术的深度应用，人们在更加全面地享受数字技术带来福利的同时，一种"被数字束缚"的感觉也正油然而生甚至被压得喘不过气，数字技术作为"国家利维坦"约束的手段，在社会治理实践中开启了其异化过程，并可能逐渐演变成为一个新的"利维坦"，也就是"数字利维坦"[①]。从内涵来看，"数字利维坦"可以理解为执政者利用数字信息技术的综合装备，把公民及其活动置于无处不在的严密监控体系之中，但公民对此束手无策，无法利用信息技术摆脱监控或者维护自身的合法权益，也就是说公民没有办法与国家强大的控制系统相抗衡。可以说，"数字利维坦"的本质是把先进的科学技术工具与国家权力有效结合并通过这

---

① 郧彦辉：《数字利维坦：信息社会的新型危机》，《中共中央党校学报》2015年第6期。

种结合而产生强大政治效应的一个过程①。

在这种高透明化的数字技术的严密监控下,公民隐私信息被毫无保留地获取。在推进乡村治理现代化建设的情境中,数字技术的嵌入尽管给建设工作创造了新的动能,增添了新活力,但同时也不可避免地面临着有关个人隐私、信息安全等方面的挑战。这种挑战如果不能得到有效及时的处理,将会产生严重的后果,即扰乱乡村经济社会发展秩序,动摇乡村居民及其他治理参与主体对数字技术赋能乡村治理现代化建设预期与的信心。无论是数据的存储、传输还是开放、共享,都可能存在信息泄露、被篡改甚至被盗用、被盗卖的潜在风险。在数据收集存储、加工管理等环节,地方政府相关职能部门、技术管理人员均能通过数字化治理平台收集各类数据信息,而这些数据信息涵盖了乡村居民个人基本情况、身体状况、家庭构成以及投资等各方各面,可谓包罗万象,应有尽有。然而,因专业技术人员在乡村地区严重缺乏,难以对来源广泛、繁杂的海量数据进行合理分类、有效存储、严密保护等原因,可能会导致这些有关个人隐私的数据信息泄露,给个人生产生活造成不必要的困扰。而且,在数据信息的传输与共享环节,也可能会导致乡村内部有关集体资产、生产计划、销售方案等重要数据信息或乡村居民私人隐私信息泄露、各类数据信息资源盗用和滥用现象的发生,其原因主要是安全监管、主体协同治理以及数据权属界定等机制的不健全。从辩证的角度来看,这既是数字技术赋能乡村治理现代化建设所面临的信息安全挑战,也是必须解决好的重要伦理问题。因此,要把数字技术的优势转化为治理效益和建设绩效,顺利推进乡村治理现代化建设,克服"数字利维坦"的弊端,就需要对数字技术赋能乡村治理现代化建设过程进行严密监控,以确保信息安全,降低建设中的信息风险和伦理风险,提高治理效能。

还需要指出的是,作为"数字技术利维坦"的重要表征,"算法黑箱"不可避免地隐藏着巨大的数据风险。"黑箱"通常是指那些无法打开且也不能通过外部观察等常规手段,以获得有关内部构成或内部状态

---

① 王小芳、王磊:《"技术利维坦":人工智能嵌入社会治理的潜在风险与政府应对》,《电子政务》2019年第5期。

信息的未知系统,"算法黑箱"则是在 AI 系统的输入数据及其输出结果之间,运用深度学习技术隐藏着一个人们无法理解且同时也无法探索的未知领域。此处的深度学习可以理解为通过从事物最原始的特征出发,自动学习并产生高级认知结果的新型技术。在乡村治理现代化建设过程中,"算法黑箱"会给治理进程和有效监督造成现实困难。一方面,因算法从数据输入到决策结果输出的逻辑过程是完全隐秘的、不对外公开的,且即使对外公开普通乡村居民也可能无法理解其真实的内涵,因此形成了"算法黑箱"。另一方面,在算法使用时,只有算法运算后所得出的结果才会对外公开,算法所使用的参数、运用分析逻辑等关键过程都被算法这个"黑匣子"隐藏起来了,这就有可能使得算法的歧视更加被无限扩大。算法过程中存在的黑色地带,放大了乡村居民和乡村公共事物数据信息的泄露风险,可能严重影响和阻碍乡村治理现代化建设进程中公共权力运行的透明化以及上下互动监督机制的科学运行。除此之外,因为数据和机器学习的复杂性,"算法黑箱"还可能诱发治理责任边界模糊、责任不清晰等问题。传统的技术责任伦理和制度规范已经无法有效应对数字技术应用中的风险责任界定、追溯以及追究。在传统的技术责任伦理和制度规范中,设计者必然是技术风险的责任主体,然而在数字技术及其人工智能技术支持的环境下,设计者仅仅是责任主体,如果将数字技术及其人工智能所造成的侵权行为及其利益损失完全归罪于开发者或设计者,显然缺乏说服力。但如果涉及数字技术及其人工智能本身,要追究一个程序和一台机器的责任并让其承担责任显然是脱离现实的。于是,长期以来建立在行为与后果之间的因果关系基础上的责任伦理和制度因"算法黑箱"而必将受到严峻挑战,造成了责任无法追究,后果没有人承担的结果。

二 "算法歧视"加剧社会不公,影响治理现代化建设软环境

人类社会发展与进步离不开人们的情感关怀,而机器和应用程序却没有情感变化,是冷漠的。人工智能主要是模拟人类大脑皮层中的多层神经网络,然后通过大数据训练来完成,它贯穿的是技术化理性,表现出来的行为是机械化的,显然不具备人类特有的细腻情感。在利用大数据进行治理决策时,呈现出的是一种预测,是基于过去的数据对未来的发展趋势和演变规律的预测,而这通常会受设计者的主观偏好、算法简

第三章 数字技术与乡村治理现代化建设的理论分析

化和技术漏洞的影响。第一，从本质上说，算法是通过数学或计算机代码所进行的意见表达。作为一种以计算机代码为载体所呈现的意见，其设计、标准必然深刻烙上设计者、开发者的主观意愿与价值取向印痕。于是，算法的设计者、程序开发者等可能有意或无意将其主观偏见自觉或不自觉地植入算法体系，进而在种族、性别、年龄、阶层、地域等方面产生歧视，使得乡村治理现代化建设中的公共道德伦理被人为削弱。而且，随着大数据技术的普及和应用，算法设计者对用户的私人信息获取更是轻而易举，设计者可能受逐利思想的驱使，为了获得额外利益，通过提供更诱人的条件来引导乡村居民投票，在这个过程中无疑滋生出了新的不公平。也就是说，算法设计者通过有意识的诱导，从而为自己创造更大的经济效益，当然这并不是算法发展的必然结果。第二，算法设计过程中可能存在数据和技术漏洞，这主要体现在样本选择分布不均方面。除了设计过程中出现算法歧视问题，在数据采样过程中，如果数据源只关注某些组而忽略其他组，算法便只能捕捉到采样组的特征，其输出信息仅适用于采样组，并无普适性，未采样组可能将沦为被歧视对象。因此，即使该算法有一个较为公平的设计思路，但如果选择的数据样本不具有广泛代表性，也必然会导致严重的算法歧视。第三，算法简化、分类与对象的异构性相冲突。为尽可能简单、便捷地使用算法解决相对复杂的社会现实问题，设计者通常会先将对象或事务进行简化分类，然后为不同类型的组合编写不同的程序指令。在群体定义与分类过程中，根据抽象特征对群体进行分类的做法，忽略了个体异质性特征的客观存在。当算法的对象是人时，尽管人可能抽象出一定的共性特征，也可以按某些特征指标进行群体分类，但人毕竟具有异质性、复杂性以及多样性等特征，也就是说每个个体在各方面可能都具有自身的特质。因此，群体差异性程序指令能确保群体在共性方面享受公平待遇，但在自身特性方面却不可避免地遭受歧视。

综上可知，在乡村治理现代化建设过程中，利用数字技术优化治理流程可能因算法歧视而导致新的社会不公平。首先，算法歧视可能导致地方政府对治理资源供给的估计错误，如资源信息传递不及时、对资源总量估计欠准确等。其次，算法歧视是影响科学、民主决策的重要因素。算法思维按照人类设定的固定逻辑来解决动态和变化的社会问题，但它只能描述具有典型性和代表性的社会事件，无法刻画现实社会中为数众多但不易被抽象出共性特征的事件，导致治理主体对乡村公共事务整体状况的综合估计出现偏差，从而影响了决策方案的科学性和民主性。最后，虽然数字技术支持的智能算法有助于提升乡村治理现代化建设效率，但算法决策所使用的数据、处理方式、判定标准以及应用规则等都是由算法设计者创造的，具有天生的缺陷性，而这种缺陷性造成的负面影响，可能正是破坏乡村治理现代化建设软环境的"罪魁祸首"。

三 数字技术拔高地方政府地位，弱化其他治理主体参与意愿

在数字技术赋能乡村社会治理现代化建设的实践中，技术与治理能力之间存在难以突破的结构性困境，不同乡村治理现代化建设场景下的建设绩效并不总是与技术发展和应用呈现出正相关性的。尽管数字技术推动了乡村社会治理的精细化发展，增强了公共决策的科学性，但在技术赋能的乡村治理现代化建设过程中，技术下乡、资源下乡以及政府官僚体制在乡村治理现代化建设场景中复制，村"两委"行政化的迹象越发明显。于是，乡村社会可能滋生情报与信息形式主义，导致地方政府官员和村两委干部把大部分时间与精力放在数据收集、录入等常规但浮于表面的事项上，而未深入乡村了解实际问题。在情报和信息形式主义的影响下，地方政府和村两委治理能力可能出现不升反降的现象。地方政府对技术的过度依赖，尤其是乡村治理现代化建设过程中对数字技术的惯性与过度依赖，可能导致其理所当然地认为治理问题已经被解决，但事实上，技术只是辅助解决形式方面的问题，而隐藏的实质性问题却在看不见的背后逐渐积累。究其原因，是技术至上理念造成地方政府主体在社会治理现代化建设过程中对技术的过度依赖。

乡村善治的基础是科学、民主决策，而处于发展阶段的算法所依赖的数据很可能存在天然缺陷。在现实决策中，使用欠缺代表性数据作为决策依据的情况比比皆是，其产生的后果是，数字鸿沟中规模庞大的边缘群体的诉求信息没有纳入决策参考范围，也就是那些没有通过网络载体或数字化平台报告偏好的人，其诉求与意愿并不在决策者的决策视野之中。在这样的情况下，决策者可能在数字技术治理理念的支配下潜意识优先回应数据化问题，一些无法通过数据承载的社会治理议题必然会被排除在决策序列之外。拥有先进技术优势的治理主体会先声夺人，虚

假提高自身的治理地位,导致算法优先关注与集团利益相关的领域。由此一来,乡村居民、乡村精英和社会组织等其他参与治理主体被间接排斥在乡村治理现代化建设体系之外,乡村多元主体协同治理的框架被打破。在数字化时代,社会力量与国家权力之间的关系变得更为复杂,数字技术的赋能效应,虽在一定程度上提升了各类社会主体的地位,但地方政府也可能利用它加强对其他主体的管理与监督,而其他主体则可能尝试利用技术摆脱掌控和束缚,如此循环。因此,在乡村治理现代化建设过程中,掌握公共权力和公共资源的地方政府在数字技术的运用方面具有其他主体无可比拟的优势,可以在行政控制体系中收集和存储其他主体信息,监督其行为,而即使其他主体利用技术摆脱控制,也改变不了所处的劣势地位。如此,数字技术赋能地方政府治理主体地位的虚假拔高,不仅危害了乡村公共利益,也影响了多元主体协同治理局面的形成,从而弱化了其他主体的参与意愿。

四 数字技术非人化及异化使用,制约现代化建设绩效提升

马克思在《1844年经济学哲学手稿》中对异化进行了历史的和实践的考察,提出了劳动异化论,明确指出了劳动异化的四重规定性,即人与劳动产品的异化、劳动与劳动本身的异化、人与人之间的异化以及人的本质与人的异化。中国《哲学大辞典》在借鉴马克思劳动异化论的基础上,对异化作了进一步解释:从发展的角度来看,异化是随阶级的产生而出现的,在阶级没有出现以前,是不可能存在异化这种说法的,因而异化是人类的物质和精神生产及其产品或服务成为异己力量之后才产生的,其本质是这种异己之力反过来对人类社会进行统治的现象[①]。中国《哲学大辞典》有关异化的解释,反映了人类生产活动及其产品对人本身的特殊性质和特殊关系。人们普遍认为,以大数据、区块链等为代表的数字技术是替代与社会发展不相适应的工具的更高效、更合理的工具。有时,这种技术的高效性会导致人们产生某种幻觉,进而丧失批判性的思维,其后果就是盲目信任技术、盲目依赖技术。数字技术异化使用主要包括算法操纵、技术非人化以及数据规范性不足。

第一,算法操纵制约建设绩效提升。在乡村治理现代化建设过程

---

① 冯契主编:《哲学大辞典》,上海辞书出版社1992年版,第702页。

中,数字技术充当"看不见的手",对建设活动发号施令,指挥和控制着建设进程。然而,技术并非市场,不可能具备市场的无形调节作用,再先进的技术也只能是了解市场的一种工具。而且,技术产权的商业属性和技术标准的不透明,进一步放大了算法的可操纵性。对算法的操控,本质上是对技术的滥用,属于技术使用异化的极端情况。治理主体在乡村治理现代化建设中的技术使用异化,可能表现在三个方面。一是黑客可能抓住和利用治理平台的漏洞,规避防火装置,使平台的部分功能运转失效,造成信息交互和信息输出不畅,使通过数字平台产生的乡村治理现代化建设新决策方案缺乏科学性和合理性,严重的情况甚至还可能被黑客的智能计算形成虚假治理方案,造成资源浪费。二是基于"对抗生成网络"的伪造技术已经具备相当高的水平,其对原始声音、真人图像与视频的模仿已经达到了以假乱真的程度,加之对乡村治理现代化建设具体数据的窃取,进而可能产生高度的仿真性。在这种情况下,伪造技术可能会被不法分子用来欺诈整体文化程度不高和判别能力较低的乡村居民,这不仅会损害村民利益和乡村公共利益,破坏乡村社会稳定,甚至可能消解乡村社会的共同信任。三是某些治理主体在乡村治理现代化建设中可能被他人通过算法漏洞,窃取到机密文件和重要数据,而这些重要资料可能成为他人威胁某些治理主体的关键把柄,进而使某些治理主体成为他人谋取利益的傀儡,严重破坏多主体协同建设良好局面。因此,无论上述哪种情况的出现,都将影响乡村治理现代化建设进程,制约建设绩效提升。

第二,技术非人化制约建设绩效提升。从本源方面来看,技术实际上是人性与物性的一种结合体,其人性是指人的能动性和目的性内在嵌入了技术这个特殊的载体,而物性则表现为任何技术的产生、发展与应用都不可能离开具有客观实在性的物体,技术终究需要一个实实在在的物体加以承载。作为人类科技发展史上的一项标志性的重要高科技,数字技术在经历了最初的机械智能,然后发展到弱科技,再发展到强科技之后必然达到技术顶峰。这一阶段性的提升过程,预示着数字技术从机械式到智能化的转变,但其实质是数字技术逐渐脱离技术的人的主观性和物体特性,并成为一种独立的、非人为改变的力量,这是数字技术异化的另一种表现。在奇点时代,数字技术会无视其"人性"和"物性"

的本质规范，突破二者内在的统一性，从而可能在不经意间成为人类的强劲对手而协助伙伴。与此同时，技术功能的不断强大可能出现大面积替代人行为的现象，导致人的生理能力可能因缺乏必要的锻炼不仅没有进化反而出现不断退化；对技术的过度依赖，也可能导致人的精神能力被技术深度控制和不断折磨，其结果就是人类最终被技术物化而不幸成为其附庸。这无疑是数字技术对人类最根本的危害所在，但目前人类的知识储备，却很难科学地辨识其根源并采取措施进行有效应对，导致数字技术的发展和应用存在需要不断"试错"风险，而试错则意味着失败。在乡村治理现代化建设过程中，算法的设计或实施都会受到环境的影响，可能产生意想不到甚至有害的结果，如乡村公共资源的匹配失误、自上而下决策方案失误以及监督渠道自动关闭等。同时，当算法达到一定的技术峰值时，很容易脱离设计者的控制，其带来的连锁反应可能造成乡村治理体系内部系统混乱、治理效率低下，甚至影响乡村居民个体利益和乡村社会的公共利益，并最终成为乡村治理体系现代化建设及其绩效提升的阻滞因素。

第三，数据规范性不足制约建设绩效提升。造成数字技术异化使用的另一种情况是数据规范性不足。没有数据更新以保障数据的时效性，没有统一的标准来规范数据的收集与使用，数字化智能决策只能停留在理论层面，是不可能实现的。智能决策内在要求数据实时动态更新，但数据本身的巨量性可能限制了这种更新的及时性。在乡村治理体系现代化建设中，这种数据更新并非短期事项，而是一项持续、长期的工作，需要专人负责，但它又是最容易被各个治理主体忽视的工作。如果数据不及时更新、标准规范不一致，必然会对乡村治理现代化建设进程产生不利影响。一是数据更新不及时、标准规范不一致，会导致乡村居民个性化、多样化的需求信息不能及时和有效传递，不能成为决策者决策的参考依据，从而使决策悬浮于乡村社会实际需求。二是可能导致乡村治理现代化建设决策延迟，即无法在规定时间内完成决策，从而影响后续事务的进度。三是事关乡村居民利益的公共事务久拖不决，容易导致其负面情绪累积，引发群体抱怨，激化乡村社会内部矛盾。四是导致不同部门之间数据信息难以有效整合、完全共享，增加了数据统一管理和更新的难度，使数据价值大打折扣，甚至让决策者对乡村治理现代化建设的数字化转型失去信心。

五 算法"固定"固化思维，导致多元治理主体创新潜能难以释放

数字技术嵌入乡村治理现代化建设，提高建设绩效的贡献是显而易见的。然而，技术治理的社会风险限制了技术无限发展的可能性，因为治理主体选择新治理技术时，通常会遵循一个基本的准则，即保证技术社会风险具有可控性。如果在社会治理中控制和约束数字技术的潜在功能，必将在某方面限制技术使用的范围和深度，进而就可能衍生出"固定"的算法，而算法"固定"可能淹没乡村治理现代化建设中体制外主体的创新潜能。从主观心理层面来看，在新媒体时代，有效治理的一个重要基础是乡村居民的需求信息能有效地向上传递，但因为算法是"固定"的，信息筛选和推荐的运行逻辑及路径其实是可以推导出来的，如乡村居民的行为与偏好都可以转化为数据信息，并被地方政府详细掌握。这个逻辑包含着两个隐喻：一是乡村居民甚至体制外所有主体的行为偏好都是一种算法资源，但行为活动可以视为一种有价值的商品，算法量化体制外所有主体行为偏好的过程也是固化其思维的过程；二是利益驱动下的地方政府可能更加注重形式主义，表面上迎合乡村居民和体制外所有主体的偏好，利用算法技术让其看到自己想看的东西。实际上，看到的东西是经过算法量化和加工处理后再呈现来的，乡村传统文化内涵和体制外主体潜在的、无法量化的价值理性被挤出，使一些具有公共伦理性、价值性的内容被技术性消灭了，而得不到继承和宣扬。在这种认知陷阱下，基层政府和乡村干部不是在数字技术的指导下完善治理思路、创新治理方式，而是基于乡村居民和其他体制外主体的行为心理特征，运用算法进行行为导向设计。这样，经过"算法"生产出来的信息不仅有违基本伦理道德，固化基层政府治理理念，制约基层政府行为创新，而且对乡村居民和其他体制外主体的价值取向产生误导。

从数字技术本身来看，数字技术的固定"算法"意味着乡村居民和其他体制外主体必须接受这种"算法"，而无法超越或者改变。这必然使乡村居民和其他体制外主体在乡村社会治理现代化建设过程中的能动性受限，变成了人服从于机器和技术。从社会治理目的来看，数字技术赋能乡村治理现代化建设的目的是顺应新时代发展方向，以应对外部

第三章 | 数字技术与乡村治理现代化建设的理论分析

环境的不确定性,更好地实现乡村治理为乡村居民和社会发展服务。但地方政府拥有制定算法规则的权力,并可通过技术后台对乡村居民和其他体制外主体进行实时监控。所有体制外主体必须被动地遵守技术平台制定的规则,因而在人工智能技术下看到的乡村社会,可能仅仅是地方政府自身的剪影,体制外主体的主动性、创造性和建言积极性日益消退,严重阻碍了多元主体协同创新效应的发挥,使构建美好乡村社会图景,也可能只是基层政府官员的一厢情愿。从社会治理的有效性来看,技术和技术平台具有短期跃进与长期固化双重效应[1],因为技术创新与制度转型不可能同步实现的,技术在治理领域的发展和应用无疑会受到制度的约束。从效应角度来看,数字技术确实可以"跨越式"提升乡村治理体系的效率与韧性,但这种提升效应只是短暂的,可持续性并不强,而且可能会长期固化乡村治理现代化建设的内容并限制其创新性发展。因此,数字技术在乡村治理现代化建设中的应用,有可能会导致严重的技术依赖,将乡村治理现代化建设过程简化、固化为机器设备购置、技术平台规则制定、数字化基础设施建设、技术人员培训、技术手段程序化的过程。

基于此,尽管数字技术在促进乡村治理现代化建设方面无疑具有巨大的潜能,但也可能带来了诸多风险。算法的控制和制约功能,在一定程度上固化了地方政府及其雇员的思维,同时抑制了村民、新乡贤、乡村社会组织等体制外主体在乡村治理现代化建设中的主动性和创造性。长此以往,不仅会造成资源浪费,还会影响地方政府部门的创新性,特别是严重压抑其他治理主体的主观能动性,导致乡村治理现代化建设僵化,从而影响建设绩效。

第五节 本章小结

作为国家治理现代化建设的内在构成,乡村治理现代化建设要适应数字化发展进程,与人民美好生活需求相契合。首先,从满足人民美好

---

[1] 王磊:《人工智能:治理技术与技术治理的关系、风险及应对》,《西华大学学报》(哲学社会科学版)2019年第2期。

生活需要、消弭城乡数字鸿沟、促进乡村振兴、提升国家治理效能以及契合数字社会发展趋势等维度探讨了数字技术时代乡村治理走向现代化的必然。其次，从治理主体协同化、治理资源供给均衡化、治理决策智能化、权力运行透明化和监督激励科学化等角度剖析了乡村治理现代化建设的内涵。再次，从搭建数字化治理平台以形成多主体协治局面，构建一体化聚合平台促进资源供给精准化，建立基于数据分析的决策机制推动治理决策智能化，通过构建全方位政务数据分析系统，促进权力运行透明化以及采用"数据监控+数字舆情"完善监督激励机制等维度探讨了数字技术对乡村治理现代化建设的赋能。最后，全面分析了数字技术对乡村治理现代化建设可能的"负能"："技术利维坦"引发信息安全忧患，动摇治理主体技术信心；"算法歧视"加剧社会不公，影响了乡村治理现代化建设软环境；数字技术拔高地方政府地位，弱化其他主体参与意愿；数字技术异化使用，制约建设绩效提升；算法"固定"导致治理主体创新潜能难以释放。

第四章

数字技术赋能乡村治理现代化建设绩效的宏观评价

自 20 世纪 80 年代开始,政府体制与行政改革成为政府行动的重要内容。随着政府管理体制改革创新的持续推进,许多国家纷纷建立和实施了政府绩效评价机制。受此影响,绩效评价也被引入了社会治理、现代化建设等领域。绩效评价是指运用一定的评价方法、量化指标以及评价标准对相关工作及其效果进行的一种综合性评价,可分为宏观评价和微观评价。其中,宏观评价通常是指以战略视角对政策、策略以及社会行为等所展开的综合性评价。

第一节 数字技术赋能乡村治理现代化建设绩效宏观评价的基本原理

首先,通过规范分析阐述宏观评价及其内涵;其次,梳理当前有关数字技术赋能乡村治理现代化建设宏观评价的主要方法,找寻经验启示,并据此提出本书的宏观评价指标体系。

一 宏观评价及其内涵

纵观以往有关乡村治理现代化建设领域的研究可以发现,当前学者对数字技术赋能乡村治理现代化建设的宏观评价主要有两种思路方法,即定性分析法和定量分析法。定性分析法是通过运用归纳和演绎、分析与综合以及抽象与概括等质性方法,对某一个或者几个典型的数字技术赋能乡村治理现代化建设案例进行"质"方面的分析,对研究对象进行思维加工，从现状入手剖析现象或者问题背后的深层原因，从而由表及里、去伪存真、去粗取精，达到全面掌握事物核心特征，了解认识事物内在本质，从而揭示其内在演变规律的评价方法。数字技术赋能乡村治理现代化建设的定性分析法主要寻求提高乡村治理现代化建设水平的对策建议。袁建伟等利用综合案例分析法，从现代乡村治理体系改革、乡村文化创新传承、乡村教育持续发展以及生态环境保护等层面入手，定性分析探讨了乡村振兴战略背景下乡村治理现代化建设的现实路径与可能的演变趋势[①]。定量分析法是主要通过构建理论上的数字技术赋能乡村治理现代化能力模型，再选取指标，借助因子分析、聚类分析等方法，得到数字技术赋能乡村治理现代化建设过程及其绩效的综合排名结果，并对研究对象的数量特征、关系以及变化进行系统分析，揭示和描述各对象之间的相互作用机制。如仇童伟等借鉴赫舒拉发的竞赛成功函数（CSF）和拉格朗日求极限的公式得到宗族改变竞争强度时自己所进行的最优投入函数公式，构建了宗族对村庄农地调整和农地流转的影响模型，再通过2016年中国劳动力动态调查数据中的农户及村庄两个层面23个具体指标对乡村治理现代化过程中宗族与地权稳定性的关系进行了定量分析。

二　数字技术赋能乡村治理现代化建设绩效宏观评价的主要方法

当然，由于最简单的定性研究对研究对象的自变量和因变量之间的因果关系缺乏数理层面的有力解释，所以这种分析方法逐渐被其他方法所替换。而且，定性分析和定量分析应该是彼此统一和相互补充的，所以现在学界普遍的观点是运用的定性和定量相结合的研究方法，方能取得更加科学的结论，其具体的研究路径可分为以下三种。

第一，以定性分析为基础进行定量分析的研究方法。这种方法通常是根据以往研究基础或经典理论，抽象出研究对象的分析结构框架，再通过调查方法收集数理分析所需要的数据，然后利用数据实证检验结构框架各要素与整体之间的影响关系并探究其作用机制。如詹国辉根据以往研究经验，结合社会质量理论，构建了包含"幸福感"在内的乡村

---

① 袁建伟等：《乡村振兴战略下的产业发展与机制创新研究》，浙江工商大学出版社2020年版，第300页。

治理质量评价模型,然后以半结构化访谈和问卷调查相结合的方式,得到实证检验所需要的数据,再对原始数据进行标准化处理之后利用二元 Logit 回归模型实证检验了乡村治理质量理论框架。

第二,以定量分析为基础进行定性分析的研究方法。这种方法通常是在对数据和统计指标进行相关分析之后,从分析结论中抽象出研究对象的结构框架及构成要素。如张四灿等通过对以往研究的权重分析和实证检验,结合层次结构模型构建了乡村综合治理绩效评价指标体系和判断矩阵,设计了乡村综合治理绩效评价指标体系(见表 4-1)。

表 4-1　　　　　乡村综合治理绩效评价指标体系

一级指标	二级指标	三级指标
产业兴旺	粮食与重要农产品生产保障	粮食生产稳定情况、菜篮子工程实施情况、农民种植收入、耕地保护与建设情况
	农业高质量发展	高标准农田建设情况、农业装备与信息化水平、农产品食品安全情况、农产品品牌影响力、特色农产品出口情况、支农支出资金投入比重、农业风险保障机制完善程度
	乡村产业发展	电商助农情况,第二产业收入状况,第三产业收入状况,村民创业人数,村可支配收入,第二、第三产业就业人数占比
生态宜居	绿色农业发展	资源浪费情况查处结果、化肥农药滥用情况、减碳增汇技术应用情况、环境突出问题整治情况
	人居环境改善	生活垃圾集中处理情况、生活污水集中处理情况、厕所改造实施情况、村道路硬化情况、乡村绿化情况
	乡村生态保护与修复	生态系统保护制度建设情况、生态补偿保护机制建设情况、自然资源有效开发情况
乡风文明	思想道德建设情况	社会主义核心价值观教育情况、"扫黄打黑"工作成果、"三下乡"活动开展成果、农村信用体系建设情况
	优秀传统文化传承	文物古迹与民俗文化保护情况、文化品牌建设情况、文化产业收入情况
	乡村文化生活充实	数字广播电视覆盖率、公共健身设施覆盖率、公共文化产品供给情况、基层文化队伍数量

续表

一级指标	二级指标	三级指标
治理有效	基层党组织建设	基层党建标准化程度、基层党建规范化程度、基层党建信息化程度、优秀党员干部到任情况、党员合格程度、党员发展与培训情况、运行经费保障程度、小微腐败治理程度
	村民自治实践	村务公开程度、群众监督情况、新乡贤治理情况、组织治理创新情况、便民服务情况、志愿服务组织建立情况
	法治乡村建设	法制观念普及程度、基层干部法治使用程度、农民法治素养水平、公共法律服务体系建设情况
	德治乡村建设	道德教育情况、家庭和睦指数、邻里和谐指数、道德模范宣传情况
	平安乡村建设	社会治安防控体系建设情况、违法犯罪事件处理情况、非法宗教处理情况、安全隐患排查情况、公共区域监控覆盖情况
	乡村建设可持续	乡村建设规划合理程度、村级债务风险排查情况、乡村公益性项目数量、乡村金融发达程度、乡村振兴人才梯队合理程度
生活富裕	脱贫攻坚任务实施情况	监测帮扶机制、脱贫人群可支配收入、乡村公益岗位建设情况
	基础设施建设	物流设施建设情况、农村电网建设情况、水利设施建设情况、农房质量提升情况、信息化建设水平
	劳动力就业	村民就业率、就业岗位个数、就业服务保障状况
	农村公共服务供给情况	教育事业、医疗事业、社会保障事业、养老事业、防灾减灾救灾事业
	妇女、儿童、残疾人权益保障	基层干部妇女比重、受教育人口性别比、妇女健康卫生保障情况、儿童健康服务体系建设情况、留守儿童关爱服务体系建设情况、未成年人监护制度落实情况、残疾人帮扶制度完善情况、特殊教育开展情况、无障碍环境建设情况

第三，借助相关模型技术或理论构建理论框架结构和指标体系。尽管这种分析方法本质上依然是定性研究法，但由于它是通过模型技术找出系统要素之间的客观关系，因而其解释能力显然比一般定性研究更强，结论也更有说服力。朱建建等根据"十四五"规划建议的要求，在对各个治理主体和治理客体之间驱动关系和方向进行详尽分析后，构建了乡村治理数字化分析框架，然后融合以人民为中心、

"三治融合"等治理理念，进而建构了乡村治理数字化效能评价指标体系（见表4-2）。

表4-2　　　　　　乡村治理数字化绩效评价指标体系

一级指标	二级指标	三级指标
政府对数字化建设的支持	顶层设计	数字化建设规划完整度
	制度建设	数字化规章制度普及度
	基础设施	农村宽带连通率、移动网络覆盖率、移动设备普及率
	专项资金	财政投入占区县GDP比重
数字化平台建设	技术人员投入	大专以上人员数量
	技术研发水平	相关专利个数
	业务覆盖范围	覆盖规划领域业务数量、覆盖经营领域业务数量、覆盖环境领域业务数量、覆盖服务领域业务数量、覆盖治理领域业务数量
数字化数据管理	数据生产水平	数据库所含的信息量
	数据管理制度	数据管理制度数量
	数据安全程度	事故安全事故数量
	数据应用能力	涉及事务的件数
数字化应用效果	乡村政务服务能力	政务处理效率
	党务、政务、村务公开度	网络信息公开率
	数字化公众满意度	信息反馈应答率
	乡风文明建设水平	村民平均受教育年限、文化活动场所数量
	农村民营企业信息化水平	信息化水平达标企业数量
	电子商务发展水平	农村电商普及率
	农业现代化水平	科技信息推广率

总而言之，当前我国有关乡村治理及其现代化建设绩效评价的研究方法主要有上述三种，无论是以定性分析为基础进行定量分析的研究方法，还是以定量分析为基础进行定性分析的研究方法，都有其各自的优势和不足。前者由于研究模型和结构是事先预设的，在调查数据录入模型后，没有办法完全排除模型修正过程中的人为因素，而后者所选取的

各项指标之间的关联性对研究结论具有直接影响,其实证分析与理论探讨之间通常会存在着某种程度上的差异性,导致最终结论解释力不够。故课题组综合借鉴上述三种研究方法,选取数字技术赋能乡村治理现代化建设绩效宏观评价指标并构建分析框架。

第二节 数字技术赋能乡村治理现代化建设绩效宏观评价指标体系构建

首先,基于宏观视角,从工具论与价值论两个维度辨析乡村治理现代化建设的科学内涵;其次,提出数字技术赋能乡村治理现代化建设宏观评价指标体系建构思路,并依据建构思路,借鉴乡村治理数字化的逻辑框架,提出数字技术赋能乡村治理现代化建设的流程与体系结构;最后,以此为基础提出数字技术赋能乡村治理现代化建设绩效及其影响因素宏观评价指标体系。

一 数字技术赋能乡村治理现代化建设宏观评价指标体系建构思路

目前,随着数字技术飞速发展,学界对在其背景下乡村治理现代化建设的科学内涵的理解并未达成共识,但主要可以将其分为工具论与价值论两个维度。

第一,从工具论维度来看,已有文献大都是从数字技术的工具性属性层面探讨其对乡村治理现代化建设的赋能效应。从总体上看,工具论者基于治理方式的视角指出,数字技术嵌入乡村治理实际上是为其提供了新的手段与方式,并认为作为推进乡村治理现代化建设的新工具、新手段,数字技术为低成本、精准、高效乡村治理这一目标的实现提供了重要保障。换而言之,工具论者视数字技术为新型治理工具,是乡村治理现代化建设不可或缺的重要手段,其主要特点是灵敏、精准且高效,有利于实现治理需求的精准化识别、多主体的协同化运作以及治理过程的精细化和治理信息的及时共享[①]。

从整体上来看,学界从工具论维度对数字技术赋能乡村治理现代化建设科学内涵的解读,大致可以分为宏观、中观和微观三个不同的层

---
① 冯献等:《乡村治理数字化:现状、需求与对策研究》,《电子政务》2020年第6期。

第四章 | 数字技术赋能乡村治理现代化建设绩效的宏观评价

次。从宏观层面来看，工具论者认为利用数字技术可以很好地解决导致利益分配格局变化而通常难以顺利推进的"制度迁移"这个难题，并据此提出，数字技术嵌入乡村治理现代化建设，可以视为乡村治理制度因为数字技术的嵌入而引发的一种技术性制度变革。同时，数字技术独有的"非人格化"属性，尽管具有冷漠性，但能最大限度地减少理解偏差等人为因素在制度执行过程中所造成的负面影响[①]。从中观层面来看，工具论者极力主张协同推进乡村振兴战略与乡村数字信息建设，并认为只有统筹推进农业农村的全面信息化，营造出良好的信息环境，方能实现"数字化治理"对以往"条块化治理"的替代。从微观层面来看，工具论者倡导：通过大数据、区块链以及云计算等数字技术的支持，形成以乡村治理主体紧密协作、治理机制良性运行、治理资源优化配置等为核心内容的良好治理局面。也就是说，数字技术下的乡村治理现代化建设是利用数字化平台等治理工具，实现乡村治理体系与治理能力的现代化转型。

第二，从价值论维度来看，已有研究主要侧重于从乡村治理层面解读数字技术价值。价值论者认为，在现在的乡村社会之中，价值理性不仅没有出现缺位或者衰退的情况，甚至还有进一步强化的趋势，无论在未来多长的历史时期之内，价值理性都必将占据主导性的地位，这是中国特色乡村社会治理的内在要求，因而只有从价值论维度解读数字技术赋能乡村治理现代化建设的本质内涵才是唯一正确的，否则就是南辕北辙的；数字技术赋能的乡村治理现代化建设，以实现社会公共问题的良善治理为根本价值遵循和基本价值理念，绝对不能是将乡村公共事务治理与数字技术二者简单叠加，与此相反是在此基础上通过数字化方式，将那些因受限制于传统治理手段而无法被有效、及时处理好的治理难题，通过更具高效化、智能化的方式加以解决的治理过程；也就是说，数字技术赋能的乡村治理现代化建设并非条块化、割裂式的治理，而是整体式、融合型的新型治理，强调的是利用数字技术重塑治理理念与治理思维[②]；数字技术赋能乡村治理现代化建设的重点不应放在如何挖掘

---

① 张建锋：《数字治理：数字时代的治理现代化》，电子工业出版社2021年版，第29页。
② 王雯：《"十四五"时期加快数字乡村发展的思路和政策建议》，《中国发展观察》2020年第Z8期。

113

其作为治理手段的工具性价值,相反应该是通过其工具性价值对乡村社会治理体系以及权力关系、公私领域等产生积极影响;数字技术赋能乡村治理现代化建设的基本价值定位是为乡村居民提供更好、更高质量的公共服务,因而其最核心的内涵则应该是优化公共服务。还有价值论者提出,数字技术赋能乡村治理现代化建设需要构建起以"人本主义"为核心,以"智治主义""简约主义"为重要追求的实践取向,指的是遵循"以民众为中心"的基本原则,通过数字技术的深度运用建构起"整体智治"的治理新形态,更好地满足乡村居民的切身需求[①]。

总体来说,价值论者主要从微观和宏观两个维度阐述了数字技术赋能乡村治理现代化建设的科学内涵。微观层面的解读主要从组织管理体系视角出发,倡导在以人为本价值观念的指导下,通过数字技术的赋能构建起安全、高效且富有柔性的组织管理框架,打破乡村的社会、地缘以及文化等多重僵化结构,进而形成具有交互性和群结构性特征的共同体式群治理模式[②];从价值关怀角度来看,数字技术赋能乡村治理现代化建设追求多元治理主体间通过运用数字技术开展参与、互动与合作的治理,这种相对传统乡村治理方式的创新模式,能更好地服务乡村居民,促进乡村治理效能持续提升,进而推动政府在乡村公共事务治理过程中的职能优化[③]。宏观层面的解读主要从社会建设和社会发展的视角展开,认为数字技术赋能乡村治理现代化建设是通过应用数字化工具和数字治理理念对乡村经济社会与民生事物进行综合治理的过程;数字技术赋能乡村治理现代化体系主要围绕"以组织机构和运作制度为主体的政务体系"、"保障经济社会民生的发展机制"以及"数字技术支持的基础设施体系"三个方面进行构建,其价值追求是为乡村居民提供均等的公共服务,促进乡村经济社会持续发展[④]。

[①] 韩瑞波:《敏捷治理驱动的乡村数字治理》,《华南农业大学学报》(社会科学版) 2021年第4期。

[②] 陈明、刘义强:《交互式群治理:互联网时代农村治理模式研究》,《农业经济问题》2019年第2期。

[③] 黄建伟、陈玲玲:《国内数字治理研究进展与未来展望》,《理论与改革》2019年第1期。

[④] 徐晓林、刘勇:《数字治理对城市政府善治的影响研究》,《公共管理学报》2006年第1期。

第四章 | 数字技术赋能乡村治理现代化建设绩效的宏观评价

应该说，数字技术赋能乡村治理现代化建设的研究是源自有关乡村治理现代化建设的探索与积累，只是根据时代背景将其与现代数字技术进行了高度融合。刘天元和田北海从治理现代化建设的视角提出，尽管在系列政策的推动下，数字乡村建设已经取得了长足进步，甚至在一定程度上改变了乡村面貌，但目前依然面临着技术壁垒与排斥、技术形式主义、群体数字鸿沟以及技术型治理精英匮乏等实践困境，化解这些实践困境的对策主要是：构建数字乡村建设共同体，强化共同利益目标，使数字乡村建设尽快回归公共服务供给本位[①]。黄博认为，乡村治理现代化建设是国家治理现代化建设在乡村场域展开的基层实践，二者之间具有紧密的内在关联；数字政府、数字乡村建设的前期探索，为数字技术赋能乡村治理现代化建设积累了经验，提供了宝贵启示；数字技术的嵌入，有利于提升乡村治理及其现代化建设决策的前瞻化水平、智能化水平以及治理过程的精细化水平、系统化水平，而这些水平的提升，能塑造乡村源头治理、精准治理、开放治理、融合治理的新模式；新模式实现路径主要是转变治理理念、加强专业人才队伍建设以及加快信息化基础设施建设[②]。

对此，李全利和朱仁森认为，作为国家数字发展战略落实于乡村的智能高效载体，数字技术支持下的乡村数字治理平台在国家与乡村之间具有承上启下的功能，对乡村治理现代化建设具有至关重要的作用。基于上述观点，他从国家与乡村之间接点互动角度出发，构建了具有"目标层、主体层、应用层、支撑层"的复合治理逻辑框架（见图4-1）[③]。

从图4-2可知，乡村数字治理接点平台逻辑框架共有四层，第一层是目标层，是乡村数字治理节点平台的方向，内容具体包括服务人本化、治理数字化、过程规范化以及成果共享化。第二层为主体层，是乡村数字治理接点平台的参与力量，具体包括党委部门、政府组织、市场力量、社会力量、村级组织及村民。第三层为应用层，刻画了乡村数字

[①] 刘天元、田北海：《治理现代化视角下数字乡村建设的现实困境及优化路径》，《江汉论坛》2022年第3期。

[②] 黄博：《数字赋能：大数据赋能乡村治理现代化的三维审视》，《河海大学学报》（哲学社会科学版）2021年第6期。

[③] 李全利、朱仁森：《打造乡村数字治理接点平台：逻辑框架、案例审视与联动策略》，《学习与实践》2022年第3期。

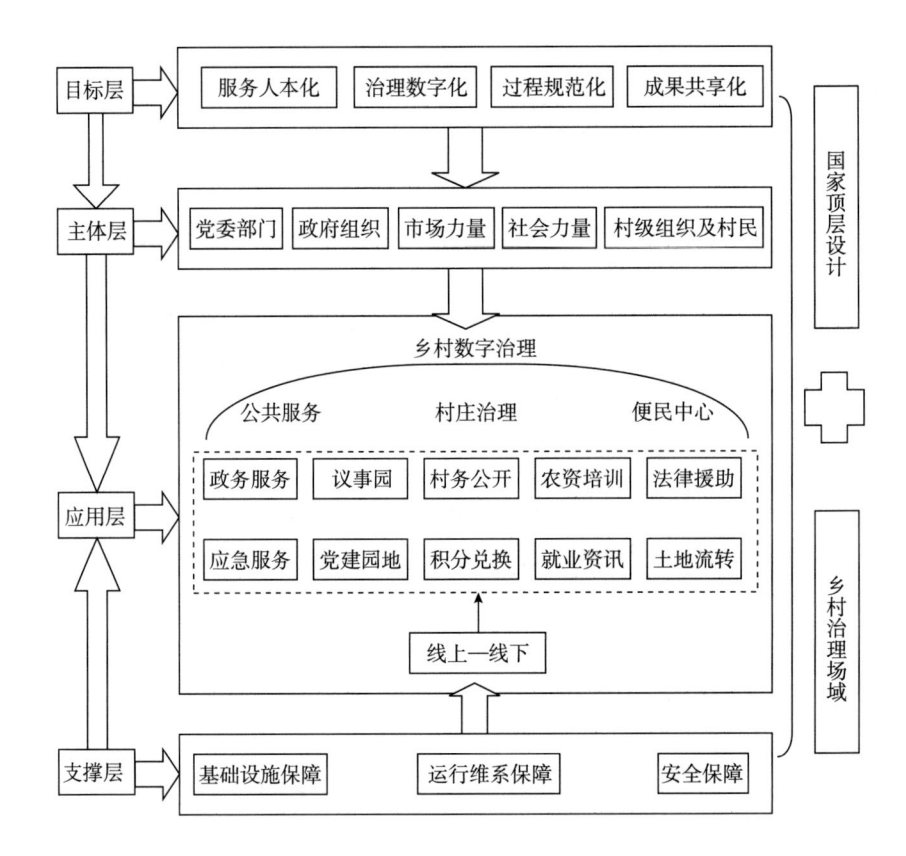

图 4-1　乡村数字治理平台逻辑框架示意

治理接点平台的运行情况，从横向角度来看，涵盖了公共服务、村庄治理、便民服务三大主要模块，从纵向角度看，融贯了线上线下服务并促进了各级党政机关的衔接，本质上是一个"多方位、多层次、多要素、多领域"的横纵复合功能体系。第四层为支撑层，是为乡村数字治理接点平台有效运行提供保障要素的，其具体内容有基础设施保障、运行维系保障以及安全保障，其中运行维系保障是中枢。

陈桂生和徐铭辰以 SFIC 模型为蓝本，遵循协同治理基本逻辑讨论了数字乡村的多主体协同建设问题，也就是基于 SFIC 模型的结构要素，分析了当前数字乡村协同建设中存在的资源、信息等起始条件差别巨大，动员、激励等催化领导乏力，开放性不够等制度设计缺陷，相互信任不够等协同过程不通畅以及评价不合理导致协同效果较差等现实建设困境，并结合中国语境特别是乡村实践，提出了数字乡村 SFIC 模型的修正框架（见图 4-2）①。

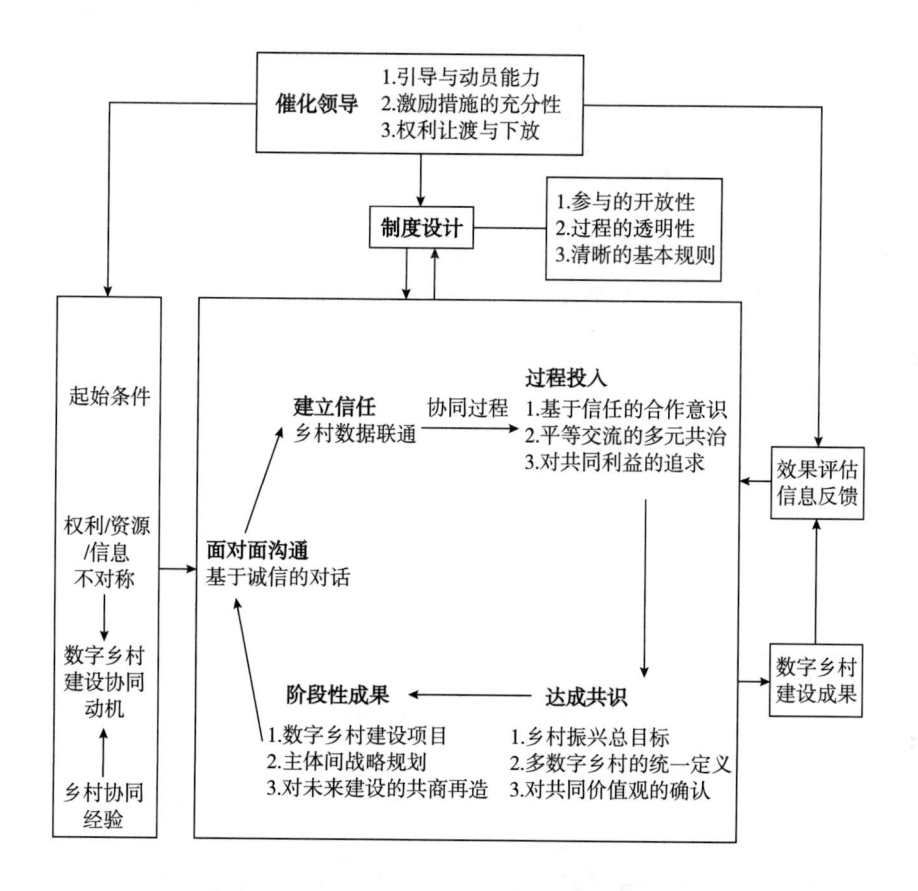

图 4-2　乡村数字治理多主体协同逻辑框架示意

从图 4-2 可知，相对 SFIC 原始模型而言，修正后的框架一方面对政府的催化领导能力予以特别的重视，强调权力的让渡与下放，另一方面也对效果评估和信息反馈这两个功能模块予以高度关注，其出发点是：SFIC 模型关注的核心是多元主体的协同过程，其目标指向当然是协同治理或建设的绩效，因而评估和反馈协同绩效就成了必不可少的工

---

① 陈桂生、徐铭辰：《数字乡村协同建设研究：基于 SFIC 模型的分析》，《中共福建省委党校学报》2022 年第 1 期。

作。当然，在图 4-2 的修正框架中，课题组专门增加了制度为多元主体协同提供规范与回应的功能模块，目的是打通从制度设计到协同过程这样一个双向通道，其原因主要是：在乡村熟人社会特定语境下，数字乡村现代化建设首先要解决好建设过程中难免产生的误解、矛盾甚至冲突，特别是要解决好乡村居民需求表达渠道不通畅、地方政府响应不及时等长期未能解决好的问题，通过基于诚信的对话，建立起基于信任的合作。

冯献等认为，随着数字技术的不断完善和广泛应用，数字治理已经从最初的政务管理与服务逐渐渗透到了社会治理各领域、各环节；随着数字乡村战略的深入落实，在数字乡村建设的推动下，乡村治理开始呈现出新的治理形态；据此，他构建了一个具有自上而下资源整合与自下而上参与功能的乡村治理数字化的逻辑框架（见图 4-3）[①]。

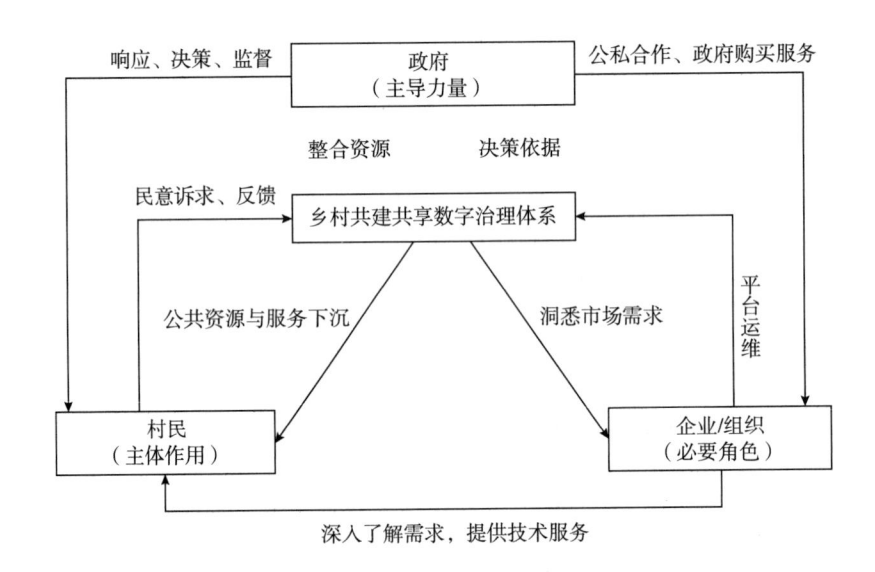

图 4-3 乡村数字治理多主体协作框架示意

在我国大力推进数字乡村建设的背景下，数字时代的乡村治理现

[①] 冯献、李瑾：《乡村治理现代化水平评价》，《华南农业大学学报》（社会科学版）2022 年第 3 期。

第四章 数字技术赋能乡村治理现代化建设绩效的宏观评价

代化建设必然是借助数字技术展开的。从前文分析可知，数字技术赋能乡村治理现代化建设体系的构成要素包括数字信息发布、数字办事服务、数字平台安全防护、移动新媒体建设、数字化设施建设以及人才培育和专利技术六个方面。综上，课题组参考其他学者所构建的分析框架，构建了数字技术赋能乡村治理现代化建设宏观评价框架（见图4-4）。

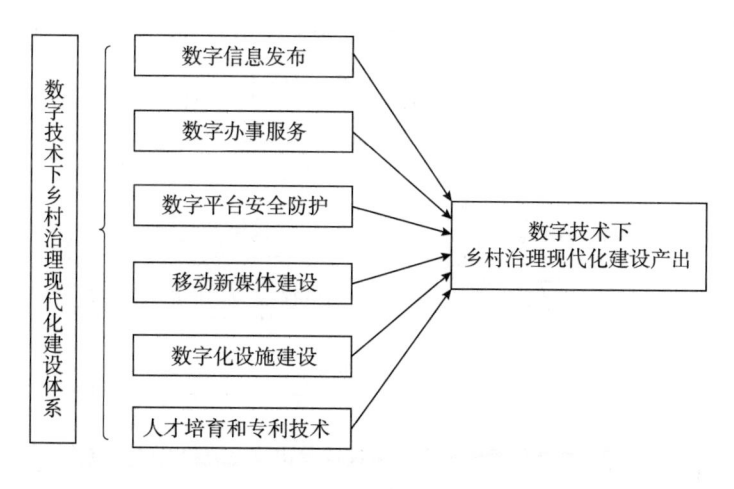

图4-4　数字技术赋能乡村治理现代化建设宏观评价框架

按照数字技术应用的一般流程来看，省级政府借助数字技术进行乡村治理现代化建设的过程中，首先必然体现在数字信息发布的方面，其次根据所发布或更新的信息为所需要的乡村居民提供相应的政务服务。除此之外，这两项环节均需建立在网络安全的移动新媒体平台建设或其他数字设施建设之上。同时，在数字技术背景之下，所有流程与媒介都离不开数字技术的发展、数字人才的培育与专利技术研发。具体的流程如图4-5所示。

相对应地，数字技术赋能乡村治理现代化建设共包括六个层次。第一层是数字信息发布层，该层面是省级政府向乡村居民及时发布与更新相关政策信息或资料，并对所发布的政策信息进行解读，使乡村居民更易理解。第二层是数字办事服务层，该层面是省级政府向民众提供线上政务服务。第三层是数字平台安全防护层，该层面是借助数字技术建立

119

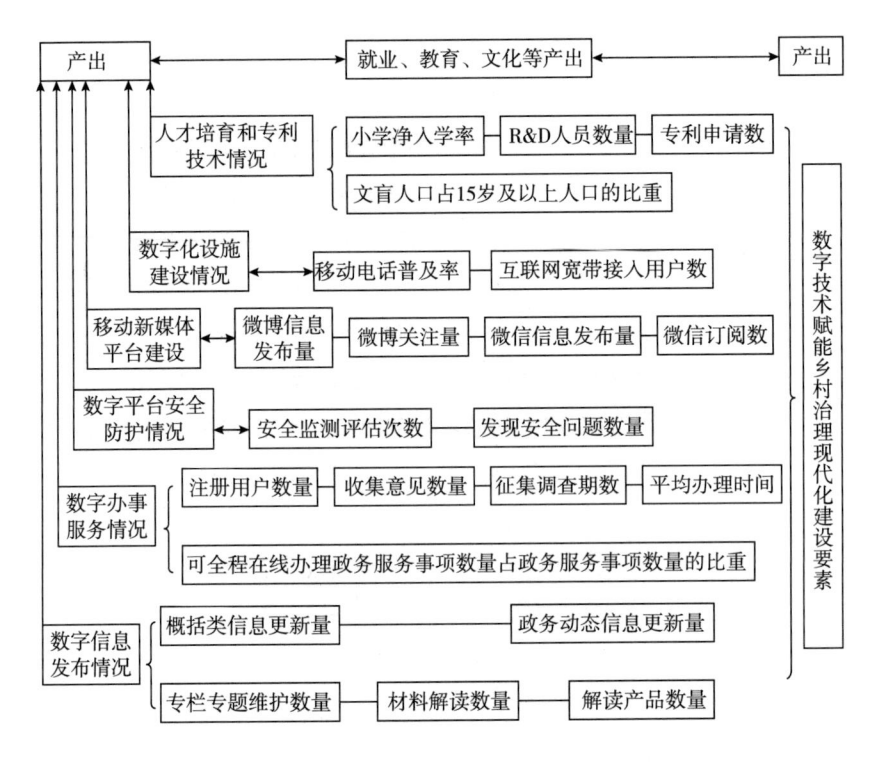

图 4-5　数字技术赋能乡村治理现代化建设流程与体系结构

安全稳定的网络系统，该系统则是相关部门及时监测与维护网络安全，为乡村治理现代化建设提供安全稳定网络环境的重要保障。第四层是移动新媒体建设层，移动新媒体平台作为乡村居民与政府部门等治理建设主体交流的中介平台，其承载的需求表达和需求回应等功能对乡村治理现代化建设而言，无疑是至关重要的。第五层是数字化设施建设层，除移动新媒体平台之外，一些更为基础的数字化设施同样是乡村治理现代化建设必不可少的基础支撑。第六层是人才培育和专利技术层，数字技术的应用需要专业人才来落实，数字技术的更新换代需要科研投入，可见数字化人才培育和专利技术是促进乡村治理现代化建设的软支撑。

因为现阶段我国大多学者对数字技术赋能乡村治理现代化建设的研究主要采取推演式的规范分析方法，缺少实证检验的佐证，其结论可能会存在"想当然"化、片面化等不足。因此，课题组主要采用理论和实证相结合的研究思路，对数字技术赋能乡村治理现代化建设进行宏观

第四章 数字技术赋能乡村治理现代化建设绩效的宏观评价

维度的评价：一方面是对数字技术赋能乡村治理现代化建设产出结果进行评价，另一方面是直接对乡村治理现代化建设过程中的数字技术的应用展开评价。同时，在分析过程中，先建构数字技术赋能乡村治理现代化建设的分析框架，然后通过回归分析法检验分析框架的合理性。需要指出的是，本章旨在通过宏观视角对数字技术赋能乡村治理现代化建设进行评价和指标选取，故主要以省级政府作为研究对象，探讨省级政府的数字化建设对其乡村治理现代化建设的影响。也就是说，本章选取的过程指标均来自省级政府数字化建设的相关领域，结果指标则是研究对象各省份内乡村治理现代化建设取得的成果。

基于上述分析，本书接下来从空间和时间双维度确定研究样本。这里所指的空间跨度，是指乡村治理现代化建设宏观评价体系所考察的地域范围。依据《中国统计年鉴（2021）》，数据截至2020年底，中国乡镇级区划数为38741个，城镇人口占总人口比重（城镇化率）为63.89%。由于这些乡镇在地理领域涵盖了东部、中部、西部三个地区，有可能造成研究目标过于庞杂而不具有代表性，因此课题组决定以省级政府作为选取范畴，其标准为乡镇级区划总数排名前十或城镇化率排名后十的省级政府，但因其中有重复的省份，故最后选取了河北、安徽、江西、山东、河南、湖南、广东、四川、贵州、云南、广西、西藏、甘肃、新疆共计14个省级政府作为乡村治理现代化建设宏观评价体系数据收集和实证检验的研究对象。

在时间跨度方面，本书所统计的是年度数据指标。在研究对象年份的选取方面，应当选取年份相对较近的统计数据，体现其时效性，因此本书以2020年数据作为统计指标。一方面，2020年是我国全面建成小康社会和"十三五"规划的收官之年，也是谋划"十四五"规划的起航之年，选取该年份有利于对我国"十三五"规划期间政府公共服务能力的建设方面取得的成绩和不足做一个小结。另一方面，各省级政府的统计年鉴和各行业统计年鉴还并未将2021年的相关数据完全公开出版，如果选取2021年作为统计年份，样本数据的缺失情况将非常严重，故课题组最终采用了2020年的数据，即2021版统计年鉴数据作为最终的统计分析数据。

二 数字技术赋能乡村治理现代化建设绩效宏观评价指标选取

乡村治理现代化建设的最终产出结果包含就业、社会保障和社会福利、教育、卫生医疗、科学技术、文化、环境和生态保护、基础设施和公共安全等广泛领域。根据产出内容的相对重要性，课题组选取了就业、社会保障和社会福利、卫生医疗事业、文化教育事业、基础设施、环境保护六大维度，其对应的具体测量项见表4-3。

表4-3　数字技术赋能乡村治理现代化建设的结果（绩效）指标

测量维度	测量项
就业产出	乡村就业人数、年末登记失业率
社会保障和社会福利产出	参加养老保险的人口数占总人口数的比重、参加工伤保险的人口数占总人口数的比重、参加失业保险人口数占总人口数的比重
卫生医疗事业产出	每万人卫生机构数、每千人拥有卫生技术人员数
文化教育事业产出	每万人拥有公共图书馆建筑面积、乡村小学在校学生数与初中在校学生数的比值
基础设施产出	每万人拥有公共厕所、每万人拥有公共交通车辆
环境保护产出	县城污水处理率、县城建成区绿化覆盖率

需要指出的是，乡村治理现代化建设产出指标测量都应该尽量以乡村相应数据为基础进行统计分析，但是由于官方数据的限制和缺失，故运用统计学方法相应地对数据进行处理来得到乡村治理现代化建设产出数据的替代值。具体来说就是：在就业产出中，无法收集得到乡村就业人口的年末登记失业率，故在该处以全省的年末登记失业率进行统计。在社会保障和社会福利产出、卫生医疗事业产出、基础设施产出等方面通过计算平均比重等方式对原有统计数据进行处理。在文化教育事业产出、环境保护产出中，对只精确到县城的指标数据则以县城数据进行统计。

此外，由于第一产业人均地区生产总值、农村人均可支配收入、城乡收入比三个指标在宏观层面也对乡村治理现代化建设具有重要影响，故在选取乡村治理现代化建设产出（结果）指标时也将这三个衡量标准作为结果指标纳入模型。其中第一产业人均地区生产总值是根据全省人均地区生产总值和其第一、第二、第三产业的构成，结合统计学知识计算得到的。城乡收入比的处理办法是：将农村居民人均收入定义为1，从而得到城镇居民人均收入指数，具体计算方法为城镇居民人均收入/农村居民人均收入。此处所有数据都是通过统计年鉴或者政府官网得到的客观数据。

三 数字技术赋能乡村治理现代化建设绩效宏观影响因素指标选取

数字技术赋能乡村治理现代化建设是通过计算机、移动互联以及区块链等技术对乡村采取行之有效的现代化治理的过程。在这个过程当中，政府网站和其他移动新媒体等数字化平台都是乡村治理现代化建设的重要工具与媒介，这些平台的信息发布、舆情回应、留言交流和办理时间等情况都可视为数字技术在乡村治理现代化建设过程中的具体运用，对乡村治理的现代化建设绩效具有重要影响。因此，以乡村治理现代化建设的最终产出结果（绩效）作为因变量，以数字技术在乡村治理现代化建设过程中的运用指标作为自变量，可以探究数字技术应用相关自变量对最终产出结果的影响。

通过分析各级政府门户网站的年度工作报表可知，其报表对于门户网站的评价大致从用户访问情况、信息发布情况、专栏专题情况、解读回应情况、办事服务情况、互动交流情况、安全防护情况、移动新媒体情况以及创新发展情况等方面入手，通过这些方面的年度网站数据对门户网站的年度工作进行总结并公示，以方便社会和公众进行有效监督。各级政府门户网站的年度工作报表的大致逻辑结构如图4-6所示。

借鉴表4-1和表4-2的指标体系，根据评价思路和政府网站年度工作报表结构图，可以知道数字信息发布、数字办事服务、数字平台安全防护、移动新媒体建设、数字化设施建设以及人才培育和专利技术六大维度都可以理解为是数字技术的具体运用，且可能会对数字技术赋能乡村治理现代化建设产生影响。从数字化信息发布维度来看，数字化信息发布能衡量政府部门通过数字工具和线上平台公开政务信息和行政数据的情况，数字政务建设拓宽了乡村居民了解政策信息和政务动态的渠道，信息更新全面、动态更新及时、解读材料具体等都可能会消除乡村居民获取政务公开信息的"无措感"和"迷茫感"，提高其了解政务动态的积极性，进一步增强对政府这个占主导地位的建设主体的信任，进而促进数字技术赋能的乡村治理现代化建设。故在数字信息发布维度，

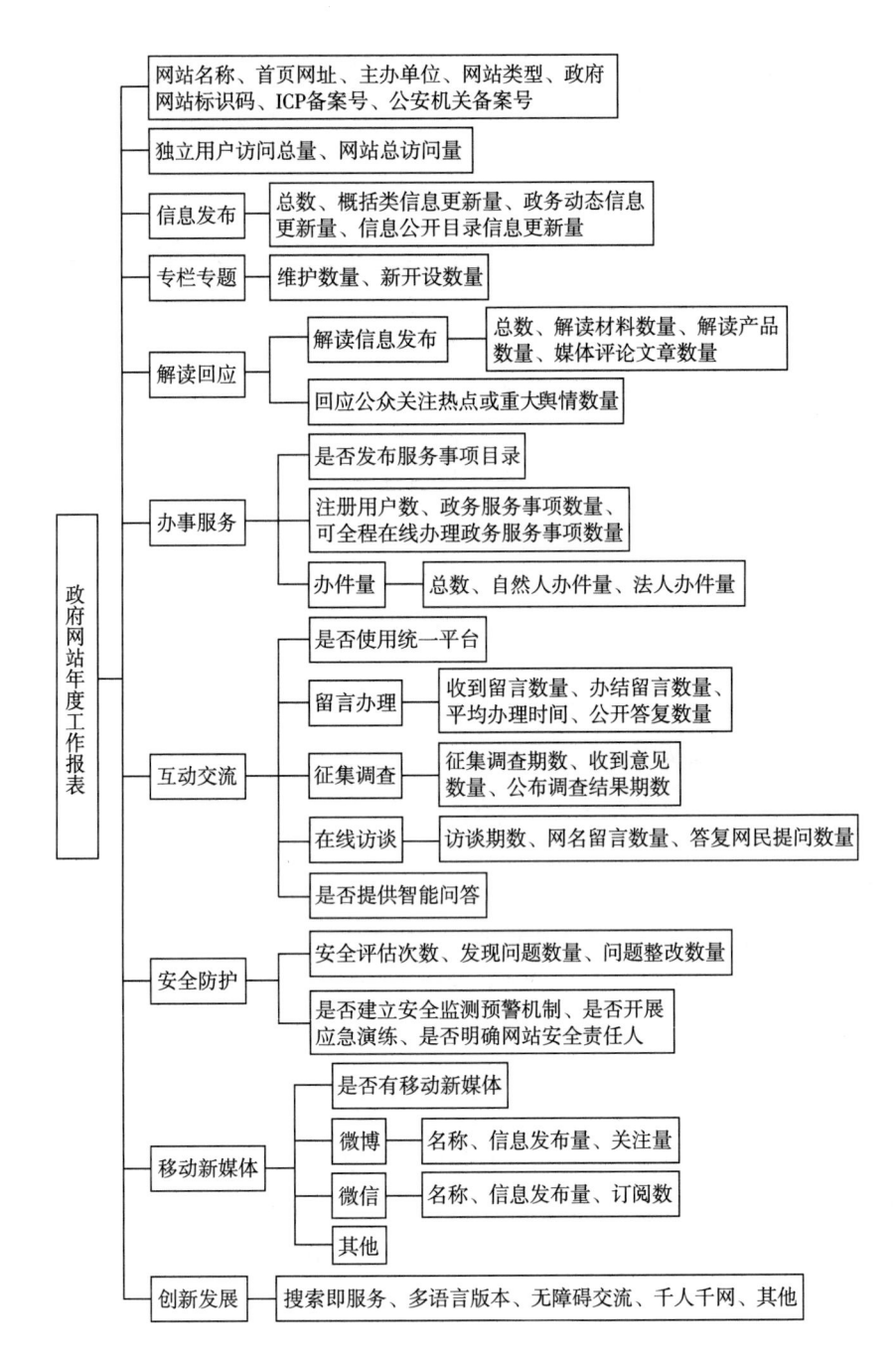

```
政府网站年度工作报表
├── 网站名称、首页网址、主办单位、网站类型、政府网站标识码、ICP备案号、公安机关备案号
├── 独立用户访问总量、网站总访问量
├── 信息发布 ── 总数、概括类信息更新量、政务动态信息更新量、信息公开目录信息更新量
├── 专栏专题 ── 维护数量、新开设数量
├── 解读回应
│   ├── 解读信息发布 ── 总数、解读材料数量、解读产品数量、媒体评论文章数量
│   └── 回应公众关注热点或重大舆情数量
├── 办事服务
│   ├── 是否发布服务事项目录
│   ├── 注册用户数、政务服务事项数量、可全程在线办理政务服务事项数量
│   └── 办件量 ── 总数、自然人办件量、法人办件量
├── 互动交流
│   ├── 是否使用统一平台
│   ├── 留言办理 ── 收到留言数量、办结留言数量、平均办理时间、公开答复数量
│   ├── 征集调查 ── 征集调查期数、收到意见数量、公布调查结果期数
│   ├── 在线访谈 ── 访谈期数、网名留言数量、答复网民提问数量
│   └── 是否提供智能问答
├── 安全防护
│   ├── 安全评估次数、发现问题数量、问题整改数量
│   └── 是否建立安全监测预警机制、是否开展应急演练、是否明确网站安全责任人
├── 移动新媒体
│   ├── 是否有移动新媒体
│   ├── 微博 ── 名称、信息发布量、关注量
│   ├── 微信 ── 名称、信息发布量、订阅数
│   └── 其他
└── 创新发展 ── 搜索即服务、多语言版本、无障碍交流、千人千网、其他
```

图 4-6　政府网站年度工作报表结构

第四章 | 数字技术赋能乡村治理现代化建设绩效的宏观评价

选取概括类信息更新量、政务动态信息更新量、专栏专题维护数量、解读材料数量、解读产品数量五个指标来分别衡量数字政务平台信息发布、动态更新、专栏维护、解读材料、解读产品五个方面的情况。

从数字办事服务维度来看，数字办事服务是乡村居民使用数字化平台享受政务办事服务便利性的重要评价依据，注册用户数量既可以反映居民对政务平台的关注情况，同时也可以反映信息化政务平台的影响范围，是一个从用户层面出发的有关平台建设及应用效果的客观衡量指标；可全程在线办理政务服务事项越多，越可简化乡村居民接受政务服务过程中的烦琐流程和现场办理的跑路时间，为其提供极大的便利；线上办事服务时间周期直接折射了线上政务平台的办事服务效率，线上政务服务的高效供给无疑能为乡村居民提供更满意的便民服务；收到意见数量反映了乡村居民享受线上便民政务服务过程中的满意情况，征集调查期数说明了线上政务平台对乡村居民服务反馈的重视情况。这些都是数字技术的具体应用，这些应用可能有助于进一步完善乡村治理体系，加速乡村治理现代化进程。故在数字办事服务情况方面，选取注册用户数量、可全程在线办理政务服务事项数量占政务服务事项数量的比重、平均办理时间、收到意见数量、征集调查期数五个指标，分别表征数字政务平台办事服务的影响范围、便利性、有效性、满意度以及反馈重视度。

从数字平台安全防护维度来看，数字平台安全防护直接反映了数字政务平台的数据信息和隐私保护水平，说明了数字政务平台的可靠性与安全性。虽然数字平台安全防护情况建设得更好并不一定会直接促进乡村居民的使用积极性，但如果其存在明显漏洞等情况的话，则可能造成个人隐私信息泄露，成为诈骗等不法分子行骗的工具，一旦发生此类情况就可能会大大降低乡村居民的使用频率，可能会对数字技术赋能乡村治理现代化建设造成阻碍。故在数字平台安全防护维度，通过选取安全监测评估次数、发现安全问题数量两个指标来分析数字政务平台的安全防护情况和平台的可靠性与稳定程度。

从移动新媒体建设维度来看，移动新媒体建设是数字政务平台在移动设备平台的建设情况。《中国统计年鉴（2021）》中显示，在2020年底我国移动电话普及率达到112.91部/百人，可以看出移动电话渗透到了每个人日常生活的方方面面。作为数字技术应用的重要形态，移动新媒体的建设有利于乡村居民在使用移动设备的过程中，及时、有效地了解政务动态和享受政务服务，甚至可以在闲暇时间潜移默化地感觉到政务服务的无处不在，进而可能从民主参与意识提升等方面为数字技术赋能乡村治理现代化建设创造人文环境。因此，在移动新媒体建设维度，通过选取微博信息发布量、微博关注量、微信信息发布量、微信订阅数四个指标来反映政务服务在微博、微信两大典型移动数字软件平台上的建设与应用情况。

从数字化设施维度来看，数字化设施是数字技术应用的基础，数字化设施建设是为乡村居民提供数字政务平台的前提，其情况既反映政府部门对数字技术赋能乡村治理现代化建设的重视度和投入情况，也反映乡村居民享受数字化服务的便捷程度，这都可能最终影响到数字技术赋能乡村治理现代化建设。基于此，在数字化设施建设情况维度上，由于通信服务水平、互联网发展情况都会直接影响乡村居民移动电话和互联网的使用，故选取移动电话普及率、互联网宽带接入用户数两个指标来代表政府在通信服务水平、互联网发展水平方面的建设情况，从而反映政府在数字化政务服务基础设施方面的投入程度和重视程度。

从人才培育和专利技术维度来看，人才培育和专利技术彰显数字化建设过程中的人才情况和技术水平，数字化政务平台作为一个现代化政务服务的载体，数字化建设过程中人才和技术的专业性可能会大大促进数字化乡村治理的建设和发展，进而充分释放其对乡村治理现代化建设的赋能效应。因此，在数字建设人才技术情况上，主要从人才培育和专利技术两个层面分别选取小学净入学率、文盲人口占15岁及以上人口的比重、R&D人员数量、专利申请数四个指标来反映数字技术赋能乡村治理现代化建设过程中的人才和技术支持情况。

综上所述，本书从数字信息发布、数字办事服务、数字平台安全防护、移动新媒体建设、数字化设施建设以及人才培育和专利技术六大维度，选取了概括类信息更新量、政务动态信息更新量、专栏专题维护数量、解读材料数量、注册用户数量、安全监测评估次数等22个变量指标，进而构建了数字技术赋能乡村治理现代化建设的过程变量指标体系（见表4-4）。

表 4-4　数字技术赋能乡村治理现代化建设的过程变量指标

测量维度	测量项
数字信息发布	概括类信息更新量、政务动态信息更新量、专栏专题维护数量、解读材料数量、解读产品数量
数字办事服务	注册用户数量、可全程在线办理政务服务事项数量占政务服务事项数量的比重、平均办理时间、收到意见数量、征集调查期数
数字平台安全防护	安全监测评估次数、发现安全问题数量
移动新媒体建设	微博信息发布量、微博关注量、微信信息发布量、微信订阅数
数字化设施建设	移动电话普及率、互联网宽带接入用户数
人才培育和专利技术	小学净入学率、文盲人口占 15 岁及以上人口的比重、R&D 人员数量、专利申请数

各指标选取的具体方法如下。

第一，数字信息发布维度测量项的选取。概括类信息更新量、政务动态信息更新量和解读材料数量分别通过查询各省级政府门户网站 2020 年年度工作报表内信息发布模块中的概括类信息更新量、政务动态信息更新量、专栏专题维护数量以及解读回应模块中的解读材料数量、解读产品数量得到。

第二，数字办事服务维度测量项的选取。可全程在线办理政务服务事项数量占政务服务事项数量的比重通过查询各省级政府门户网站 2020 年年度工作报表内办事服务模块，得到政务服务事项数量和可全程在线办理政务服务事项数量，并根据数据比值关系求得可全程在线办理政务服务事项数量占政务服务事项数量的比重。注册用户数量、平均办理时间、收到意见数量和征集调查期数分别通过查询各省级政府门户网站 2020 年年度工作报表内互动交流模块中的平均办理时间、收到意见数量和征集调查期数得到。

第三，数字平台安全防护维度测量项的选取。安全监测评估次数、发现安全问题数量分别通过查询各省级政府门户网站 2020 年年度工作报表内安全防护模块中的安全评估次数、发现问题数量得到。

第四，移动新媒体建设维度测量项的选取。微博信息发布量、微博关注量、微信信息发布量和微信订阅数分别通过查询各省级政府门户网站 2020 年年度工作报表内移动新媒体模块中微博的信息发布量、微博的关注量、微信的信息发布量和微信的订阅数得到。

第五，数字化设施建设维度测量项的选取。移动电话普及率和互联网宽带接入用户数均通过查询《中国统计年鉴（2021）》（2020年统计数据）得到。

第六，人才培育和专利技术维度测量项的选取。小学净入学率、文盲人口占15岁及以上人口的比重、R&D人员数量和专利申请数大部分通过查询2021版各省统计年鉴（2020年统计数据）得到，个别省份的指标数据因其统计年鉴公开数据的缺失而无法直接查询，对于缺失的数据，主要参照其公布的相关官方数据或者根据其相应统计年鉴的宏观数据经过计算而获取。

第三节　基于MRA回归法的数字技术赋能乡村治理现代化建设绩效宏观评价实证分析

通过国家和省级层面的统计年鉴进行样本数据采集，利用MRA回归分析法对数字技术赋能乡村治理现代化建设进行宏观评价，对模型结果进行深入解读，并提炼主要研究结论。

一　样本数据采集

（一）数据来源

本书使用的数据为国家和省级层面数据。主要数据来源为2021年度《中国统计年鉴》，《中国社会统计年鉴》，《中国劳动统计年鉴》，《中国卫生统计年鉴》，《中国人力资源社会和社会保障统计年鉴》，《中国农村统计年鉴》，以及河北、安徽、江西、山东、河南、湖南、广东、四川、贵州、云南、广西、西藏、甘肃和新疆14个省份的2021年度的统计年鉴。

（二）数据采集

根据表4-4和图4-6的内容，综合时间和空间维度，课题组最终确立了16个结果类衡量指标和17个过程类衡量指标。

第一，结果类衡量指标。16个结果类指标全部是数值型定量数据，源自14个省级政府的统计年鉴。个别省部分缺失数据，通过《中国社会统计年鉴》《中国劳动统计年鉴》《中国卫生统计年鉴》《中国人力资源社会和社会保障统计年鉴》《中国农村统计年鉴》《中国民族统计年鉴》等专门类数据补充完成（见表4-5）。

表 4-5　数字技术赋能乡村治理现代化建设宏观评价结果类衡量指标值

省份	第一产业人均地区生产总值（元）	农村人均可支配收入（元）	城乡收入比（农村居民人均收入为1）	乡村就业人数（万人）	年末登记失业率（%）	参加养老保险的人口数占总人口数的比重（%）
河北	5196.35	16467.00	2.37	1572	3.50	70.79
安徽	5200.93	16620.20	2.50	1452	2.80	78.19
江西	4947.78	16980.80	2.40	968	3.20	71.82
山东	5267.02	18753.20	2.46	2164	3.10	75.13
河南	5377.20	16107.90	2.38	2293	3.20	75.49
湖南	6352.90	16584.60	2.64	1409	2.70	78.19
广东	3793.03	20143.40	2.63	1621	2.50	59.64
四川	6626.36	15929.10	2.59	2256	3.60	72.32
贵州	6569.91	11624.30	3.38	915	3.80	67.87
云南	7640.33	12841.90	3.26	1514	3.90	66.74
广西	7089.44	14814.90	2.84	1219	2.80	66.89
西藏	4135.26	14598.40	2.99	120	2.90	60.38
甘肃	4787.34	10344.30	3.47	713	3.30	74.88
新疆	7717.39	14056.10	2.66	591	2.40	58.37

省份	参加工伤保险的人口数占总人口数的比重（%）	参加失业保险人口数占总人口数的比重（%）	每万人卫生机构数（个）	每千人拥有卫生技术人员数（人）	每万人拥有公共图书馆建筑面积（平方米）
河北	14.33	9.26	11.65	6.96	81.40
安徽	11.20	9.24	4.81	6.75	99.20
江西	12.35	6.46	8.12	6.33	120.10
山东	17.93	14.42	8.35	8.01	113.00
河南	10.06	8.91	7.51	7.11	79.50
湖南	12.35	9.64	8.43	7.49	126.10
广东	30.63	28.54	4.43	6.58	134.50
四川	15.77	12.49	9.89	7.56	83.40
贵州	12.02	7.72	7.49	7.46	77.90
云南	10.56	6.51	5.64	7.76	85.90
广西	9.68	8.18	6.75	7.42	98.60
西藏	10.98	7.30	18.96	6.23	169.10
甘肃	10.58	7.49	10.48	7.24	149.00
新疆	16.71	14.38	7.01	7.39	139.00

续表

省份	乡村小学在校学生数与初中在校学生数的比值（以初中在校学生数为1）	每万人拥有公共厕所（座）	每万人拥有公共交通车辆（标台）	县城污水处理率（%）	县城建成区绿化覆盖率（%）
河北	4.61	3.39	13.29	98.40	41.62
安徽	3.16	2.68	13.02	96.18	37.67
江西	2.48	3.27	9.73	91.55	42.98
山东	4.65	2.01	15.56	97.75	40.05
河南	3.90	4.06	12.20	97.01	35.78
湖南	2.68	2.49	17.25	96.57	37.72
广东	4.93	1.94	11.85	91.82	35.61
四川	3.19	2.68	12.10	91.39	37.85
贵州	4.90	2.92	11.29	91.27	36.67
云南	3.86	5.02	12.90	94.92	38.87
广西	6.92	1.52	9.41	96.40	38.56
西藏	5.73	7.77	8.30	31.43	6.59
甘肃	4.15	3.26	13.33	94.41	26.76
新疆	4.40	2.67	13.06	95.87	39.15

第二，过程类衡量指标。22个过程类指标主要来自14个省级政府网站公布的2020年工作报表以及相应的官方权威网站公布的客观数据，个别缺失数据则是根据客观数据进行比例换算而获得的（见表4-6）。

表4-6 数字技术赋能乡村治理现代化建设宏观评价过程类衡量指标值

省份	概括类信息更新量（条）	政务动态信息更新量（条）	专栏专题维护数量（个）	解读材料数量（条）	解读产品数量（个）	注册用户数量（个）
河北	107	52493	5	513	82	22959126
安徽	43	8424	17	33	112	49317264
江西	41	2333	17	6	2	0
山东	270	21209	21	46	51	46995210
河南	15	48820	8	63	201	0

续表

省份	概括类信息更新量（条）	政务动态信息更新量（条）	专栏专题维护数量（个）	解读材料数量（条）	解读产品数量（个）	注册用户数量（个）
湖南	73	14177	8	79	211	23961582
广东	11	11604	13	50	100	0
四川	31	53324	134	3873	203	18096049
贵州	211	21596	11	57	97	28050000
云南	694	6218	21	81	192	21109886
广西	66	1153	9	75	56	21517500
西藏	23	3364	11	149	0	2588427
甘肃	244	7131	12	130	36	4092009
新疆	287	2816	8	15	1	10147285

省份	可全程在线办理政务服务事项数量占政务服务事项数量的比重（%）	平均办理时间（天）	收到意见数量（条）	征集调查期数（期）	安全监测评估次数（次）
河北	15.10	5	15	12	5
安徽	90.00	19.11	226	23	5
江西	0.00	6	107	6	2
山东	66.50	3	0	8	1
河南	0.00	3.50	2865	56	12
湖南	32.38	23	1206	129	12
广东	0.00	5	162	21	6
四川	19.50	3.60	74	226	20
贵州	9.14	17	37	57	4
云南	47.46	2.30	3879	80	1
广西	51.86	2	4632	15	15
西藏	59.18	40	0	0	3
甘肃	45.42	5	46	3	1047
新疆	97.44	15	16	3	4

省份	发现安全问题数量（个）	微博信息发布量（条）	微博关注量（个）	微信信息发布量（条）	微信订阅数（个）
河北	3	3017	30457	3347	71425
安徽	21	4604	320802	2091	767831
江西	2	700	40292	272	14803

续表

省份	发现安全问题数量（个）	微博信息发布量（条）	微博关注量（个）	微信信息发布量（条）	微信订阅数（个）
山东	133	169	108368	2165	121065
河南	1	3996	11286	2509	178657
湖南	1	2033	518759	1938	171900
广东	0	1502	9974	1889	398234
四川	1044	8224	6550139	1745	597932
贵州	28	807	640118	1923	662486
云南	75	7210	6869	3586	434831
广西	0	1809	53300	1624	84279
西藏	0	522	203	23	357
甘肃	55	0	0	2400	44517
新疆	0	1985	258814	2045	58703

省份	移动电话普及率（部/百人）	互联网宽带接入用户（万户）	小学净入学率（%）	文盲人口占15岁及以上人口的比重（%）	R&D人员数量（人）	专利申请数（件）
河北	117.73	2534.40	99.90	1.90	86337	24815
安徽	98.74	2093	99.99	5.56	139988	66677
江西	94.04	1510.50	100.00	2.49	100473	30838
山东	107.43	3445.60	100.00	4.01	255281	78928
河南	101.16	3090.90	100.00	2.92	145464	38206
湖南	101.13	2113.20	100.00	2.13	121470	36209
广东	123.30	3890	100.00	1.79	700017	305665
四川	109.05	2975.50	99.94	4.74	90128	34536
贵州	106.15	1002.40	99.91	8.78	26261	7227
云南	104.92	1278.10	99.87	5.78	28894	9451
广西	106.39	1650.80	99.92	3.10	20407	7546
西藏	88.24	96.30	99.93	28.09	190	92
甘肃	106.87	931.40	99.99	8.33	8614	3829
新疆	110.11	883.90	99.97	3.43	4752	4427

二 样本数据处理

为统一数据分析口径，课题组对表 4-5 和表 4-6 的相关数据进行标准化处理，处理公式如式（6-1）所示：

$$y_i = \frac{x_i - \min(x_i)}{\max(x_i) - \min(x_i)} \tag{6-1}$$

式中：x_i 为指标实际值；$\max(x_i)$ 为指标实际值的最大值；$\min(x_i)$ 为指标实际值的最小值；y_i 为经过处理后的数据值。另外，在书建立的乡村治理产出结果指标体系中，城乡收入比、年末登记失业率、平均办理时间等指标为逆指标，故将逆指标进行标准化处理，然后用 100% 减去处理值，得到最终值，即指标实际值正向化处理后的数据值。综上，所有结果类衡量指标和过程类衡量指标标准化处理后的数据如表 4-7 和表 4-8 所示。

表 4-7　　标准化处理后的数字技术赋能乡村治理
现代化建设宏观评价结果类衡量指标值　　单位：%

省份	第一产业人均地区生产总值占比	农村人均可支配收入占比	城乡收入比	乡村就业人数占比	年末登记失业率	参加养老保险的人口数占总人口数的比重	参加工伤保险的人口数占总人口数的比重
河北	35.76	62.48	100.00	66.82	26.67	62.67	22.20
安徽	35.88	64.05	87.79	61.30	73.33	100.00	7.29
江西	29.43	67.73	97.02	39.02	46.67	67.83	12.75
山东	37.56	85.81	91.91	94.06	53.33	84.54	39.37
河南	40.37	58.82	99.53	100.00	46.67	86.36	1.83
湖南	65.23	63.68	75.44	59.32	80.00	100.00	12.75
广东	0	100.00	76.88	69.08	93.33	6.38	100.00
四川	72.20	56.99	79.84	98.30	20.00	70.40	29.09
贵州	70.76	13.06	8.51	36.59	6.67	47.93	11.20
云南	98.04	25.49	19.47	64.15	0	42.23	4.24
广西	84.00	45.62	57.33	50.58	73.33	42.98	0
西藏	8.72	43.41	43.69	0	66.67	10.15	6.24
甘肃	25.34	0	0	27.29	40.00	83.28	4.32
新疆	100.00	37.88	73.64	21.68	100.00	0	33.57

续表

省份	参加失业保险的人口数占总人口数的比重	每万人卫生机构数占比	每千人拥有卫生技术人员数占比	每万人拥有公共图书馆建筑面积占比	乡村小学在校学生数与初中在校学生数的比值
河北	12.70	49.69	41.01	3.84	48.06
安徽	12.60	2.66	29.21	23.36	15.46
江西	0	25.44	5.62	46.27	0
山东	36.06	26.99	100.00	38.49	48.85
河南	11.10	21.20	49.44	1.75	32.06
湖南	14.42	27.57	70.79	52.85	4.50
广东	100.00	0	19.66	62.06	55.16
四川	27.32	37.59	74.72	6.03	16.00
贵州	5.72	21.04	69.10	0	54.49
云南	0.23	8.33	85.96	8.77	31.18
广西	7.80	15.97	66.85	22.70	100.00
西藏	3.78	100.00	0	100.00	73.27
甘肃	4.68	41.63	56.74	77.96	37.76
新疆	35.86	17.77	65.17	67.00	43.26

省份	每万人拥有公共厕所占比	每万人拥有公共交通车辆占比	县城污水处理率	县城建成区绿化覆盖率
河北	29.92	55.75	100.00	96.26
安徽	18.56	52.74	96.69	85.41
江西	28.00	15.98	89.77	100.00
山东	7.84	81.12	99.03	91.95
河南	40.64	43.58	97.92	80.21
湖南	15.52	100.00	97.27	85.55
广东	6.72	39.66	90.17	79.75
四川	18.56	42.46	89.53	85.90
贵州	22.40	33.41	89.35	82.66
云南	56.00	51.40	94.80	88.71
广西	0	12.40	97.01	87.85
西藏	100.00	0	0	0
甘肃	27.84	56.20	94.04	55.43
新疆	18.40	53.18	96.22	89.48

表 4-8　标准化处理后的数字技术赋能乡村治理现代化建设宏观评价过程类衡量指标值　　单位：%

省份	概括类信息更新量占比	政务动态信息更新量占比	专栏专题维护数量占比	解读材料数量占比	解读产品数量占比	注册用户数量占比
河北	14.06	98.41	0	13.11	38.86	46.55
安徽	4.69	13.94	9.30	0.70	53.08	100.00
江西	4.39	2.26	9.30	0	0.95	0
山东	37.92	38.44	12.40	1.03	24.17	95.29
河南	0.59	91.37	2.33	1.47	95.26	0
湖南	9.08	24.96	2.33	1.89	100.00	48.59
广东	0	20.03	6.20	1.14	47.39	0
四川	2.93	100.00	100.00	100.00	96.21	36.69
贵州	29.28	39.18	4.65	1.32	45.97	56.88
云南	100.00	9.71	12.40	1.94	91.00	42.80
广西	8.05	0	3.10	1.78	26.54	43.63
西藏	1.76	4.24	4.65	3.70	0	5.25
甘肃	34.11	11.46	5.43	3.21	17.06	8.30
新疆	40.41	3.19	2.33	0.23	0.47	20.58

省份	可全程在线办理政务服务事项数量占政务服务事项数量的比重	平均办理时间占比	收到意见数量占比	征集调查期数占比	安全监测评估次数占比
河北	15.50	92.11	0.32	5.31	0.38
安徽	92.36	54.97	4.88	10.18	0.38
江西	0	89.47	2.31	2.65	0.10
山东	68.27	97.37	0	3.54	0
河南	0	96.05	61.85	24.78	1.05
湖南	33.23	44.74	26.04	57.08	1.05
广东	0	92.11	3.50	9.29	0.48
四川	20.02	95.79	1.60	100.00	1.82
贵州	9.38	60.53	0.80	25.22	0.29
云南	48.70	99.21	83.74	35.40	0
广西	53.22	100.00	100.00	6.64	1.34
西藏	60.73	0	0	0	0.19
甘肃	46.61	92.11	0.99	1.33	100.00
新疆	100.00	65.79	0.35	1.33	0.29

续表

省份	发现安全问题数量占比	微博信息发布量占比	微博关注量占比	微信信息发布量占比	微信订阅数占比
河北	0.29	36.69	0.46	93.29	9.26
安徽	2.01	55.98	4.90	58.04	100.00
江西	0.19	8.51	0.62	6.99	1.88
山东	12.74	2.05	1.65	60.12	15.73
河南	0.10	48.59	0.17	69.77	23.23
湖南	0.10	24.72	7.92	53.75	22.35
广东	0	18.26	0.15	52.37	51.84
四川	100.00	100.00	100.00	48.33	77.86
贵州	2.68	9.81	9.77	53.33	86.27
云南	7.18	87.67	0.10	100.00	56.61
广西	0	22.00	0.81	44.93	10.93
西藏	0	6.35	0	0	0
甘肃	5.27	0	0	66.71	5.75
新疆	0	24.14	3.95	56.75	7.60

省份	移动电话普及率占比	互联网宽带接入用户占比	小学净入学率占比	文盲人口占15岁及以上人口的比重	R&D人员数量占比	专利申请数占比
河北	84.11	64.27	23.08	0.42	12.31	8.09
安徽	29.95	52.63	92.31	14.33	19.98	21.79
江西	16.54	37.28	100.00	2.66	14.33	10.06
山东	54.73	88.29	100.00	8.44	36.45	25.80
河南	36.85	78.94	100.00	4.30	20.76	12.47
湖南	36.77	53.16	100.00	1.29	17.33	11.82
广东	100.00	100.00	100.00	0	100.00	100.00
四川	59.36	75.89	53.85	11.22	12.85	11.27
贵州	51.08	23.88	30.77	26.58	3.73	2.33
云南	47.58	31.15	0	15.17	4.10	3.06
广西	51.77	40.98	38.46	4.98	2.89	2.44
西藏	0	0	46.15	100.00	0	0
甘肃	53.14	22.01	92.31	24.87	1.20	1.22
新疆	62.38	20.76	76.92	6.24	0.65	1.42

三 数字技术赋能乡村治理现代化建设绩效的 MRA 回归分析

（一）研究框架及模型方法

第一，多元回归模型的一般表达式。多元回归分析法（Multiple Regression Analysis）是指在相关变量中将其中的一个变量定义为被解释变量，其他多个变量则定义为解释变量，在此基础上建立多个变量之间数学模型数量关系式并利用调查所获得的样本数据进行分析的一种数量统计分析方法。其一般表达式如式（6-2）所示：

$$Y_i = \beta_0 + \beta_1 X_{1i} + \beta_2 X_{2i} + \cdots + \beta_k X_{ki} + \mu_i (i=1, 2, \cdots, n) \qquad (6-2)$$

式中：k 为解释变量的数目，在本书中为 1-24；B_j 为回归系；X 为数字信息发布、数字办事服务、数字平台安全防护等变量；Y 为乡村治理现代化建设绩效。

第二，模型的因变量和自变量。将乡村治理现代化建设产出结果作为模型的因变量，将数字信息发布、数字办事服务、数字平台安全防护、移动新媒体建设、数字化建设覆盖情况以及数字建设人才技术情况作为模型的自变量。其中，乡村治理现代化建设产出要素以收集到的各结果数据标准化处理后的平均值作为衡量标准，即对乡村治理现代化建设产出结果指标按上述标准化处理之后，乡村治理现代化建设产出要素=（第一产业人均地区生产总值+农村人均可支配收入+乡村就业人数+年末登记失业率+参加养老保险的人口数占总人口数的比重+参加工伤保险的人口数占总人口数的比重+参加失业保险人口数占总人口数的比重+每千人拥有卫生技术人员数+乡村小学在校学生数与初中在校学生数的比值+每万人拥有公共厕所+县城建成区绿化覆盖率）/11。需要进一步说明的是，以第一产业人均地区生产总值和农村人均可支配收入作为一般规模指标，乡村就业人数、年末登记失业率作为就业产出指标，参加养老保险的人口数占总人口数的比重、参加工伤保险的人口数占总人口数的比重、参加失业保险人口数占总人口数的比重作为社会保障和社会福利指标，每千人拥有卫生技术人员数作为卫生医疗事业产出指标，乡村小学在校学生数与初中在校学生数的比值作为文化教育事业产出指标，每万人拥有公共厕所作为基础设施产出指标，县城建成区绿化覆盖率作为环境和生态保护产出指标。于是，就构建了包括教育、医疗、社保、基础设施、环境等在内的乡村治理现代化建设目标的主要内容。14个省份数字技术赋能乡村治理现代化建设绩效指标标准化处理后的平均值和14个省份数字技术在乡村治理过程中的要素指标标准化处理后的平均值如表4-9和表4-10所示。

表4-9　14个省份数字技术赋能乡村治理现代化建设绩效指标标准化处理后的平均值　　单位：%

省份	乡村治理现代化建设产出结果
河北	45.87
安徽	45.73
江西	36.10
山东	61.76
河南	49.77
湖南	51.98
广东	57.28
四川	51.77
贵州	38.23
云南	45.11
广西	50.82
西藏	28.39
甘肃	32.97
新疆	49.57

表4-10　14个省份数字技术在乡村治理过程中的要素指标标准化处理后的平均值　　单位：%

省份	数字信息发布情况	数字办事服务情况	数字平台安全防护情况	移动新媒体建设情况	数字化设施建设情况	人才培育和专利技术情况
河北	32.89	31.96	0.33	34.93	74.19	10.97
安徽	16.34	52.48	1.20	54.73	41.29	37.10
江西	3.38	18.89	0.14	4.50	26.91	31.76
山东	22.79	52.89	6.37	19.89	71.51	42.67
河南	38.20	36.54	0.57	35.44	57.89	34.38
湖南	27.65	41.93	0.57	27.18	44.97	32.61

续表

省份	数字信息发布情况	数字办事服务情况	数字平台安全防护情况	移动新媒体建设情况	数字化设施建设情况	人才培育和专利技术情况
广东	14.95	20.98	0.24	30.66	100.00	75.00
四川	79.83	50.82	50.91	81.55	67.62	22.30
贵州	24.08	30.56	1.48	39.80	37.48	15.85
云南	43.01	61.97	3.59	61.10	39.36	5.58
广西	7.90	60.70	0.67	19.67	46.37	12.19
西藏	2.87	13.20	0.10	1.59	0	36.54
甘肃	14.25	29.87	52.63	18.12	37.58	29.90
新疆	9.33	37.61	0.14	23.11	41.57	21.31

第三，计算公式。乡村治理现代化建设绩效＝常数项＋A1×数字信息发布情况＋A2×数字办事服务情况＋A3×数字平台安全防护情况＋A4×移动新媒体建设情况＋A5×数字化设施建设情况＋A6×人才培育和专利技术情况＋随机干扰项。

（二）模型处理及结果解读

应用SPSS统计软件进行多元线性回归分析，结果如表4-11所示。

表4-11　数字技术赋能乡村治理现代化建设绩效的多元线性回归分析结果

项目	非标准化系数	标注误	标准化系数	T
常数项	0.173	0.039	—	4.478
数字信息发布	0.201	0.104	0.437**	1.927
数字办事服务	0.403	0.084	0.669***	4.805
数字平台安全防护	-0.183	0.060	-0.273*	-2.295
移动新媒体建设	-0.194	0.093	-0.452*	-2.094
数字化设施建设	0.215	0.054	0.554***	3.957
人才培育和专利技术	0.181	0.077	0.336*	2.347

注：$R^2=0.930$，调整后$R^2=0.869$，$F(6, 7)=15.389$，$p=0.001$。

从总体看，模型R^2为0.039，显著性水平为0.001，说明模型拟合

139

度比较好，表明数字信息发布情况等自变量对乡村治理现代化建设产出结果（绩效）具有比较强的解释力。

第一，数字信息发布显著正向影响乡村治理现代化建设绩效。数字信息发布情况的标准化系数为0.437且通过了5%的置信水平检验，说明数字信息发布对乡村治理现代化建设绩效具有显著正向影响。数字信息发布情况所涵盖的统计指标主要包括概括类信息更新量、政务动态信息更新量、专栏专题维护数量、解读材料数量以及解读产品数量，也就是说，省级政府网络平台所更新的概括类信息、政府动态信息越多，解读的政策材料数量越多、发布的解读产品越多，其辖区下各乡村治理现代化建设产出水平越高、绩效越高。《中华人民共和国宪法》明确规定，中华人民共和国的一切权力属于人民。人民有权力根据法律相关规定，通过各种合法途径与有效形式，参与国家事务、经济和文化事务以及社会公共事务的管理。因此，政府需要履行及时公开信息的法定义务，特别是要及时地公开那些与人民群众利益密切相关的信息，从另外一个角度看，这也是保障公民知情权、参与权、表达权以及监督权等合法权益的重要表现。同时，《中华人民共和国政府信息公开条例》（国务院令第492号）明确指出，政府部门应当及时、准确公开政务信息，如果发现可能影响社会稳定、扰乱社会秩序的虚假或者不完整信息的情况，应当在其职责范围内发布准确的政府信息予以澄清。

网络平台作为最快捷了解所需信息的渠道之一，政府部门将需要公开的概括类信息或政务动态信息及时在政府网络平台上更新，便于距离政务服务中心较远地区的乡村居民第一时间了解或查询到自己所关心和关注的政务信息，节省许多因为"跑腿"而浪费的时间，提升了政务办事效率，大大提高了其对政府部门的信赖程度，并以点带面，进一步提高了数字技术促进乡村治理现代化建设的绩效。除了及时对政府信息进行公开与更新，政府部门通俗易懂、完整精确的材料解读对数字技术赋能乡村治理现代化建设的产出也具有至关重要的影响。政府部门的材料解读主要是针对其所发布的政策、规划以及报告等文本做进一步阐述，这些阐述包括对政策文本的出台背景、目的意义及其执行口径、操作方法等所作的解释性说明。同时，为了使政府部门的材料解读更具体化、更便于人们理解，政府部门还会发布或转载政策文件的解读产品，也就是通过图表、音/视频甚至动漫等方式对政策文件做形象、生动、详细的说明或阐述。从本质上来说，此类解读产品是全面推进政务公开的一种表现形式，为公众知情、参与以及监督等权利的实现提供了重要保障，对加强政民关系和提升政府公信力具有重要影响，这当然也是提高数字技术时代乡村治理现代化建设绩效的重要途径。

第二，数字办事服务显著正向影响乡村治理现代化建设绩效。数字办事服务情况的标准化系数为 0.669 且通过了 1% 的置信水平检验，说明数字办事服务情况对乡村治理现代化建设产出具有显著正向影响。数字办事服务情况所包含的统计指标主要是注册用户数量、可全程在线办理政务服务事项数量占政务服务事项数量的比重、平均办理时间、收到意见数量以及征集调查期数这四项。这说明，政府网站的注册用户数量越多、可全程在线办理政务服务事项数量占政务服务事项数量的比重越高、收到的意见数量越多与征集调查期数越多，各省级辖区下乡村治理现代化建设产出水平越多、绩效越高。因为平均办理时间为逆指标，课题组将包括逆指标在内的各项指标统一进行标准化处理后，再进行数据分析。所以，在平均办理时间上，其非标准化数值为正说明：平均办理时间越短，乡村治理现代化建设绩效越好。在线办理政务服务事项所占政务服务事项数量的比重越高，说明其政府部门的网络办事服务能力更强，可以使更多的民众足不出户即可完成其目标事项，体现了政府的现代化治理程度。省级政府的示范，实际上在要求地方政府提升网上办事效率与服务水平，提高乡村治理现代化建设产出。截至今日，社会面依然多次出现民众被要求反复提交材料的现象。如 2021 年，武汉某汽车部件有限公司曾通过省政府门户网站反映，在办理"厂内机动车辆使用登记新登记（新设备首次启动）"的过程中，就出现了被要求多次、反复提交内容完全一致的证明材料的情况。同年，海南为了破解新生儿出生办证事项中的堵点、难题，开启了"新生儿 5 件事，跑 1 次全办齐"的试点，在省一体式数字化政务服务平台上，设置了针对新生儿出生办证事项模块，形成一次办好、办完的"出生一件事"集成服务，有效解决了新生儿出生办证往返奔波多个部门、反复提交相同材料难题。类似事件表明，政务服务平均办理时间长可能正是多次、反复提交同样的材料造成的后果。经过政府部门数据信息一体化的网络服务平台，可以使民众在同一次办理过程中完成较多的政务流程，最大限度地提高政府服务效率。因乡村民众所居住的地理位置更加远离城市中心，其往返政务服务场所与家中所需要的时间更多，所以，能在一次办理过程中完成所需要办理的全部业务，无疑更能提高其办事积极性与对政府的信赖度，进而提升了乡村治理现代化建设产出水平。收集意见数量与征集调查期数是相辅相成的，征集调查期数指的是本年度网站发布的面向公众或有关单位的征集调查的总期数，收集意见数量则指的是本年度网站通过征集调查收到的意见总条数。政府部门向公众或单位所征集的调查期数越多，意味着其频率越高，进而也可能会导致收集意见数量的增加，而期数与意见的数量越多，说明政府部门更愿意倾听民众的诉求，也会通过民众对政府部门服务工作的反馈意见，更好地完善自身，提高服务水平，促进整个省域内的治理现代化建设进程，这无疑也会提高各省辖下乡村治理现代化建设水平，推动乡村治理现代化建设绩效提升。

第三，数字平台安全防护显著负向影响乡村治理现代化建设绩效。数字平台安全防护情况的标准化系数为-0.273且通过了10%的置信水平检验，说明数字平台安全防护情况对乡村治理现代化建设产出绩效具有显著负向的影响。数字平台安全防护情况包括的统计指标为安全监测评估次数与发现安全问题数量，因其系数为负，这说明安全监测评估次数越少，发现安全问题数量越少，那么乡村治理现代化建设产出水平越高。网络安全监测评估意义在于通过定期的深入评估，确保运营者能及时掌握关键信息基础设施的保护情况、安全防护措施的全面性和有效性，以应对潜在风险和隐患事件。当政府部门的网络安全达到一定的高度后，在日常安全监测程序化、自动化的基础上，可以适当降低安全检测评估的频率，减少政府部门网络安全维护的时间、资金以及人力成本，但依然能确保网络安全。实际上就是说，当政府部门的网络安全水平越高，所需要的安全监测评估次数就相对越少，因而乡村治理现代化建设的产出绩效就越越高。同时，发现的网络安全问题数量越少，表明其网络服务平台与整体服务系统的安全程度越高，需要持续投入的成本和可能发生的风险就越低，这必然有利于通过数字技术促进整个社会的治理现代化建设进程，进而提升数字技术赋能乡村治理现代化建设的产出绩效。

第四章 | 数字技术赋能乡村治理现代化建设绩效的宏观评价

第四，移动新媒体建设显著负向影响乡村治理现代化建设绩效。移动新媒体建设情况的标准化系数为-0.452且通过了10%的置信水平检验，说明移动新媒体建设情况对乡村治理现代化建设产出绩效具有显著负向影响。移动新媒体建设情况共包含四个统计指标，分别为微博信息发布量、微博关注量、微信信息发布量以及微信订阅数。即微博发布、微博关注、微信信息发布以及微信订阅数量越多，数字技术赋能乡村治理现代化建设产出绩效水平就越低。当前微博等新媒体平台被广泛认为是休闲快乐、搞笑的载体，有很多民众尤其是乡村居民，更倾向与在微博等新媒体平台享受娱乐信息所带来的休闲快乐。如果在此类平台上发布政务相关的信息，会使民众产生厌烦情绪，忽视政务相关信息，影响了公共事务的参与，进而降低了乡村治理现代化建设的产出绩效。微博关注量和微信订阅数越少，数字技术赋能乡村治理现代化建设产出水平越高的原因可能是：在微博、微信等类似移动新媒体平台，民众更倾向于在需要了解具体信息时才对其所需内容进行搜索，而不是关注或订阅政府部门的移动新媒体平台；过多的关注与订阅会导致民众接受到大量可能与自己无关的信息推送，而过多无关信息推送，会形成信息负担，引起民众的抵触情绪，影响其对政府移动新媒体平台账号的关注与订阅数量，这就有可能错过有重要价值的政务信息，进而制约着数字技术赋能乡村治理现代化建设的产出绩效。

第五，数字化设施建设显著正向影响乡村治理现代化建设绩效。数字化设施建设情况的非标准化系数为0.554且通过了1%的置信水平检验，说明数字化设施建设情况对乡村治理现代化建设产出具有显著正向影响。数字化设施建设情况包括移动电话普及率以及互联网宽带接入用户数两个指标，也就是说，移动电话的普及率越高、互联网宽带接入用户数越多，数字技术赋能乡村治理现代化建设产出绩效水平就越高。工业和信息化部发布的2022年一季度通信业主要指标完成情况相关数据显示，截至2022年3月底，我国城乡居民移动电话用户的总数量已经达到了16.61亿户，环比上季度净增1820万户，同比增长3.8%；移动电话的普及率达到了117.6%，环比上季度增长1.3个百分点。依照这个数据来看，在这二十多年的时间里，我们实现了移动电话从零起步到人均1.17部的飞速发展。移动电话作为数字技术赋能乡村治理现代化建设的媒介平台之一，相比与其他设施媒介而言，移动电话无疑是最方便、快捷且利于随身携带的数字化设施。因为经济的迅速发展，人们购买力不断增强，移动电话的普及率、使用率也随之进一步提升。在我国，无论是城市居民还是乡村群众，几乎是人手一部移动电话。民众可以使用移动电话，连通网络，登录政府网站，实现足不出户就能完成业务办理流程，进而推动农村发展与乡村治理现代化建设。同时，这也体现了宽带网络对于乡村治理现代化建设的重要意义。仅拥有移动电话是不足以登录政府网站平台的，还需要连通宽带网络。据工业和信息化部统计，截至2022年3月末，我国三家基础电信企业的固定互联网宽带接入用户总数量合计已经达到5.51亿户，在2021年末的基础上实现了1513万户净增，固定互联网宽覆盖率进一步提升。只有互联网宽带覆盖面积越广，互联网宽带接入用户最多，才能将移动电话物尽其用，互联网宽带与移动电话这两个数字化设施建设平台共同作用，必然为乡村治理现代化建设带来"1+1>2"的效应。

第六，人才培育和专利技术显著正向影响乡村治理现代化建设绩效。人才培育和专利技术情况的标准化系数为0.336且通过了10%的置信水平检验，表明该变量是影响乡村治理现代化建设产出绩效的重要因素，具有显著的正向影响。人才培育和专利技术情况主要包括小学净入学率、文盲人口占15岁及以上人口的比重、R&D人员数量与专利申请数4个变量。因为文盲人口占15岁及以上人口的比重也为逆指标，课题组将包括逆指标在内的各项指标统一进行标准化处理后，再进行数据分析。也就是说，在文盲人口占15岁及以上人口的比重这一指标上，其非标准化系数为正说明：文盲人口占15岁及以上人口的比重越低，其乡村治理现代化建设绩效越高。同时，在其他几个指标上，根据模型结果分析可以看出，小学净入学率越高、R&D人员数量越多、专利申请数量越多，乡村治理现代化建设产出水平越高。2020年，在各方面的努力和支持下，我国"义务教育有保障"已经取得了重要的进展，换句话说，"义务教育有保障"的目标基本上实现了，我国适龄儿童的小学净入学率已经达到99.96%便是有力的证明。作为九年制义务教育的开端，小学教育是儿童迈入正规学校教育的第一步，也是关键的一步。在小学教育阶段，尽管大部分儿童已经具备一定的自我意识，但因

第四章　数字技术赋能乡村治理现代化建设绩效的宏观评价

其生活经历过少与视野较窄，自我控制能力还比较差，思维尚不够成熟，情绪也不够稳定，因此还需要成人的帮助和支持。也正是因为这一生理特征，小学教育阶段通常是个体可塑性最强的时期，很多常识与生存能力，尤其是人文方面的素养，都需要在这一阶段养成。所以小学教育对于一个人的成长与发展来说，是一个至关重要的阶段。小学教育是其他阶段教育的基础，所以小学净入学率越高，说明接受基础教育的人越多，民众的基础性知识储备、基本人文素养处在一个相对稳定且平均的水平，进而推动乡村治理现代化建设绩效提高。按照我国的标准，文盲主要指不识字且不会写字的年满 15 岁的人口。在当今社会，无论在个体成长发展的哪一个阶段，都离不开基于文字的沟通和交流。在新中国成立之初，我国的文盲率还是极高的，随着 1986 年我国义务教育的全面推行和扫盲教育的开展，文盲率开始逐步下降。第七次人口普查数据显示，15 岁及以上不识字的人口数量为 3775 万人，文盲率为 2.67%，这与 2010 年第六次人口普查文盲率 4.08% 相比，已经降到了历史最低水平。文盲率的降低意味着越来越多的人可以认识文字可以书写文字，可以利用文字进行沟通与交流，这也使更多的民众可以正常接收政府网站平台的信息输出，顺畅完成政务服务等业务的办理流程等，进而推动乡村治理现代化建设产出水平提升。Research and Development（R&D），是研究与发展、研究开发的意思。以广东省统计局的定义为参考，R&D 人员主要指报告期 R&D 活动单位中从事基础研究、应用研究以及试验发展活动的人员。R&D 人员数量越多，说明在活动单位中从事基础研究、应用研究与试验发展活动的人员数量越多，而这就越有可能开发出有关农业生产、数字技术等方面的成果，促进农业发展和乡村治理现代化。专利申请数实际上就是一个国家或地区在一定时期内个人和组织向专利审核机构申请的专利数量之和，具体包括发明专利、实用新型专利以及外观设计专利三者的总数量。毫无疑问，专利申请数充分说明了一个国家或地区在一定时期的技术创新活动的活跃程度。专利申请数量越多，通常意味着该国或该地区的技术创新能力越强，社会越有活力，而这一方面能加快新技术的开发和应用，另一方面也促进民众对政府部门的信赖程度。可见，专利申请量越多，越能提升数字技术下乡村治理现代化建设的产出绩效。

(三) 主要研究结论

本部分主要使用国家和省级政府官方公开的数据，综合时间和空间维度，确立了有关数字技术赋能乡村治理现代化建设的 16 个结果类衡量指标和 22 个过程类衡量指标，在对相关数据进行标准化处理后，将乡村治理现代化建设产出结果作为因变量，将数字信息发布情况、数字办事服务情况、数字平台安全防护情况、移动新媒体建设情况、数字化设施建设情况以及人才培育和专利技术情况作为自变量，通过回归模型探讨了数字信息发布、数字办事服务等对数字技术赋能乡村治理现代化建设绩效的影响。得到的结论主要有：数字信息发布显著正向影响乡村治理现代化建设绩效，数字办事服务显著正向影响乡村治理现代化建设绩效，数字平台安全防护显著负向影响乡村治理现代化建设绩效，移动新媒体建设显著负向影响乡村治理现代化建设绩效，数字化设施建设显著正向影响乡村治理现代化建设绩效，人才培育和专利技术显著正向影响乡村治理现代化建设绩效。

第四节　本章小结

本章从乡村治理现代化建设的国内外研究成果出发，介绍了数字技术赋能乡村治理现代化建设宏观评价思路，然后阐述了数字技术赋能乡村治理现代化建设宏观评价指标选取的标准和原则，确定了数字信息发布、数字办事服务、数字平台安全防护、移动新媒体建设、数字化设施建设以及人才培育和专利技术情况六类过程类衡量自变量指标体系，以及涵盖就业、社会保障和社会福利、卫生医疗、文化教育、基础设施、环境保护共六大维度的数字技术下乡村治理现代化建设最终产出结果（绩效）的因变量指标体系。然后，通过 MRA 回归法探讨了数字信息发布、数字办事服务等变量对数字技术赋能乡村治理现代化建设绩效的影响，得出了数字信息发布、数字办事服务、数字化设施建设及人才培育和专利技术情况显著正向影响乡村治理现代化建设绩效，以及数字平台安全防护和移动新媒体建设情况显著负向影响乡村治理现代化建设绩效等结论。

第五章

数字技术赋能乡村治理现代化建设绩效的微观评价

根据评价指标体系的不同,数字技术赋能乡村治理现代化建设的评价可以分为宏观评价和微观评价两种不同的方法。其中,微观评价方法也称主观评价,是从人的主观感知维度所进行的评价。通过地方政府工作人员、乡村自治组织和社会组织代表、新乡贤、村民等主体的微观视角对数字技术赋能乡村治理现代化建设绩效及影响因素进行细致、深入的主观评价,并通过结构方程法探究影响建设绩效的因素及其作用路径,无疑有助于找寻加快建设进程、提升建设绩效的有效途径。

第一节 数字技术赋能乡村治理现代化建设绩效微观评价的基本原理

首先,通过规范分析阐述微观评价及其内涵;其次,梳理当前有关数字技术赋能乡村治理现代化建设绩效微观评价的主要方法,找寻经验启示,并据此提出相应的建构原则,奠定微观评价指标体系建构基础。

一 微观评价及其内涵

从本质上说,满意度主观评价是通过获得满意度的量化评价指数,然后考察评价主体对有关产品或者服务的体验与预期目标之间的一致性程度。那么,这里难免会产生一个疑问,也就是满意度主观评价的结果是否具有可靠性、是否具有科学内涵以及得出的结论是否具有参考价值。当前,在各领域、各行业的满意度评价实践中,通常是先把产品或者服务进行抽象化，构建一个多维度、可以描绘某种产品或者服务的满意度主观评价分析框架，然后选择分析框架中各维度的具体代表变量，再通过社会调查、数据统计与分析以获得这些变量的详细信息，最后在对数据信息进行编码的基础上，选择恰当的数据处理方法处理调查数据，进而获得满意度主观评价结果。由此可见，从流程视角来看，满意度主观评价具有使具体变成抽象、使主观变成客观、使定性变成定量的操作特征，而这种特征彰显了其内在的科学逻辑。当然，从满意度主观评价的过程和特征也不难发现，其评价结果是否具有可靠性和科学性，既取决于分析框架构建的合理性、代表变量选择的科学性与覆盖面，也与编码方式的可行性和数据处理方法的合理性等具有内在关联。

对数字技术赋能乡村治理现代化建设绩效及其影响因素的主观评价而言，要提升评价过程与最终评价结果的可靠性和科学性，第一项关键的工作是构建能够准确、全面、综合反映数字技术赋能乡村治理现代化建设绩效及其影响因素的分析框架。这个分析框架，必须建立在乡村治理现代化建设的本质特征、结构特征的基础上，且必须充分考虑不同治理参与主体对乡村治理现代化建设的需求所在、期望所在、感知所在以及比较所在。同时，各维度具体代表变量的选择，必须准确把握抽象分析框架的内涵特征，既要确保代表变量能够全面描述分析框架中的要素或特征，同时也要充分考虑变量数据的可获得性与可使用性。在确定代表变量之后，实地调研获取样本数据时，还要对调查统计方法的科学性、合理性与可行性予以充分考虑，且要尽可能地覆盖地方政府工作人员、乡村自治组织和社会组织代表、新乡贤、村民等各类评价主体，确保数据能够反映大多数人的感知和评价。在对数据做正式处理之前，还需要对量表的信度、效度进行分析，以进一步增强研究结论的科学性。

二 数字技术赋能乡村治理现代化建设绩效微观评价的主要方法

具体来说，主观评价是指通过人的视觉、听觉等感觉器官获取有关客体的内在与外表信息，然后由大脑对获取的信息进行综合处理并做出主观评判的一种方法。就微观绩效来说，微观绩效并非实物，是一个质性概念，很难利用统一的标尺进行度量，其评价只能通过测评相关主体的满意度等感知来获得。要对数字技术赋能乡村治理现代化建设绩效及其影响因素进行微观评价，采用满意度评价无疑是一个很好的选择。数

第五章 数字技术赋能乡村治理现代化建设绩效的微观评价

字技术赋能乡村治理现代化建设的主观评价是一种地方政府工作人员、乡村自治组织和社会组织代表、新乡贤、村民等评价主体基于自身的感知与经验对乡村治理现代化建设这个特定对象进行的满意度评价,这种评价方法是基于社会调查的一种主观评价法。作为一种心理倾向和状态,满意是指个体对特定对象或事物的主观判断及表达。它是被调查对象的需求被满足后所产生的一种心理,是对特定对象或事物的实际使用或体验后所得到的内心感受。如果用数字来刻画这种心理感受,那么这个数字就称为满意度。目前,李克特量表(Likert scale)是满意度评价最常用的工具。

满意主要是指满足感、愉悦感等心理状态,满意度则是其量化表现,可见满意度评价具有坚实的心理学基础。按照马斯洛需求层次理论逻辑,从层次或者层级的角度来看,人的基本需求从低级向高级依次包括生理、安全、社交和情感、内部和外部尊重以及自我价值实现五个不同层次的需求。只有当个体低一层次的需求得到了满足之后,其心理才会产生特定的满足感,并会为实现更高级别的需求继续努力,以获得更多的满意感[1]。同时,托尔曼认为,人们采取或实施某种行为,其目的主要是因为产生了某种激励,而这种激励的大小则由人们对行为能获得价值与行为实现可能性的期望所决定;这种期望值越高,人们采取或实施行为的激励就越大,期望值越低则相反[2];因不同个体具有不同的感知,对不同人而言,期望得到满足的程度也并非完全一致。同样一件事物,有人会认为符合自己的期望,但也有人可能认为离自己的期望相差很大。因此,在采用满意度进行评价的具体实践中,需要适宜的样本数量为支撑以获取一个具有广泛性和代表性的社会心理调查结果,避免一叶障目、以小窥大,以增加满意度评价的可靠性。

对于数字技术赋能乡村治理现代化建设绩效及其影响因素而言,地方政府工作人员、乡村自治组织和社会组织代表、新乡贤、村民等不同主体可能有不同的需求与判断,农民可能希望能满足生产生活、生态环境安全等方面需要,而乡村自治组织代表则可能具有真正参与建设,体

---

[1] [美]马斯洛:《人的潜能和价值》,华夏出版社1987年版,第82页。
[2] [美]爱德华·C. 托尔曼:《动物和人类的目的性行为》,李维译,山东教育出版社1983年版,第326页。

现自身力量与价值的需要。当然，这也从另一个侧面强调，对数字技术赋能乡村治理现代化建设绩效及其影响因素进行主观评价，其评价对象必须具有广泛的代表性，既要包括村民群体、村委干部、农村新型农民经营主体，也要包括乡镇政府工作人员等其他对象。

为有效检测数字技术赋能乡村治理现代化建设绩效及其影响因素，首先要构建科学合理的分析框架；其次，要根据框架构建相应的评价指标体系，方能保证主观评价的质量。然而，要构建起一套科学、合理且具有较强操作性的指标体系并非易事，需要遵循特定的原则。

第一，科学性原则。数字技术赋能乡村治理现代化建设绩效及其影响因素测评指标的科学性原则强调的是，指标既要符合乡村治理基本理论的基本规范要求，也要全方位反映乡村治理及其现代化建设的实际情况与发展趋势。从理论角度来说，科学性原则要求建构的每个指标必须有足够的理论支撑和理论逻辑。无论哪个侧重点、哪个维度的指标都不能是随意编制的或者照搬他人的，必须有据可查、有理可依，才能形成一套内在逻辑严密、经得起考究的指标体系。换而言之，就是要在回答为什么选择这些指标的同时，能提供确切的理论依据和逻辑支撑。指标的选择必须考量如何全面呈现事物的内涵特征，如何真实反映乡村治理及其现代化建设的基本规律，且指标体系内部要具有较好的自洽性以及严密的自证性。具体来说，就是各个指标要具有科学、明确以及精准的内涵与外延，且各项指标要具有相对的独立性，不会出现彼此覆盖与重叠的现象。特别是，指标权重确定、测量方法选择、操作定义化等都要真实、全面呈现数字技术赋能乡村治理现代化建设的结构与本质特征。在实践操作层面上，指标建构必须广泛听取地方政府工作人员、乡村自治组织和社会组织代表、新乡贤、村民等不同主体的主张与意见，方能确保选择的指标与实际情况相吻合，不会出现指标体系"悬浮"于现实的情况。

第二，系统性原则。指标建构的系统性原则强调的是指标的完备性、层次性以及多样性。从完备性角度来看，任何一个体系都是由具体的单个要素所构成的，只有确定了相对完备的要素，方可能反映出一个体系的整体性功能。数字技术赋能乡村治理现代化建设绩效及其影响因素是一个涉及面非常宽泛的范畴，影响绩效的内生性因素众多，因而必

第五章 数字技术赋能乡村治理现代化建设绩效的微观评价

须尽可能选取完备的指标方能精确地描绘出其本质与内涵。当然，需要指出的是，受主客观条件的约束与限制，绝对的完备性在现实中是不可能实现的。即使这样，系统性原则内在要求不能遗漏任何有价值的指标，应想方设法构建出具有全面覆盖特征的指标体系，以便最全面地呈现出数字技术赋能乡村治理现代化建设的本质。从层次性的角度来看，任何体系内部的各个要素之间都必然存在特定的结构性关联，而层次性正是这种结构性关联的具体体现与轮廓反映。在建构数字技术赋能乡村治理现代化建设绩效及其影响因素指标时，要注意各种指标之间的内在关联性，在保持彼此相对独立的前提下，按照层次顺序，确定一级、二级甚至三级指标，使指标体系具有清晰的层次结构。具体对数字技术赋能乡村治理现代化建设绩效及其影响因素指标的建构而言，就是要保证目标层（一级指标）、准则层（二级指标）以及指标层（三级指标）之间具有特定的逻辑关系。从多样性的角度来看，既要选择绝对性的量级指标，也要选择相对性的比率指标，同时还要将定量、定性指标有机结合起来。通常情况下，因为具有客观性、可比性，定量指标能较为准确地呈现事物的本质特征，被认为更具"可靠性"。当然，定量指标并非十全十美，它并不能刻画态度、价值观以及判断倾向等抽象化的事物，因此需要运用定性指标加以补充。从数字技术赋能乡村治理现代化建设绩效及其影响因素的测评来看，它涉及有关乡村传统道德规范、公共伦理、价值观、公共参与以及未来判断等很多不可能量化的因素，如果只使用定量指标，肯定无法全面、准确刻画其本质内涵。与此不同的是，定性指标可以对抽象事物的特征展开较为细致的描述，有利于人们认识抽象事物及其发展内因。因此，把定量指标、定性指标有效结合，才能全面、客观和系统地认识数字技术赋能乡村治理现代化建设绩效及其影响因素的本质所在。

第三，可操作性原则。指标建构的可操作性原则主要体现在指标简要明了、成本与收益兼顾、可测量性以及回答者具有积极性等方面。数字技术赋能乡村治理现代化建设绩效及其影响因素因其牵扯面较为广泛，内涵丰富，必然具有特定的复杂性。然而，建构的指标不仅要具有理论研讨的价值，也要能成为实践应用的辅助工具，因而指标必须简单明了，且能被大多数读者理解并接受。也就是说，指标理应成为理论界与实务界之间有效沟通的桥梁，促进两者共鸣，建立起广泛共识。因此，在建构指标时，首先，要充分考虑其数量与运算的复杂性，尽量选取数量恰当且能简化运算的指标，对能量化的指标就应一律用数字表示，而对难以量化的指标也要尽可能采用从"不满意"到"满意"这类多阶段的标准化方式进行计量。其次，建构指标时还要对成本与收益的关系加以综合考虑。有些指标尽管在理论性方面可能价值突出，但在实践中，可能存在信息获取成本过高等缺陷，那么就应采用其他间接指标加以替代。同时，有些指标可能与相关治理参与主体的商业秘密、个人隐私有关，导致信息获取难度过大且也违背基本伦理，要尽量避免。总之，一个收益获取远小于成本付出的指标是没有必要的，应该舍弃的。再次，任何指标终究要在实践中运用，因此还要注意其可测量性。一方面，对于那些难以量化的指标，要通过简明扼要、通俗易懂的语言加以描述，如乡村社会治理现代化建设中的治理机制、决策机制等指标，就不可能用数字表示，只能使用居民参与、信息沟通等间接指标予以替代；另一方面，指标建构还应考虑被调查者的参与积极性，一个好的指标体系必须得到相关方的认可，如果指标体系受到专家质疑、被调查者抵制，那么指标体系就失去了应有的价值，只能停留在文本上，只能是水中月、镜中花。具体对数字技术赋能乡村治理现代化建设绩效及其影响因素指标的建构来说，必须充分吸纳地方政府工作人员、乡村自治组织和社会组织代表、新乡贤、村民以及行业专家等各方面的意见，特别是要让各治理参与主体认同该测评指标体系的价值和意义，充分调动其参与积极性，以便在数字时代的乡村治理及其现代化建设的实践中运用该指标体系检查、反思和改进工作。

第四，有效性原则。通常情况下，指标覆盖越全面、越完备，指标体系对事物的本质和原貌就越具有代表性。然而，这只是一种理想的状况，在实践中，一个指标体系要把所有要素网罗进去显然是不现实且没必要的，因而这就要求所选择的指标具有良好的代表性，即有效性。从该角度来看，指标有效性强调的是，在众多可供选择的指标中，要选择能刻画事物本质特征的指标。也就是说，所选择的指标必须具有意境深远、内涵丰富的特征，要能成为全面洞察事物的代表性、关键性的要素。从矛盾论的观点来看，所选择的指标必须能反映主要矛盾以及矛盾

第五章 | 数字技术赋能乡村治理现代化建设绩效的微观评价

主要方面的内容，即反映事物的内涵特征。从局部与总体的关系来看，所选择的指标既要包括局部方面的特征，也要包涵总体的特征。但不管如何，进行指标选择时不能过分追求数量，而应抓住事物的内涵。具体来说，要根据指标映射的不同维度、不同内容特征，确定各项指标对事物及其发展所起的不同作用，然后根据其对事物发展的贡献来选择关键性的指标。在数字技术赋能乡村治理现代化建设绩效及其影响因素的指标体系中，多主体协作、资源配置、数字技术嵌入、数字化基础设施等理应成为关键性的指标，不可舍弃。

第五，可比性原则。众所周知，没有比较，没有参照，就无法知道好与坏，因而指标必须具有可比性才具有应用价值和现实意义。具体对数字技术赋能乡村治理现代化建设绩效及其影响因素的指标体系建构而言，首先，指标必须呈现数字技术赋能乡村治理现代化建设的本质属性，因为量的差异性评价是建立在质的统一性的基础之上，没有质的一致性规定而比较不同事物的量的差异性是没有任何现实意义的，是形而上学的。其次，量的差异性评价既要反映不同地方政府、不同乡村自治组织等乡村治理现代建设参与主体之间在空间维度方面的横向比较，也要彰显同一主体在不同时期方面的纵向比较。从本质上说，时间与空间双维度的比较是不同参与主体的横向比较和同一参与主体的纵向比较。横向比较强调的是对不同参与主体所进行的比较，如广东省与浙江省的乡村治理现代化建设的比较，一个村庄与另一个村庄乡村治理现代化建设的比较，通过比较可以发现不同治理参与主体在治理现代化建设中的贡献差异，而这种差异是进行经验推广、借鉴的重要启示。纵向比较是对同一参与主体在不同时期的行为、贡献等所进行的比较，也可称为内部比较，如同一参与主体于2021年、2020年在治理现代化建设中的行为及贡献的比较。纵向比较的最大价值在于把握同一主体参与乡村治理现代化建设的历史脉络，为未来的发展趋势提供预测指南。至于空间维度的比较，强调的是数字技术赋能乡村治理现代化建设绩效的指标口径要保持前后一致性，以便进行横向比较。至于时间维度的比较，数字技术赋能乡村治理现代化建设绩效的指标要与时代发展与变迁保持一致，这是处理好现时状态与未来趋势之间辩证关系的重要法则。

第二节 数字技术赋能乡村治理现代化建设绩效微观评价指标体系建构

利用"结构—解构—结构"方法阐述数字技术赋能乡村治理现代化建设绩效微观评价指标体系的建构思路，并提出相应的绩效评价及影响因素指标体系。

一 数字技术赋能乡村治理现代化建设绩效微观评价指标体系建构思路

学界对乡村治理现代化建设绩效微观评价指标的建构展开了富有成效的研究，构建了诸多富有影响的评价指标体系。尽管这些指标体系研究的层面或视角并非完全一样，但同样可以为数字技术赋能乡村治理现代化建设绩效微观评价指标的建构提供有益的启示与思路。数字技术赋能乡村治理现代化建设不是地方政府单一主体的行为，当然也不是多个参与主体行为的简单加总，而是在乡村这个特定的场域层面，以治理现代化建设为载体，多治理参与主体的互动过程、互动结果。可见，数字技术赋能乡村治理现代化建设不仅与各参与主体自身的努力紧密相连，而且与各参与主体的相互关系、互动过程、协同程度以及资源互补等紧密相连，故本书采用"结构—解构—结构"方法建构数字技术赋能乡村治理现代化衡量指标体系。

二 数字技术赋能乡村治理现代化建设绩效微观评价指标选取

数字技术赋能乡村治理的现代化建设，最终是要形成一个全领域智治局面，而如何对这个全领域智治局面进行具体评价呢？根据前文的思路，数字技术赋能乡村治理现代化建设绩效微观评价具体包括多主体协作、协作机制运行、协作资源配置三个维度。其中，指标体系建构的逻辑关系体现在：数字技术赋能乡村治理多主体形成"共同体化"协作格局、赋能治理协作机制"智能化"运行、赋能治理资源"情境化"配置。数字技术赋能乡村治理多主体形成"共同体化"协作格局是绩效评价的基础部分，赋能治理协作机制"智能化"运行是过程评价部分，赋能治理资源"情境化"配置属于结果评价部分。

第一，数字技术赋能乡村治理多主体形成"共同体化"协作格局。

第五章 | 数字技术赋能乡村治理现代化建设绩效的微观评价

首先，数字技术支持下的信息共享与即时沟通促进了地方政府部门之间、地方政府与乡村自治组织、地方政府与乡村社会组织，以及地方政府与乡村居民等不同治理参与主体之间的多向、多层、即时沟通，有效整合了多主体、多层次、多样态的治理诉求与需求，创造了更加开放、民主的治理方式，凝聚了多方共识，促进了资源集聚和各方优势、特长的充分发挥，进而实现目标一致、利益一致的协作局面。其次，数字技术支持下的数字乡村能够通过微信、钉钉和其他移动客户端等新媒体与新载体引导各治理主体为村庄公共事务治理献计献策，激发乡村社会组织、村民等主体参与热情，有利于凝聚多方智慧，优化乡村管理和服务体系，进而提高乡村治理水平与服务效率。最后，随着人口乡城流动日益加速，村庄边界由原来的封闭逐级转变为开放，村民流动性较原来明显增强，乡村治理现代化建设面临的一个重要困境是大量青壮年外出而造成的治理主体"不在场"现象，而数字技术赋能数字空间运用、场景再造，能够通过"线上协商"和"虚拟在场"改变协同治理方式，化解参与主体"不在场"的困境，从而为多主体协同治理提供了准入通道，有利于调动各方力量形成合力，携手协同治理。

第二，数字技术赋能乡村治理资源"情境化"配置。从理论上说，多主体协同乡村治理能发挥各自的资源优势，但在实践中，乡村治理资源配置存在碎片化、失配化以及匮乏化等问题，制约了资源效应的发挥。首先，在乡村治理数字化平台上可设立党支部模块，再在党建服务模块开设党员报到、党员即时互动、党组织需求清单等服务功能，激活乡村相对分散的党建资源，组建乡村党员服务队，参与乡村公共服务供给和乡村治理，使党建资源能够即时配置到乡村治理最需要、最薄弱的环节。其次，依托数字技术支撑乡村数字治理体系，把地方政府、乡村自治组织、乡村社会组织、新乡贤、村民等多元治理主体的资源进行有效聚合和统一配置，化解乡村治理资源碎片化配置导致效率损失的不足，通过不同治理资源的全链接实现资源精准化配置。最后，数字技术在加速数据生产、收集、流动、共享与拓展应用的同时，能有效地激活不同层级、不同部门甚至不同属性主体的治理资源，实现治理信息与治理资源的即时传递、交换与共享，进而有效整合和合理调配治理资源。

第三，数字技术赋能乡村治理机制"智能化"运行。乡村治理运行机制主要包括需求表达机制、需求回应机制、治理决策机制以及治理监督激励机制。从需求表达机制来看，数字技术赋能信息实时互动，赋予了村民等主体相对原来更加丰富、多样的表达方式与空间，创造了自下而上且透明公开的需求即时传递的新渠道，激发了村民等主体需求表达的积极性。从需求回应机制来看，地方政府可以利用大数据技术搭建起需求信息收集平台，确保治理主体能清晰、及时、全面了解乡村治理运行状况及点对点了解民众需求，提升了治理主体对"需求端"信息的辨识能力，有利于做出及时、有效的回应。从治理决策机制来看，乡村治理现代化建设的重要目标之一是摒弃主观臆测式的决策，在数字技术背景下，可通过建设乡村治理大数据平台，通过基于"数据说话"的"科学论证"，实现"一张图"的数字化管理和"一网统管"的决策模式，提升了决策的科学性。从治理监督激励机制来看，在数字技术时代，可以通过乡村"雪亮工程"平台以及微信、QQ、钉钉等线上联络群，将治理程序、治理效果等乡村治理相关问题的审核和评价交由村民以及相关利益方，实现实时、动态、全过程监督。

综上，本书构建了数字技术赋能乡村治理现代化建设绩效微观评价指标体系（见图5-1）。多主体"共同体化"协作评价维度包括信息共享等凝多方资源、"线上协商"等聚多方智慧以及场景再造等调动多方力量，治理机制"智能化"运行评价维度包括党支部模块激活党建资源、全链聚合并精准化配置资源以及数据共享应用促进资源整合，治理资源"情境化"配置评价维度包括实时互动需求表达新渠道、点对点实现需求及时回应、"一网统管"决策模式以及平台和线上全过程监督。

三 数字技术赋能乡村治理现代化建设绩效微观影响因素指标选取

数字技术赋能乡村治理的现代化建设，最终是要形成一个全领域智治的局面，即数字技术赋能乡村治理多主体形成"共同体化"协作、赋能治理协作机制"智能化"运行、赋能治理资源"情境化"配置。然而，究竟哪些因素会影响数字技术赋能乡村治理现代化建设绩效，是一个必须厘清的关键性问题，只有准确掌握了这些影响因素及其作用机制，才可能充分发挥数字技术对乡村治理现代化建设的赋能效应，加快建设进程，提高建设绩效。

第五章 数字技术赋能乡村治理现代化建设绩效的微观评价

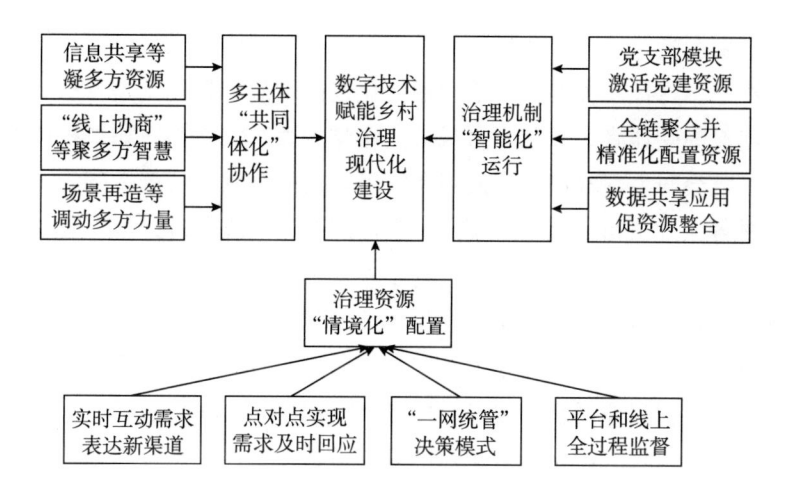

图 5-1　数字技术赋能乡村治理现代化建设绩效微观评价指标体系

第一，数字化基础设施与乡村治理现代化建设绩效。俗语说，巧妇难为无米之炊，基础设施是乡村治理现代化建设的基础保障，没有基础设施的支撑，乡村治理现代化建设是无从谈起的。一直以来，我国乡村经济社会的发展滞后于城镇，在很大程度上就是因为基础设施建设比城镇落后。同理，在数字技术时代，没有数字化的基础设施支撑，数字技术对乡村治理现代化建设的赋能效应是不可能充分发挥的。

第二，多主体协作机制与乡村治理现代化建设绩效。乡村治理现代化建设的目标之一是要形成地方政府、乡村基层党组织、乡村自治组织、村务监督组织、传统与新型社会组织、新乡贤以及广大村民群众等多主体共同参与的乡村协治格局。也就是说，在乡村治理现代化建设格局中，乡村党组织居于核心地位，发挥领导者的作用，以确保村民自治机制的不断健全以及自治活动的有序进行；村民自治组织、村务监督组织则分别具有基础性作用、民主监督作用，确保广大村民在乡村治理中的主体地位和主观能动性得以实现和体现；传统群众性组织以及新型社会组织、新乡贤等主体在乡村治理现代化建设中则具有资源补充、专业化支援以及桥梁连接功能和重要参与作用，确保治理主体、治理力量多元化的实现。特别是，在相互联系、彼此影响的乡村治理多主体参与的有机整体中，协作机制变得尤为重要，因而在数字技术时代，多主体协作机制中的数字技术应用情况，也对乡村治理现代化建设的进程与绩效

157

具有重要影响。

第三，村民素养与乡村治理现代化建设绩效。村民既是乡村治理现代化建设的受益者，更是不可或缺的参与主力军。然而，如果村民素养偏低，既会对乡村经济社会发展和村民收入的增加形成严重制约，也会对乡村各项社会事业建设进程产生阻碍。村民素养偏低，说明其很难接受和掌握新技术，这又进一步制约了农业劳动生产率的提升，影响了乡村治理的经济基础。特别是，在科学技术迅猛发展、数字信息化潮流汹涌澎湃的新时代，科学技术、数字技术已成为推动经济社会持续发展的关键力量，但科学技术、数字技术的掌握与应用均需要高素养的劳动者。因此，村民的数字素养也可能是影响数字技术时代乡村治理现代化建设进程与绩效的重要因素。

第四，数字技术应用与乡村治理现代化建设绩效。除了基础设施、协作机制以及村民素养，整个社会的数字技术应用氛围也可能是一个不可忽视重要影响因素。良好的数字技术应用氛围，能提高各治理主体对数字技术应用的重视度并规范数字技术的应用，为数字技术时代乡村治理现代化建设营造良好的宏观环境，而良好的数字技术应用宏观环境必然是取得良好乡村治理现代化建设绩效最有力的保障。

本书从数字化基础设施、多主体协作机制、村民素养以及数字技术应用四个维度选取数字技术赋能乡村治理现代化建设绩效影响因素指标。

第一，数字化基础设施。衡量乡村数字化基础设施建设，一是要看有没有制定并出台地方性的数字乡村建设规划。2020年1月20日，农业农村部、中央网络安全和信息化委员会办公室印发的《数字农业农村发展规划（2019—2025年）》，但这个规划只是一个整体安排和战略部署，各地方政府要根据自身的产业发展和乡村经济社会的实际情况，出台操作性强的地方性数字乡村建设规划。地方性数字乡村建设规划对数字技术赋能乡村治理现代化建设更具针对性，更能发挥实际效用，更能取得好的建设绩效。

二是数字化基础设施是推动乡村经济社会各项事业全面、高质量发展和构建共建、共治、共享乡村治理新格局的基础，是数字技术赋能乡村治理现代化建设绩效的重要保障。当然，数字化基础设施建设是一项长期的工程，需要持续推进。就乡村的实际情况来看，因长期的城乡分治，乡村各类基础设施均相对较为薄弱，要将原有基础设施进行数字化改造存在较大的维度，重新建设完整的数字化基础设施同样需要付出极大的努力。

三是地方性数字乡村建设规划制定后，需要采取措施切实推进，才能成为实实在在的治理资源。木桶原理启示人们，有些数字基础设施相互之间的依赖性很强，缺少一项设施可能导致另一项设施的作用大幅减弱甚至完全不能发挥，可见数字化基础设施的完善程度也对乡村治理现代化建设的推进及建设绩效具有重要影响。

四是无论数字化基础设施如何完善，终究需要数字化人才对其加以利用，才能释放出应有的效能，因此数字化人才资源同样可能是数字技术时代乡村治理现代化建设绩效的重要影响因素。

第二，多主体协作机制。在乡村治理现代化建设中，地方政府、乡村基层党组织、村民自治组织、传统与新型社会组织等众多主体均有相同的目标和利益交融，因而协作而非竞争成为其最优选择。乡村治理现代化建设的多元主体协作关系是基于乡村居民美好生活需要和乡村经济社会发展多样化这样一个特定的时代背景建立的，是时代所需。乡村治理现代化建设过程中的多主体协作关系，是指地方政府、乡村基层党组织、乡村社会组织等不同属性的治理主体在建设过程中，通过各种协议、契约结成的彼此之间相互依赖、信任、沟通和共同协调解决建设中所面临问题的良性互动关系。

一是协作共赢是乡村治理现代化建设各参与主体的共同目标。因各治理参与主体都有自身的核心追求，其具体的利益目标可能存在一定的差异，在协同治理过程中，为了更好地展开合作，提高治理效能，各参与主体应树立协同共赢的合作理念。通过协作共赢的合作理念，可以有效平衡地方政府、乡村基层党组织、村民自治组织等治理主体的利益要求，使其能够在共同的目标导向下，为了共同目标的实现而积极互动合作，最终获得协作治理的协同效应，实现共赢。因此，多主体的协作共赢理念是数字技术赋能乡村治理现代化建设绩效的影响因素。

二是在乡村治理现代化建设进程中，各参与主体需要通过有效率的互动来实现彼此的信任合作，而组织网络合作中的互动行为通常需要在一定的协作规则所建构的边界之内发生、调适。互动协作的规则框架能够制约和推动互动合作行为的深入,能够为各参与主体之间的沟通、回馈、协调、信息共享、资源调配、分工合作以及共同利益的合理分配等提供运行和评价的基础。只有在每个参与主体的行为都遵循协作规则的条件下,各利益相关者的利益以及协作供给关系才有可能得到保证,协同机制才能得以良好、持续运行。可见,协作规则同样是数字技术赋能乡村治理现代化建设绩效的影响因素。

三是因乡村治理现代化建设各参与主体的属性以及内部的运作方式不尽相同,因此,在协同治理过程中,各治理主体基于角色定位的权责分配也有所不同,应充分考虑各治理主体的特点、专长以及资源优势,尽量发挥各自特长,使各治理主体能够真正实现优势互补、有序合作、利益共享。具体来说,地方政府在统筹和协同治理行为、提供制度保障以及数字化基础设施等方面具有行政方面的优势;村民自治组织在了解村民治理需求、治理困境等方面具有优势;社会组织则在专业人才、专业技术等方面具有优势。综上,角色定位也是数字技术赋能乡村治理现代化建设绩效的影响因素。

四是乡村治理现代化建设各参与主体协同治理关系的成功运作,还需要调适机制的有效配合。组织调适机制是保证各治理主体有序参与、共同协商并对利益相关者的行为具有无须制约与自动调节作用的行为规范与运行规则。调适机制能够抑制乡村治理现代化建设中各参与主体的机会主义行为,保障协同供给行为的顺利进行。协同治理关系强调各参与主体的共同参与,因此应构建促进多元主体参与的机制,使各参与主体能够平等参与、自由表达利益诉求。为使各参与主体在共同利益目标下互动合作,需要激励机制的配合,地方政府应为各参与主体营造良好的发展环境,提供相关的法律制度保障,鼓励非政府组织的参与,促进各方利益的协调。因此,调适机制也可能是数字技术赋能乡村治理现代化建设绩效的潜在影响因素。

第三,村民素养。素养一词具有丰富的内涵,不同研究者对素养的界定也有所不同。通常认为,素养是指个体所拥有的文化知识、技能技术、品格意志、价值观念等综合因素而形成并内化的品质。素养既包含先赋性因素,也包括后天经过学习和培训习得的知识与技能。村民素养

第五章 数字技术赋能乡村治理现代化建设绩效的微观评价

可以理解为基于村民文化知识、理解能力的价值观念与生活方式,具体包括文化素养、政治素养、道德素养和数字素养等。作为乡村治理现代化建设的重要参与主体,素养在很大程度上决定了村民参与深度和参与广度,进而可能在一定程度上影响着乡村治理现代化建设的进程与绩效。

从文化素养来看,文化素养是村民经过学校教育和自主学习而在文化方面所具有的基本素养,是一种稳定、内在的素养,是其他素养形成的基础。通常情况下,村民文化素养在很大程度上决定着其参与乡村公共事务和乡村治理实践的意愿与结果。具有较高文化素养的村民,一般愿意牺牲自己的时间和花费自己的精力参与乡村公共事务讨论,并且能准确地阐述自己的观点和主张、有效回应他人异议,从而顺利推进村务协商。有研究表明,文化素养较高的村民更愿意参与乡村治理的相关事务[1]。数字技术时代的乡村治理现代化建设,靠经验和摸着石头过河已经跟不上时代的要求,所有参与主体都必须具备一定的文化素养,才能理解和判别海量信息,并加以有效利用。可见,村民文化素养对数字技术下的乡村治理现代化建设进程及绩效具有一定程度的影响。

从政治素养来看,村民政治素养的高低,在很大程度上彰显了乡村社会政治文明发展程度,而乡村社会政治文明程度越高,乡村社会的凝聚力会越强,乡村治理各项事业推进的阻力会相对越小。事实上,在法治新时代,无论是乡村产业结构调整、乡村公共事业发展,还是乡村社会关系调节,都离不开政治机制的规范与调节。村民想要获得更多的获得感、幸福感、安全感,除要拥有一技之长之外,还需要拥有一定的政治素养。特别是在数字技术时代,隐私的边界日益扩张,公共边界不断缩减使公共领域与私人领域的界限不再泾渭分明,如何保护好隐私以及如何维护好公共利益,是每位公民的责任,需要每位公民都具有一定的政治素养。具体到乡村治理现代化建设,数字技术的嵌入使村民能较为容易地获得相关信息,如果没有较高的政治素养和政治站位,个别村民则可能因为信息误解而出现以讹传讹现象,反而对建设进程造成阻力,

---

[1] 曾令辉、陈敏:《乡村社会治理中农民协商能力培育研究——基于恭城县北洞源村的调查》,《广西民族大学学报》(哲学社会科学版)2016年第2期。

制约建设绩效提升。

从道德素养来看，道德素养是个体的道德观念、道德认识、道德行为和道德水平等素养的综合集成。具体到数字技术时代，道德素养是指个体保持对国家的忠诚与热爱、对法律的遵从与敬畏、对多民族文化的欣赏与认同，以国家、集体利益为重，主动维护社会和谐和民族团结，在各种数字场景中不诋毁、伤害他人，不发表破坏社会正常秩序的言论，不做造成社会负面影响的事，积极维护数字经济、数字社会的健康发展秩序。从数字技术时代的乡村治理现代化建设来看，作为乡村治理的重要参与主体，村民如果没有良好的道德素养，那么一方面可能会因农业生产科学技术难以推广和广泛应用而制约乡村经济的高质量发展，动摇乡村治理现代化建设的经济基础；另一方面可能会对乡风文明造成负面影响，破坏乡村治理现代化建设的良好人文环境。

从数字素养来看，作为现代社会的一种新素养，数字素养是指在数字技术时代利用数字技术工具与方法，实现快速、准确、有效发现并获取、评价、整合、交流信息的综合素养。数字素养既强调基本的找寻、识别并有效利用信息的意识，也强调对信息技术的熟练掌握，还强调对社会文化背景的理解与思辨力，以及数字信息的共享意识与安全认知。简而言之，"数字素养"（digital literacy）是"理解及使用通过电脑显示的各种数字资源及信息的能力"[①]。数字化时代的最大特征是互联网、大数据、云计算、人工智能、区块链等技术加速创新和广泛应用，逐渐构筑了一个数字化的信息空间，为社会各行各业提供便捷的服务，使人们的生存、生活及交互方式得以深刻改变。当然，数字技术引发的深刻改变也对传统的乡村治理手段、工具以及模式带来了前所未有的机遇与全新的挑战。然而，数字技术时代的乡村治理，数字终究只是手段，治理才是核心、关键和目的，因而治理的关键还是在于人。可见，村民的数字素养是数字技术时代乡村治理现代化建设的重要影响因素。

第四，数字技术应用。在数字技术时代，需要根据现实情况构建起完善的乡村社会治理现代化建设"技术工具箱"，强化数字技术的应

[①] Eshet-Alkalai, Y., "Digital Literacy: A Conceptual Framework for Survival Skills in the Digital Era", *Journal of Educational Multimedia and Hypermedia*, Vol. 13, No. 1, 2004.

第五章 数字技术赋能乡村治理现代化建设绩效的微观评价

用。乡村社会治理现代化建设的数字技术实际上包含了技术设计与应用两个密切相连的部分。技术设计是技术应用的前提,强调的是技术的开发,而技术应用则是技术设计的结果,主要是指技术操作。技术设计可以大体归为"软技术",在乡村社会治理现代化建设中起传导、连接等作用,而操作技术可视为"硬技术",在乡村社会治理现代化建设中具有手术刀式的决定性作用。由此可见,乡村社会治理现代化建设的数字技术应用可以理解为依靠专业化的人才队伍,应用数字技术推动数据信息共享、数据标准规范形成并促进数字经济发展等,最终达到加快乡村治理现代化建设进程和提高建设绩效的目标。根据研究需要,本书将乡村社会治理现代化建设的数字技术应用分为数据信息共享、数据标准规范、数据使用规范、数字经济发展四个维度。

从数据信息共享来看,乡村社会治理现代化建设参与主体中的地方政府、乡村基层党组织、村民自治组织、村务监督组织、传统与新型社会组织、新乡贤以及广大村民群众之间的数据信息共享,便于不同主体之间对社区治理的各种数据信息的及时交流与沟通,以协同应对现代化建设中出现的新情况、新问题。这种数据信息共享既是多元主体实现协同治理的前提,否则协同就无从谈起,也是协同治理的内在要求,否则协同就不会产生实质效果。数据信息的共享,能有效弥补因政府部门职能不同而产生的信息交互不足,便于政府内部以及政府与其他治理主体采取统一协调的一致行动,在维护政策的权威性和统一性的同时,提升了协同效率,加快了现代化建设进程并提升了建设绩效。

从数据标准规范来看,数据标准规范是指来源不同或产生背景不同的数据信息的一致性规范,具体包括转换/传输规范、格式规范、分析规范与术语规范等多方面的内涵。数据信息来源存在组织不同、行业不同、阶段不同等实际情况,因而必定会有标准、口径、格式、维度以及粒度等不一致的现象出现。然而,随着社会各行业、各领域数据信息的日益开放与深度共享,数据标准规范已经成为一项极其重要的工作,否则就难以打破数据信息垄断与数据信息孤岛并存的困境。在数字技术时代的乡村社会治理现代化建设中,地方政府、乡村基层党组织、村民自治组织等不同参与主体都是数据信息的生产者,如果缺乏统一的数据标准规范,可能会阻碍数字技术的嵌入,制约乡村社会治理现代化建设绩效。

从数据使用规范来看，在数据信息的具体使用过程中，同样可能存在规范性的问题。也就是说，数字技术的发展及其数字信息的使用均可能存在特定的安全隐患，从而造成数字伦理问题，因而如何让数字技术更好地服务于人类社会的发展，在数字技术为社会治理创造技术条件、提供便利的同时，也应对其危害性予以高度重视，这就需要在社会治理中，加强对数字技术及数据使用的规范限制。结合乡村社会治理现代化建设的实际情况，只有形成明确的数字化服务及数据信息使用安全管理规范，确保各类数据信息的收集、使用等相关主体的责任清晰、明了，才能持续、稳健推进乡村社会治理现代化建设。

从数字经济发展来看，数字经济是指以数字技术、信息、知识等为新型生产要素，把现代信息网络作为新型生产工具，把通信技术作为生产经营效率持续提高和经济结构持续优化的核心推动力量而展开的生产经营活动[①]。目前，数字经济及其主要表现形态已经引起了人们的广泛关注，被普遍认为是继农业和工业经济之后产生的具有深远影响的经济形态，是当今时代世界主要经济体实现经济增长的新动力[②]。乡村数字经济是指把物联网、区块链等数字技术应用于传统农业的生产、存储、运输、加工以及销售等环节，实现乡村产业数字化，以推动传统乡村经济转型发展的经济形态。众所周知，经济基础决定上层建筑，如果经济基础不坚实，上层建筑就不可能牢固。坚实的乡村经济基础是乡村社会治理现代化建设的牢固基础，如果乡村经济不能持续、稳定、健康发展，其风险则可能向乡村社会其他领域延伸，进而增加乡村社会治理现代化建设的难度。

综上，本书构建了数字技术赋能乡村治理现代化建设绩效微观影响因素指标体系。其中，数字化基础设施的评价指标包括数字乡村建设规划、数字化基础设施建设、数字基础设施完善度和数字化人才配置，多主体协作机制包括协作共赢理念、协作规则、角色定位以及调适机制，村民素养包括文化素养、政治素养、道德素养和数字素养，数字技术应

[①] 伦晓波、刘颜：《数字政府、数字经济与绿色技术创新》，《山西财经大学学报》2022年第4期。

[②] 田鸽、张勋：《数字经济、非农就业与社会分工》，《管理世界》2022年第5期。

用包括数据信息共享、数据标准规范、数据使用规范以及数字经济发展（见图5-2）。

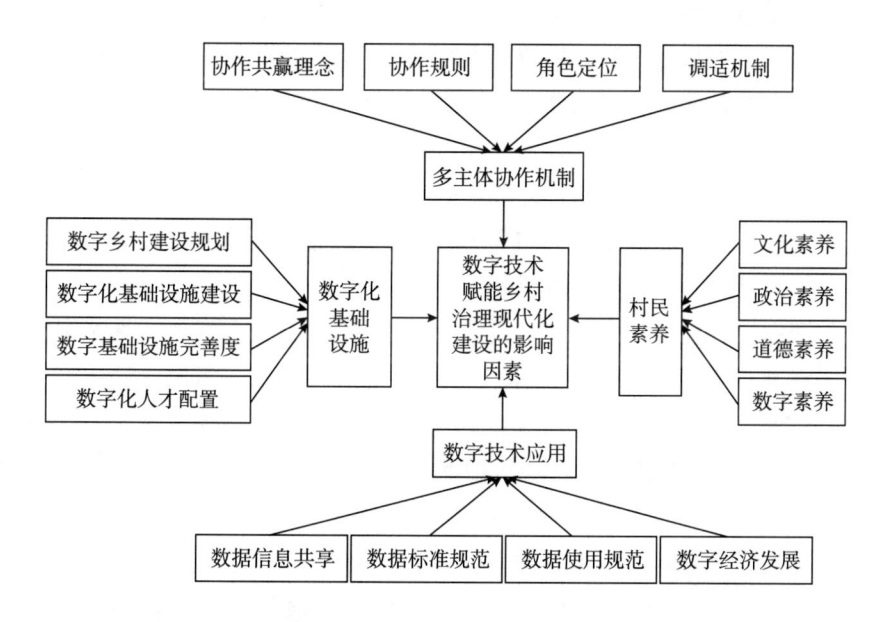

图 5-2　数字技术赋能乡村治理现代化建设绩效微观影响因素指标体系

第三节　基于 SEM 模型法的数字技术赋能乡村治理现代化建设绩效微观评价实证研究

接下来，利用数字技术赋能乡村治理现代化建设绩效微观评价指标体系和影响因素指标体系构建"数字技术赋能乡村治理现代化建设绩效微观评价及影响因素指标体系"收集调研数据，并利用 SEM 模型法对数字技术赋能乡村治理现代化建设微观评价进行了实证研究。

一　样本数据采集

为探究数字技术赋能乡村治理现代化建设绩效及其微观影响因素，课题组通过实地调研获取了相关微观数据。以数字技术赋能乡村治理现代化建设绩效微观评价指标体系和影响因素指标体系为蓝本开发了调查问卷。问卷共分为三个维度，即个人基本信息、建设绩效和影响因素。

165

个人基本信息包括年龄、性别、受教育程度、职业、政治面貌、年收入共6个指标，建设绩效包括多主体"共同体化"协作、治理机制"智能化"运行和治理资源"情境化"配置三个维度下的信息共享等凝聚多方资源、"线上协商"集聚多方智慧等10个指标，影响因素包括数字化基础设施建设、多主体协作机制、村民素养和数字技术应用四个维度下的数字乡村建设规划、数字化基础设施建设等12个指标。除个人基本信息按实际情况填写外，数字技术赋能乡村治理现代化建设绩效微观评价指标及影响因素指标均采用李克特5分制计分方式，由被调查对象根据自己的判断进行主观评分。

课题组以经济社会发展、数字乡村建设水平为分层标准，在全国抽取了河北、安徽、江西、山东、河南、湖南、广东、四川、贵州、云南、广西、西藏、甘肃、新疆共14个省份，28个县（市、区）、56个乡（镇），然后在各样本村随机抽取10名共计560名调研对象进行问卷调查和面对面访谈。调研组成员共计14人，包括4名专任教师、6名硕士研究生和4名博士研究生。其中，专任教师均具有公共管理学背景；研究生全部来自行政管理、劳动与社会保障和公共事业管理专业，其专业背景保证在调查技术方面能够相对准确地引导被访者回答问题并获取真实数据和有价值的信息。调查对象包括地方政府工作人员、乡村基层党组织成员、村民自治组织代表、乡村社会组织代表、新乡贤代表以及村民群众。调查始于2021年9月1日，终于2022年5月31日，共计发放调查问卷560份，回收540份，剔除4份关键变量缺失和1份奇异值问卷，得到535份有效问卷，有效率为95.54%，符合统计的基本要求。

二 样本数据处理

描述性统计是社会调查资料采集完成后的重要工作，是对调查获取的数据、音频、视频等资料进行的编码、整理、计算与分析，对调查资料进行统计描述是统计分析工作中最基础的工作，也是最重要的前期工作。描述性统计通过频数分布、均值、集中与离散程度分析等方式刻画了表征调查样本的数据的分布特性，其作用是直观地发现调查样本的质量特性值的总体分布状况、演变趋势，进而发现其内在规律特征并采取相应措施[1]。同时，描述性统计主要用于汇总数据和反映特征，既是通过计量模型进一步分析数据不可或缺的环节，也能有效地补充推断性统计方法的不足。此次调查的 535 个有效样本的分布如表 5-1 所示。

表 5-1　数字技术赋能乡村治理现代化建设绩效微观评价及影响因素描述性统计

维度	具体指标	代码	均值（分）	标准差	维度	具体指标	代码	均值（分）	标准差
"共同体化"协作（PMRG1）	集聚多方资源	CC1	2.98	1.126	多主体协作机制（CM）	协作共赢理念	CM1	3.20	1.118
	凝聚多方智慧	CC2	2.79	1.101		协作规则	CM2	2.96	0.868
	调动多方力量	CC3	2.55	0.763		角色定位	CM3	2.78	0.940
治理资源"情境化"配置（PMRG2）	激活党建资源	GR1	3.58	0.664		调适机制	CM4	2.69	0.823
	整合闲置资源	GR2	2.93	1.020	村民素养（VL）	文化素养	VL1	3.51	1.276
	精准配置资源	GR3	2.75	1.121		政治素养	VL2	3.12	1.048
治理机制"智能化"运行（PMRG3）	需求实时表达	GM1	2.75	0.973		道德素养	VL3	3.42	0.875
	需求点对点回应	GM2	2.51	0.872		数字素养	VL4	2.65	1.353
	一网统管决策	GM3	2.87	1.146	数字技术应用（TA）	数据信息共享	TA1	2.96	1.164
	线上线下监督	GM4	2.49	0.781		数据标准规范	TA2	2.65	0.703
数字化基础设施（DI）	数字乡村建设规划	DI1	3.45	0.656		数据使用规范	TA3	2.58	1.105
	数字化基础设施建设	DI2	3.39	1.032		数字经济发展	TA4	3.82	0.747
	数字基础设施完善度	DI3	2.55	0.873					
	数字化人才配置	DI4	2.89	0.932					

在此次调查的样本分布中，性别方面，男性样本的占比较女性要少得多，两者的占比分别为 45.6% 和 54.4%，其原因可能是农村女性因为要照顾老人、小孩，在家的相对较多，但男性因外出工作、务商等情况较多因而在家的比较少。年龄方面，调查样本主要分布"41—50 岁"和"51—60 岁"这两个区间，占比分别为 25.4% 和 38.2%，合计占比达到 64.07%，但"61 岁及以上"的样本占比也达到了 17.1%。调查样本年龄偏大，一方面，受我国人口老龄化的影响，另一方面，由于村民

---

[1] 刘亦文等：《中国农业绿色全要素生产率测度及时空演化特征研究》，《数量经济技术经济研究》2021 年第 5 期。

样本基本上都是户主，年龄较大。受教育程度方面，调查样本主要集中于"高中或中职"，样本数量高达206个，占比为38.5%，"本科及以上"的样本有68个，占比为12.71%，但主要来自地方政府工作人员和村委干部。因展开具体调查时，课题组对潜在调查对象进行了分群，所以样本的职业分布比较均衡，地方政府工作人员为69人、乡村基层党组织成员为48人、村民自治组织代表为65人、乡村社会组织代表为36人、新乡贤代表为26人，村民群众为291人（其中新型农业经营主体经营者为44人，其他为普通村民群体）。政治面貌方面，中共党员为168人，民主党派党员为12人，群众为355人。年收入方面，样本的分布区间比较大，最高者超过30万元，最低者只有2万元，主要集中于3.0万—4.0万元这个区间。有关数字技术赋能乡村治理现代化建设绩效微观评价及影响因素描述性统计见表5-1。

从表5-1可知，除激活党建资源之外，数字技术赋能乡村治理现代化建设绩效微观评价的"共同体化"协作（CC）、治理资源"情境化"配置（GR）以及治理机制"智能化"运行（GM）三个维度下的具体指标得分均没有超过3分的及格分，得分明显偏低。

第一，数字技术赋能乡村治理现代化建设绩效微观评价。从"共同体化"协作（PMRG1）维度来看，集聚多方资源的得分最高，为2.98分，调动多方力量的得分最低，为2.55分。这说明数字技术在促进多主体的资源集聚方面已经取得了一定的效果，得到了被调查对象的初步认可，而在调动多方力量，形成治理合力方面的促进作用尚未得到被调查对象的认可。从治理资源"情境化"配置（PMRG2）维度来看，激活党建资源的得分最高，为3.58分，精准配置资源的得分最低，为2.75分。这表明在数字技术的支持下，以数字党建引领为根本要求，以数字技术为关键支撑，以综合体党建工作的平台化、数据化、移动化、智能化为重要目标的数字乡村党建工作取得了不错的效果，得到了被调查对象的认可，并在乡村治理现代建设方面发挥了新的作用；然而，数字技术推动乡村治理资源精准配置资源方面的作用尚未充分体现，乡村治理资源碎片化配置和效率损失等现象依然存在，导致其得分不高。从治理机制"智能化"运行（PMRG3）来看，具体指标的得分均比较低，需求点对点回应、线上线下监督的得分分别为2.51分和

2.49分，折算为百分制仅有50分左右，且对应的标准差均比较小，说明被调查对象对此具有相对一致的看法。这表明，在数字技术支持的乡村治理现代化建设中，要实现治理机制的"智能化"运行尚任重道远；而且，治理需求的及时、精准回应，线上线下相结合的监督机制也并不成熟，被调查对象对此给出的主观评价也不高。

第二，数字技术赋能乡村治理现代化建设绩效的微观影响因素。从数字化基础设施（DI）维度来看，数字乡村建设规划、数字化基础设施建设、数字基础设施完善度和数字化人才配置的得分分别为3.45分、3.39分、2.55分和2.89分。这说明，数字乡村建设规划、数字化基础设施建设的认同度相对比较高，而数字基础设施完善度和数字化人才配置的认可度相对比较低。2018年1月，《中共中央 国务院关于实施乡村振兴战略的意见》明确提出"要实施数字乡村战略，做好整体规划设计"，2018年9月，中共中央国务院印发的《国家乡村振兴战略规划（2018—2022年）》提出了数字乡村建设的相关任务与具体目标，2019年5月，中共中央办公厅、国务院办公厅印发的《数字乡村发展战略纲要》以及2022年4月由中央网信办、农业农村部、国家发展改革委、工业和信息化部和国家乡村振兴局联合印发的《2022年数字乡村发展工作要点》均对数字乡村建设作出了具体部署。在这一系列文件的指引下，各地响应中央部署，相继制定和出台了地方性的数字乡村建设规划，并切实推进了数字化基础设施建设。然而，数字基础设施建设是一项周期较长的工程，不可能在短时间内就能完成，有些设施可能已经建设好，有些设施则可能尚未开始建设或正在建设中，导致各类设施之间的匹配性比较差，离相对完善的程度还有很远的距离，且乡村数字化人才的培养与引进不是一朝一夕就能看到显著效果的，因而被调查对象对数字基础设施完善度和数字化人才配置方面给出的评分均比较低。

从多主体协作机制（CM）维度来看，协作共赢理念、协作规则、角色定位和调适机制的得分分别为3.20分、2.96分、2.78分和2.69分，除协作共赢理念的得分超过及格分数之外，其他3项指标的得分均低于及格分数。其中，角色定位得分是最低的，说明在多主体协作机制中，各主体的责任分担并不明晰，可能存在责任落实、责任追究不到位等现象，影响了被调查对象对其的积极评价。从字面意义来看，"共"

着重强调多主体之间的彼此依赖性、整体性,"赢"则是一种多主体通过伙伴式合作并最终实现符合多方利益诉求的状态,数字技术赋能乡村治理现代化建设的多主体协作的核心要义在于相互包容、群策群力,最终达到共建共享共赢的良好状态。相对而言,协同共赢理念的得分是该维度中最高的,表明数字技术进一步促进了协作共赢理念在乡村治理现代化建设中的认可度并获得了被调查对象的较高评价。

从村民素养(VL)维度来看,文化素养、政治素养、道德素养和数字素养的得分分别为 3.51 分、3.12 分、3.42 分和 2.65 分。除数字素养的得分明显偏低之外,其他指标的得分都超过了及格分数。应该说,数字技术的广泛应用,丰富了以数字化教学视频、数字化教学音频、多媒体教学软件、在线学习管理系统、在线讨论等为表征的数字化学习资源,并为学习者提供了更多的学生通道,促进了被调查对象文化素养的提升。当然,因为接受调查的样本中有不少是地方政府工作人员、驻村大学生,这也在一定提升了整体文化素养。信息是影响政治认同和政治素养、道德形成和道德素养提升的重要因素,随着数字技术及其应用形态的不断涌现,有关国家时事动态、先进文明事迹等方面的信息能及时传递到乡村地区,在潜移默化中促进了被调查对象政治素养、道德素养的提升。与传统的单一技能不同,数字素养实际上是一种综合性的能力,不是短时间内就能养成的,加上乡村地区数字化环境相对较差,因而导致被调查对象数字养成相对滞后于其他素养。

从数字技术应用(TA)维度来看,数据信息共享、数据标准规范、数据使用规范和数字经济发展的得分分别为 2.96 分、2.65 分、2.58 分和 3.82 分,其中数字经济发展的得分明显高于其他题项。近些年来,随着电子商务与快递物流配送体系在乡村地区的加快贯通和日益完善,以及内容电商、直播电商等新模式、新业态在乡村地区的不断创新、落地,乡村电商呈现出雨后春笋般的高速发展态势;同时,依托短视频等数字化媒体新平台,构建起来的农产品、餐饮、民宿、传统文化资源生态链,正成为发展乡村旅游业事业、促进其提质增效的重要手段;这些因数字技术应用而催生的经济新业态,切实促进了乡村数字经济发展,获得了被调查对象的较高认同。数据标准规范的得分是该维度中最低的,其原因可能是受制于乡村治理各主体参差不齐的数字素养和有待优化的数字环境，导致数据标准规范并未被广泛接受。

三 数字技术赋能乡村治理现代化建设绩效的 SEM 模型分析

（一）研究框架及模型方法

1. 研究框架

在前文建构的数字技术赋能乡村治理现代化建设绩效（PMRG）微观评价及影响因素指标体系中，"共同体化"协作（PMRG1）、治理资源"情境化"配置（PMRG2）、治理机制"智能化"运行（PMRG3）、数字化基础设施（DI）、多主体协作机制（CM）、村民素养（VL）以及数字技术应用（TA）实际上都是潜变量，无法通过直接观测加以度量，而其对应的集聚多方资源、激活党建资源、需求实时表达、数字乡村建设规划、协作共赢理念、文化素养和数据信息共享等变量则是可以通过调查、计量等方法予以度量的。因此，在可观测变量及潜变量模型的基础上，本书可以初步构建数字技术赋能乡村治理现代化建设绩效及影响因素的微观评价分析框架（式5-1），其数学方程式如式（5-1）所示。

$$PMRG = f(DI, CM, VL, TA) \qquad (5-1)$$

式（5-1）中，因变量数字技术赋能乡村治理现代化建设绩效（PMRG）由"共同体化"协作（PMRG1）、治理资源"情境化"配置（PMRG2）、治理机制"智能化"运行（PMRG3）构成，而"共同体化"协作、治理资源"情境化"配置和治理机制"智能化"运行分别由前文所设计的集聚多方资源、激活党建资源和需求实时表达等10个题项的得分决定。自变量是数字化基础设施（DI）、多主体协作机制（CM）、村民素养（VL）以及数字技术应用（TA）四大维度中对应的数字乡村建设规划、协作共赢理念、文化素养以及数据信息共享等16个题项。根据上述初步分析框架，现提出以下研究假说。

H5-1：数字化基础设施对数字技术赋能乡村治理现代化建设绩效具有显著正向影响，也就是被调查对象对数字乡村建设规划、数字化基础设施建设、数字基础设施完善度和数字化人才配置越满意，意味着乡村治理现代化建设中的"共同体化"协作、治理资源"情境化"配置、治理机制"智能化"运行情况就越好（绩效越高），反之则越低。

H5-2：多主体协作机制对数字技术赋能乡村治理现代化建设绩效

具有显著正向影响,也就是被调查对象对协作共赢理念、协作规则、角色定位以及调适机制越满意,意味着乡村治理现代化建设中的"共同体化"协作、治理资源"情境化"配置、治理机制"智能化"运行情况就越好(绩效越高),反之则越低。

H5-3:村民素养对数字技术赋能乡村治理现代化建设绩效具有显著正向影响,也就是被调查对象对自身的文化素养、政治素养、道德素养以及数字素养的自评分越高,意味着乡村治理现代化建设中的"共同体化"协作、治理资源"情境化"配置、治理机制"智能化"运行情况就越好(绩效越高),反之则越低。

H5-4:数字技术应用对数字技术赋能乡村治理现代化建设绩效具有显著正向影响,也就是被调查对象对数据信息共享、数据标准规范、数据使用规范以及数字经济发展越满意,给出的评价分越高,意味着乡村治理现代化建设中的"共同体化"协作、治理资源"情境化"配置、治理机制"智能化"运行情况就越好(绩效越高),反之则越低。

2. 模型方法

在影响因素及其作用机制的分析中,常用的分析方法有相关性分析法和结构方程模型法(SEM),这两种方法各有优势,也有自身的不足。尽管相关性分析法能对两个或多个具备相关性的变量因素加以对比分析,得出相对的结论,进而探究这些变量相互之间可能存在的相关性,但它并不能综合考量多个因素共同作用的动态影响过程,而结构方程法能较好地解决该问题。结构方程模型既可以测量各因素内部结构及相关因素之间的关系情况,也可以测量多个自变量与多个因变量之间的影响关系,而这些并不是回归方程模型能解决的。同时,相对于路径分析而言,结构方程模型既包含了影响关系,也包含了测量关系。通常情况下,结构方程模型的建构有两个步骤,第一步是建立说明可观测变量与潜变量间作用关系的测量模型,第二步是建立说明不同潜变量间逻辑结构关系的结构模型,二者缺一不可。根据上述要求,建构了数字技术赋能乡村治理现代化建设绩效影响因素结构模型(见图5-3)。

第五章 | 数字技术赋能乡村治理现代化建设绩效的微观评价

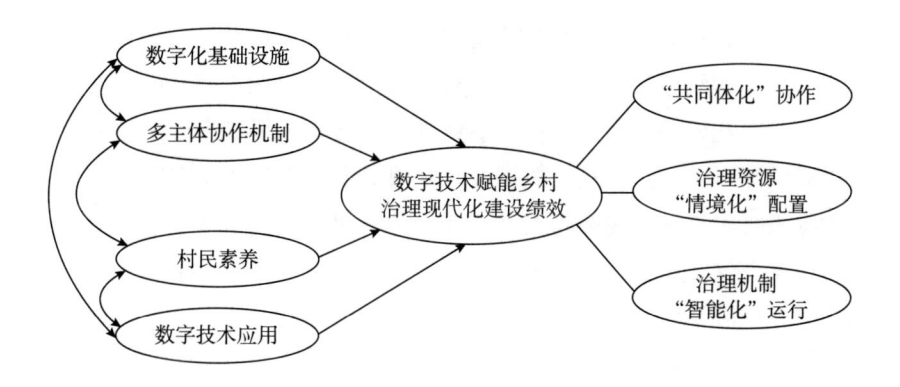

图 5-3 数字技术赋能乡村治理现代化建设绩效影响因素结构模型

上述数字技术赋能乡村治理现代化建设绩效影响因素的结构模型的数学表达式如式（5-2）至式（5-7）所示。

测量初始模型方程式：

$$\text{PMRG}_i = y_{1i}\text{PMRG}_k + e_i(k, i=1, 2, 3) \tag{5-2}$$

$$\text{DI}_i = y_{2i}\text{DI}_k + e_{i+3}(k, i=1, 2, 3, 4) \tag{5-3}$$

$$\text{CM}_i = y_{3i}\text{CM}_k + e_{i+7}(k, i=1, 2, 3, 4) \tag{5-4}$$

$$\text{VL}_i = y_{4i}\text{VL}_k + e_{i+11}(i=k, 1, 2, 3, 4) \tag{5-5}$$

$$\text{TA}_i = y_{5i}\text{TA}_k + e_{i+15}(k, i=1, 2, 3, 4) \tag{5-6}$$

结构初始模型方程式如下：

$$\text{PMRG} = \beta_1\text{DI} + \beta_2\text{CM} + \beta_3\text{VL} + \beta_4\text{TA} + e_{19} \tag{5-7}$$

式（5-2）至式（5-6）为测量方程，式（5-7）为结构方程。PMRG、DI、CM、VL 和 TA 分别指数字技术赋能乡村治理现代化建设绩效、数字化基础设施、多主体协作机制、村民素养以及数字技术应用五个潜变量。PMRG_k、DI_k、CM_k、VL_k 和 TA_k 分别指数字技术赋能乡村治理现代化建设绩效、数字化基础设施等五大潜变量对应的 19 个可观测变量。y 分别表示潜变量之间和可观测变量与潜变量之间的路径系数，e 表示残差项。

（二）模型检验及结果解读

1. 信度及效度检验

衡量调查问卷质量高低的通用办法是进行信度和效度检验，如果调查问卷具有较高的信度和效度，既说明以其为基础收集的数据具有比较高的可靠性，也表明问卷数据内部具有比较高的一致性，而这种可靠性和一致性是后续建模分析的基本条件。相反，如果调查问卷的信度和效度检验效果比较差，则不能进行后续的建模分析，可能需要调整变量甚至重新设计问卷，重新收集数据。通常情况下，调查问卷中的题型可以分为量表题和非量表题两种类型，如果调查问卷设计了量表题，就需要进行信度、效度分析。具体来说，信度分析主要是对问卷中量表样本是否可靠、可信度进行检验，即分析样本回答问题的真实性，可靠性高意味着即使用问卷对调研对象进行多次测量，所得结果也区别不大。当然，只有在问卷信度通过检验之后，才有必要分析问卷的效度。效度分析的侧重点在于剖析调查问卷题目设计的合理性，也就是剖析能够测量到被调查对象的真实水平的程度。效度比较好意味着问卷收集的数据具有比较好的内部一致性，即问卷中的每个维度相对应的题目基本是一致的。

有关调查量表数据信度的评价，通常采用克服了部分折半法缺点的克隆巴赫系数（Cronbach's alpha）。克隆巴赫系数是常用的测验量表可靠性的方法，是社会研究最常使用的信度指标。克隆巴赫系数值通常在0—1，如果该系数低于0.6，一般认为量表的条目或变量的内部一致信度不足；达到0.7—0.8时表示量表具有相当的信度。当然克隆巴赫系数的一个重要特性是其值会随着量表条目或变量的增加而增加，因而在条目或变量较少情况下，其值通常不会太高。将此次调查所获的数据输入SPSS24.0，先后点击软件的"度量"和"可靠性分析"可知，量表的整体内部一致性系数为0.884，数字技术赋能乡村治理现代化建设绩效、数字化基础设施、多主体协作机制、村民素养以及数字技术应用各维度的内部一致性系数分别为0.917、0.846、0.855、0.891和0.860，均在0.8以上。而且，数字技术赋能乡村治理现代化建设绩效等五大维度的系数变化比较小，表明此次使用的调查问卷的内在一致性、稳定性以及可靠性是比较高的。

因子分析法通常是指从变量群中萃取共性因子的统计分析技术，其目的是在诸多变量中提炼出具有代表性的因子，目前广泛用于调查问卷的结构效度检验，故本书继续通过因子分析法来检验调查样本的结构效度。有关原始量表的KMO检验和巴特利特球体检验的结果显示，KMO值为0.916，大于0.9，表明调查样本代表性强，能从整体上反映调查对象的本质特征。Bartlett 球形检验的卡方统计值为 2965.17 且 P<0.01，这表明各个调查样本之间具有比较强的相关性，样本不是彼此独立或相互排斥的，故比较适合做因子分析。有关因子分析的结果表明，调查量表中所涉及的数字技术赋能乡村治理现代化建设绩效观测指标经过正交旋转后，一共萃取了 5 个主成分，其方差累积贡献率为 73.264%。同时，各项因子的载荷系数均超过 0.40 的最低标准，这说明调查量表设计与因子分析结果具有比较高的吻合性，进而说明调查问卷具有良好的结构效度，在此条件下，测量结果就能很好地表征测量对象的真正特征，反映出测量对象的内在本质。

有关数字技术赋能乡村治理现代化建设绩效影响因素调查样本信度、效度检验情况如表 5-2 所示。

表 5-2　　数字技术赋能乡村治理现代化建设绩效影响因素调查样本信度、效度检验情况

潜变量	可观测变量	符号	标准因子载荷	Cronbach's Alpha	方差贡献率/%	累计方差贡献率/%
数字技术赋能乡村治理现代化建设绩效	集聚多方资源	CC1	0.820	0.917	21.337	22.337
	凝聚多方智慧	CC2	0.436			
	调动多方力量	CC3	0.693			
	激活党建资源	GR1	0.765			
	整合闲置资源	GR2	0.784			
	精准配置资源	GR3	0.843			
	需求实时表达	GM1	0.709			
	需求点对点回应	GM2	0.620			
	一网统管决策	GM3	0.657			
	线上线下监督	GM4	0.668			
数字化基础设施	数字乡村建设规划	DI1	0.620	0.846	15.124	36.461
	数字化基础设施建设	DI2	0.654			
	数字基础设施完善度	DI3	0.809			
	数字化人才配置	DI4	0.760			
多主体协作机制	协作共赢理念	CM1	0.734	0.855	13.012	49.473
	协作规则	CM2	0.830			

续表

潜变量	可观测变量	符号	标准因子载荷	Cronbach's Alpha	方差贡献率/%	累计方差贡献率/%
多主体协作机制	角色定位	CM3	0.604	0.855	13.012	49.473
	调适机制	CM4	0.720			
村民素养	文化素养	VL1	0.637	0.891	11.352	60.825
	政治素养	VL2	0.635			
	道德素养	VL3	0.807			
	数字素养	VL4	0.764			
数字技术应用	数据信息共享	TA1	0.667	0.860	10.654	71.479
	数据标准规范	TA2	0.635			
	数据使用规范	TA3	0.543			
	数字经济发展	TA4	0.782			

2. 模型拟合结果及解读

根据前文建构的结构方程模型，接下来探讨数字化基础设施、多主体协作机制、村民素养以及数字技术应用四类变量对数字技术赋能乡村治理现代化建设绩效的影响作用。运行 Amos24.0 软件对图 5-3 模型进行数据拟合发现，数字乡村建设规划（DI1）、数字化基础设施（DI2）、协作规则（CM2）、调适机制（CM4）、数据信息共享（TA1）、数据标准规范（TA2）共 6 个指标的估计值进行标准化处理后，其系数均大于 1，且误差变异项为负，出现了异常现象，不符合基本逻辑，也就是产生了所谓的违规估计（offending estimates），因而根据结构方程原理需要对模型做进一步的修正。通过渐进式修改方式，依次剔除上述 6 个指标后，适应性分析得到的各项指标检验值如表 5-3 所示。

表 5-3　数字技术赋能乡村治理现代化建设绩效影响因素结构方程参数及检验结果

—	标准化系数	S.E.	C.R.	—	标准化系数	S.E.	C.R.
DI→PMRG	0.341***	0.213	14.324	VL→VL$_2$	0.362***	0.065	13.247
CM→PMRG	0.260***	0.133	27.436	VL→VL$_3$	0.339***	0.065	16.354

续表

—	标准化系数	S. E.	C. R.	—	标准化系数	S. E.	C. R.
VL→PMRG	0.378***	0.087	17.554	VL→VL$_4$	0.439***	0.054	28.668
TA→PMRG	0.308***	0.032	8.192	TA→TA$_3$	0.263***	0.089	31.443
DI→DI$_3$	0.224***	0.103	21.337	TA→TA$_4$	0.365***	0.143	23.445
DI→DI$_4$	0.361***	0.165	11.332	PMRG→PMRG$_1$	0.406***	0.225	9.725
CM→TA$_3$	0.298***	0.133	23.201	PMRG→PMRG$_2$	0.341***	0.171	6.213
CM→TA$_4$	0.543***	0.177	16.513	PMRG→PMRG$_3$	0.326**	0.035	7.024
VL→VL$_1$	0.427***	0.154	21.087	—	—	—	—

注：χ^2 = 23.4，卡方自由比 = 1.433，P = 0.13，GFI = 0.907，AGFI = 0.912，RMSEA = 0.013，CFI = 0.908，NFI = 0.908，TLI = 0.892，IFI = 0.915，PNFI = 0.945，PCFI = 0.934，PGFI = 0.954，AIC = 75.773。

从表5-3可知，最终拟合模型的卡方值所对应的p值是0.13，模型在0.05的置信水平下具有显著性。在绝对拟合效果指标中，拟合优度指数GFI值、调整的拟合优度指数AGFI值分别为0.907和0.912，均大于0.9的模型拟合标准；近似误差的均方根RMSEA值为0.013，同样小于0.08的模型临界拟合标准。在相对拟合效果指数中，除Tucker-Lewis指数TLI值为0.892，非常接近0.9的拟合标准之外，比较拟合指数CFI、规范拟合指数NFI、递增拟合指数IFI的值均大于0.9，符合拟合标准。在节俭调整指数中，PNFI、PCFI、PGFI的值分别为0.945、0.934和0.954，离理想标准1比较接近。信息标准指数AIC的值为75.773，在样本容量为535的条件下，已非常理想。

（三）主要研究结论

1. 结果解读

从表5-3可知，数字化基础设施、多主体协作机制、村民素养以及数字技术应用四类变量均对数字技术赋能乡村治理现代化建设绩效产生了显著的正向影响，其CR值分别为14.324、27.436、17.554和8.192，且所有变量均通过了1%的置信水平检验。

数字化基础设施变量的影响强度在四类变量中排名第2位，其标准化路径系数为0.341，故假说H5-1是成立的。该维度下的通过1%置信水平检验的数字基础设施完善度、数字化人才配置这两个可观测变量的标准化路径系数分别为 0.224 和 0.361。在数字技术赋能乡村治理现代化建设中，基础设施完善程度越高，乡村治理多主体"共同体化"协作越容易开展，治理资源"情境化"配置的障碍也相应消除，乡村治理现代化建设中的需求表达、回应等机制运行越流畅，因而建设绩效也会相应提升。有专家预测，数字化人才将成为下一阶段国家或地区占领竞争制高点的第一资源和核心驱动力[①]。一直以来，制约我国乡村经济发展和治理转型的重要因素就是人才短板。在数字技术促进乡村治理现代化建设中，如果没有相应的数字化人才，现代化建设的推进将会异常艰难，相反如果数字化人才配置非常理想，无疑能促进治理多主体的协作、优化治理资源的配置以及治理机制的有效运行。

多主体协作机制变量的影响强度在四类变量中排名最后，其对应的标准化路径系数为 0.260，假说 H5-2 成立。该维度下通过 1% 置信水平检验的角色定位、调适机制可观测变量的标准化路径系数分别为 0.298 和 0.543。著名团队管理专家贝尔宾认为，一个组织或者一个团队是基于一项共同的事业和一个共同的目标而形成的，其内部的合理分工、角色定位是团队高凝聚力和高执行力的重要表现，是团队发挥集体智慧并取得成功的关键所在[②]。在任何一个组织或团队中，如果成员分工出现了角色模糊、超载、冲突、错位以及缺位等现象，必然会导致成员之间角色不清、责任不明、互相推诿，进而造成团队效率低下。在数字技术促进乡村治理现代化建设中，各主体如果能清晰角色定位与职责所在，必然能凝聚合力，获得高绩效。数字技术赋能乡村治理现代化建设，政府与市场、自治组织、村民等不同主体之间的关系必然重新定义，要建立一种"共同体化"的协同共赢机制。然而，在这种协同共赢机制形成的过程中，不同治理主体的利益诉求和追求的具体目标通常是不一致的，相互之间难免会出现矛盾和冲突，这时如果有恰当的调适机制，化解矛盾和冲突，那么就将形成合力，共同推进乡村治理现代化建设，取得良好的绩效。

---

① 师博：《数字经济下政治经济学理论创新研究》，《政治经济学评论》2022 年第 2 期。
② Meredith Belbin R., *Management Teams: Why They Succeed or Fail*, Butterworth-Heinemann, 1981.

第五章 | 数字技术赋能乡村治理现代化建设绩效的微观评价

村民素养变量的影响强度在四类变量中排名第1位，标准化路径系数为0.378，假说H5-3成立。该维度下的所有可观测变量均通过了1%的置信水平检验，文化素养、政治素养、道德素养和数字素养的标准化路径系数分别为0.427、0.362、0.339和0.439。在数字技术赋能乡村治理现代化建设中，村民具有典型的双重身份，一方面是乡村治理现代化建设的内生力量型参与者，另一方面也是建设成果最主要、最直接的受益者。可见，在推进乡村治理现代化建设的进程中，既要充分发挥村民的积极性、主动性和创造性，也要让其在参与村庄治理公共事务时能"说事、议事、主事"，但显然这对村民素养提出了较高要求。村民如果具有较高文化素养、政治素养、道德素养和数字素养，就能利用其文化知识为乡村治理现代化建设献计献策，利用自己的政治觉悟维护党和政府的公共目标，利用自己的道德文明作出表率，利用自己的数字素养直接参与建设。可见，村民素养的提升，必然有助于数字技术赋能乡村治理现代化建设及其绩效提升。

数字技术应用变量的影响强度在四类变量中排名第3位，标准化路径系数为0.308，假说H5-4同样成立。该维度下的数据使用规范、数字经济发展可观测变量均通过了1%的置信水平检验，对应的标准化路径系数分别为0.263和0.365。数据信息是数字技术赋能乡村治理现代化建设的基础要素，要充分释放数字技术在治理中的魅力，正确、合理地使用数据信息自然是一个必须面对的话题。随着数字技术在乡村治理中的广泛应用，数据信息要素的重要性日益凸显，数据信息储量也日益加大，对数据信息使用和处理的要求也相应变高，否则数据信息可能就会变得冗余甚至毫无价值，因此有必要为数据信息的使用主体确立大家都共同遵守的使用规则。也就是说，只有数据信息的使用规则得以明确，其使用主体的行为才能得到有效约束，进而为多主体协治、资源有效配置和治理机制良性运行创造基本条件。数字经济发展激发了乡村经济发展活力，既打破了因年轻劳动力外出务工而造成的乡村沉闷局面，为利用数字技术促进乡村治理现代化建设集聚了人气，也为其夯实了经济基础。可见，数字经济发展是数字技术赋能乡村治理现代化建设及其绩效提升的重要保障。

2. 主要研究结论

利用结构方程法探讨的数字技术赋能乡村治理现代化建设绩效及影响因素与作用机制的研究，取得了以下主要结论。

第一，数字技术赋能乡村治理现代化建设绩效待进一步提升。除激活党建资源之外，数字技术赋能乡村治理现代化建设绩效微观评价三个维度下的具体指标得分均没有超过 3 分的及格分。建设绩效得分均值比较低，反映了乡村治理现代化建设绩效并不理想，要真正实现数字技术与乡村治理现代化建设的深度嵌入，尚任重道远。

第二，数字技术赋能乡村治理现代化建设绩效的代理变量设置具有合理性。"共同体化"协作、治理资源"情境化"配置、治理机制"智能化"运行均通过了 1% 的置信水平检验，对应的路径系数分别为 0.406、0.341 和 0.326，说明上述三个变量对数字技术赋能乡村治理现代化建设绩效具有较强的表征性。

第三，数字化基础设施、多主体协作机制、村民素养以及数字技术应用是影响乡村治理现代化建设绩效的重要因素。数字化基础设施对数字技术赋能乡村治理现代化建设绩效的影响强度在四类变量中排名第 2 位，标准化路径系数为 0.341；多主体协作机制变量排名第 4 位，标准化路径系数为 0.260；村民素养变量排名第 1 位，标准化路径系数为 0.378；数字技术应用变量排名第 3 位，标准化路径系数为 0.308。可见，上述四个变量均是数字技术赋能乡村治理现代化建设绩效的重要影响因素。

第四，完善数字基础设施、加强数据使用规范是补齐数字技术赋能乡村治理现代化建设短板的切入口。被调查对象对数字基础设施完善度的主观评分只有 2.55 分，数据使用规范的评分只有 2.58 分，在影响因素四个维度所有变量中居倒数第 1 位、第 2 位。然而，数字基础设施完善度和数据使用规范均对数字技术赋能乡村治理现代化建设的微观绩效具有显著影响。可见，完善数字基础设施、加强数据使用规范是补齐数字技术赋能乡村治理现代化建设短板的切入口。

第五，进一步提升文化素养、发展数字经济是强化数字技术赋能乡村治理现代化建设优势的有效抓手。被调查对象对文化素养的主观评分为 3.51 分，对数字经济发展的主观评分为 3.82 分，在影响因素四个维度所有变量中位居第二与第一。同时，文化素养和数字经济发展均对数字技术赋能乡村治理现代化建设的微观绩效具有显著影响。因此，进一步提升文化素养、发展数字经济是强化数字技术赋能乡村治理现代化建设优势的有效抓手。

第四节 本章小结

本章在介绍数字技术赋能乡村治理现代化建设微观评价的科学性、具体评价方法以及评价指标建构原则的基础上，阐述了数字技术赋能乡村治理现代化建设微观评价指标体系建构思路并建构了绩效评价的微观指标体系，接着提出了数字技术赋能乡村治理现代化建设绩效微观影响因素指标体系建构思路并建构了影响因素指标体系，最后利用 SEM 模型法和 535 份有效样本数据，实证研究了数字技术赋能乡村治理现代化建设绩效的微观影响因素及其作用机制，得出了数字技术赋能乡村治理现代化建设绩效待进一步提升，数字化基础设施、多主体协作机制、村民素养以及数字技术应用是影响建设绩效的重要因素，完善数字基础设施、加强数据使用规范是补齐数字技术赋能乡村治理现代化建设短板的切入口，进一步提升文化素养、发展数字经济是强化优势的有效抓手等主要结论。

第六章

数字技术赋能乡村治理现代化建设的案例研究

目前，大多数国家或地区都全面开展了政府治理数字化改革与转型实践，作为国家数字化治理的重要组成部分，乡村治理数字化建设也取得了长足的进步。以中国、德国、美国等为代表的国家在利用数字技术促进乡村治理现代化建设实践方面已经积累了诸多经验。分析这些利用数字技术促进乡村治理现代化建设的典型经验，可以为我国各地进一步利用数字技术促进乡村治理现代化建设提供有益的经验和启示。

第一节 "一图感知五四"数字技术赋能乡村治理现代化建设

《中国社会报》曾在 2021 年 9 月 24 日对浙江省德清县 "一图感知五四" 数字技术赋能乡村治理现代化建设作了如下报道：这张 "奇妙之图" 有个通俗易懂、简单明了的名字——"数字乡村一张图"；它是将农业农村、交通运输等 58 个部门聚合在一起的法宝，将大量的信息数据实时汇集在一起，实现了乡村经济社会数据资源的共建共享，为乡村治理及其现代化建设提供了全景式、系统化的数据支撑[1]。接下来，将对 "一图感知五四" 数字技术赋能乡村治理现代化建设实践展开全

---

[1] 赵晓明：《"一图感知"：让村民畅享数字生活》，《中国社会报》2021 年 9 月 24 日第 3 版。

面分析，以期提炼其值得借鉴和推广的经验。接下来，从建设实践、建设困境、建设策略以及进一步思考四大维度分析"一图感知五四"数字技术赋能乡村治理现代化建设（见图6-1）。

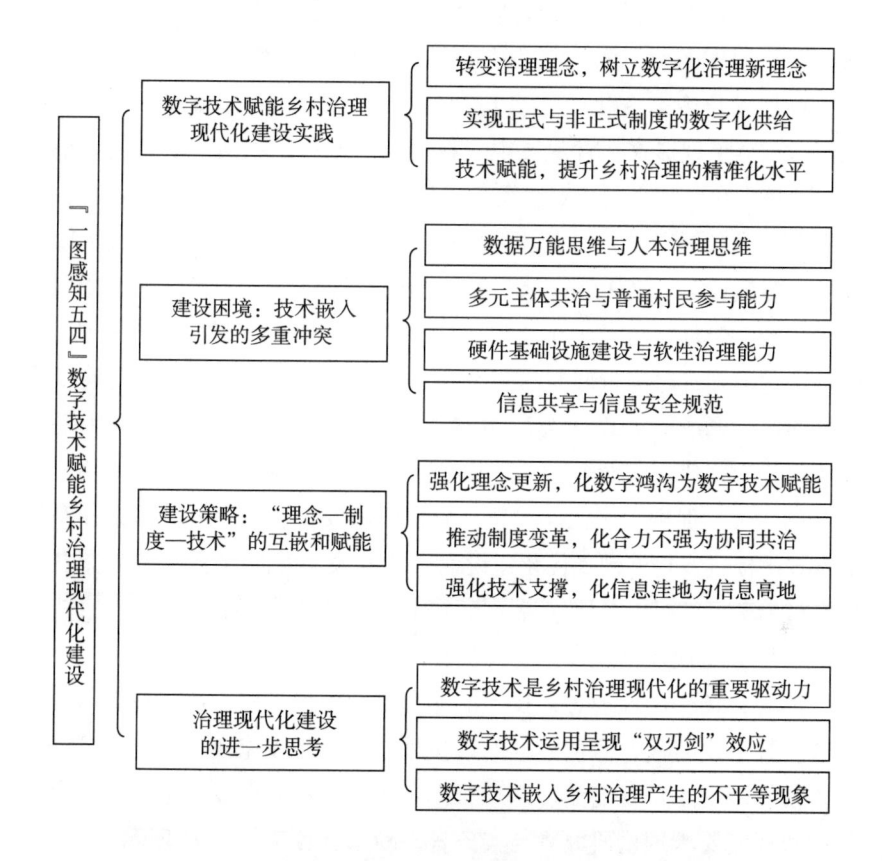

```
                            ┌─ 转变治理理念，树立数字化治理新理念
           数字技术赋能乡村治理 ┤
           现代化建设实践      ├─ 实现正式与非正式制度的数字化供给
                            └─ 技术赋能，提升乡村治理的精准化水平

                            ┌─ 数据万能思维与人本治理思维
"一图感知   建设困境：技术嵌入 ├─ 多元主体共治与普通村民参与能力
 五四"数字  引发的多重冲突    ├─ 硬件基础设施建设与软性治理能力
 技术赋能                    └─ 信息共享与信息安全规范
 乡村治理
 现代化建设  建设策略："理念—  ┌─ 强化理念更新，化数字鸿沟为数字技术赋能
           制度—技术"的互嵌  ├─ 推动制度变革，化合力不强为协同共治
           和赋能           └─ 强化技术支撑，化信息洼地为信息高地

                            ┌─ 数字技术是乡村治理现代化的重要驱动力
           治理现代化建设    ├─ 数字技术运用呈现"双刃剑"效应
           的进一步思考      └─ 数字技术嵌入乡村治理产生的不平等现象
```

图6-1 "一图感知五四"数字技术赋能乡村治理现代化建设案例分析框架

一　建设实践："一图感知五四"数字化平台

在乡村治理数字化正成为"智慧社会""智慧乡村"重要驱动力的关口，浙江省积极探索"乡村智治"新模式，尝试将数字技术嵌入乡村治理现代化建设之中。其中，德清县五四村的"一图感知五四"数字化治理平台是数字技术赋能乡村治理现代化建设的标志性成果。德清县五四村作为数字乡村建设的试点村，地方政府为其搭建乡村治理数字

化平台提供了公共财政支持,实现了无线网络全村覆盖,改善了村庄信息基础设施环境。五四村通过购买服务形式,委托德清大数据营运公司作为开发运营主体,搭建信息平台的总体架构,以先进的地理信息技术和数据智能运营模式为支撑,在全省率先建成了"一图感知五四"乡村数字化治理平台,依靠数字技术成功构建了能够实时掌握乡村生产、生活场景以及生态变化的"乡村智治"新模式,结合图片、文字、音频、视频等呈现形式,直观展现全村的山、水、林、田、湖和乡村整体概况。该平台包括乡村规划、经营、服务等诸多方面、诸多环节的内容。自平台正式启用以来,已有效处理违法建筑、邻里纠纷、环境破坏以及公共设施损坏等近300个问题,问题平均处理时间也从数字化治理平台运营以前的1个月缩短至3个小时。应该说,五四村"数字乡村一张图"的数字化治理平台为行政组织与乡村自治组织之间的协同合作搭建了有效的通道,形成了"政府负责、社会协同、村民参与"的新型治理模式。从乡村治理现代化建设来看,"一图感知五四"推动了"自治、共治、智治"的实现,促进了居民获得感、幸福感和安全感的提升。因为在利用数字技术促进乡村治理现代化建设取得的成效,五四村于2020年荣获全国乡村治理示范村。具体来说,五四村"数字乡村一张图"的数字技术促进乡村治理现代化建设主要体现在以下几个方面。

第一,转变治理理念,技术治理有效的前提是树立数字技术治理新理念。数字化时代,海量数据的产生使人们面临数据爆炸的全新环境,想要依靠传统、常规的治理理念获得好的治理绩效已变得不可能。全新的治理环境要求理论研究者与实务者不断革新原有的治理理念。"一图感知五四"乡村治理数字化平台汇聚了乡村的人力、土地、财产、智慧等治理资源和要素,村庄的海量信息都汇聚于此。通过后台将海量信息进行分析处理后再输送至公共数据平台,使治理主体能依靠数据进行决策,从而改变了传统乡村治理中的"拍脑袋"决策、"经验决策"等方式,促成了科学、合理决策的形成。

第二,完善制度供给,实现非正式制度与正式制度的数字化供给。正式制度通常是指依靠宪法、法律来约束且明文规定的、具有强制性的规范制度,包括各类政策、指令、法律法规等,如村民委员会组织法等。非正式制度是指人们在长期的生产、生活实践中逐步形成并得到社会广泛认可且被大家共同遵循的行为准则，包括价值理念、交往法则、人情世故以及文化传统等，主要依靠社会规范制约。数字乡村建设是国家重要战略，为实现这一战略所出台的各类相应政策文件都属于正式制度的范畴。五四村"一图感知五四"乡村治理数字化平台在宏观层面为村级公共产品和公共服务的合理配置提供了正式制度遵循，奠定了乡村治理现代化建设的基础。值得注意的是，与国家和政府治理资源的正式制度规范不同，乡村"熟人社会"的治理资源供给有时更依赖于村规民约、人伦礼法、风俗习惯等非正式制度。对此，在五四村"一图感知五四"平台的主界面上，专门设置了极具创新性的"三字经"式村规民约板块，出台针对村民的"幸福云"考核指标体系，把垃圾分类、环境整治、文明规范及村规民约等的执行效果作为考核指标，并量化分值，精准科学衡量村民对其遵守和相互监督状况，使乡村社会的非正式制度规范有了数字化衡量标尺，大大提高了村民素养及其参与乡村治理现代化建设的积极性。

第三，依靠技术赋能，提升乡村治理的精准化水平。"一图感知五四"数字化乡村治理平台通过动态监测、实时传送乡村生产生活中的各类数据信息，为治理决策提供了翔实依据，以数据信息决策取代了经验决策，以源头治理替代了事后"救火"式治理，有利于科学决策和精准施策。例如，该数字化治理平台的农村环境卫生智能监测系统，可以通过无人机定期回传图像等信息，也可收集智能感知设备上实时上传的数据信息，保持数据信息动态更新，经后台自动处理后形成了数据、图像与报表，然后连同具体点位一起在平台大屏幕上实现场景再现，当检测到某区域出现垃圾堆积、人员集聚等问题时，便会有专员及时前往清理。同时，该数字化乡村治理平台还在地图上显示"蓝、橙、黄、红、绿"五色小圆点，其意思分别表示"待确认、待处理、待审批、驳回待处理、结案"五个不同的环节，能实时跟进各点位的事务处置进度，确保治理资源精准配置、治理过程得以有序进行。科学化、智能化的数字治理技术也推动了乡村治理的精细化。一方面，通过地理信息、遥感测绘等多种方式及时获取动态信息，从中提取乡村治理中的共性问题与特殊群众的个性需求，并将其合理分类，进而确定服务供给内容与方式；另一方面，运用大数据技术对信息进行关联分析并准确预测村民实际需求，使自上而下的政府供给与自下而上的村民需求通过治理平台有效交汇，克服了以往乡村地区办事繁、办事慢的治理难题，使乡村治理更加精准有效。

综上可知，五四村"一图感知五四"的技术赋能是实现理念突破与完善制度供给的关键要素，通过搭建数字化治理平台，创新乡村治理现代化建设模式，从而实现了"理念—制度—技术"的互嵌和赋能，加快了乡村治理现代化建设进程，提升了建设绩效。

二 建设效果：实现"理念—制度—技术"的互嵌和赋能

在数字技术嵌入乡村治理现代化建设已成为社会发展趋势的背景下，针对当前乡村治理现代化建设面临的困境，要构建基于"理念—制度—技术"互嵌与赋能的新型治理体系，加快乡村治理现代化建设进程，提升建设绩效。

第一，强化理念更新，化数字鸿沟为数字技术赋能。要充分释放数字技术对乡村治理现代化建设的赋能效应，需要尽快培养治理主体的"智慧思维"，推动地方政府这个治理主体从传统科层制下的"官本位"管理思维向数字技术治理下的"人本位"治理思维转变，通过观念转变弥合城乡数字鸿沟，推动城镇网络、信息、数据以及人才等要素和资源向乡村地区流动，实现数据信息的传递、共享以及上下双向互动。一是地方政府要打破部门间的数据信息壁垒，树立起整体性、开放性的数据信息思维，逐步增进乡村地区数据信息的开放度和共享度，有效实现数字技术对乡村治理现代化建设的赋能。二是要培育和提高其他治理主体的数字思维和参与意识，提升其数字技术应用能力。地方政府要着力选聘较为熟悉计算机知识的毕业生以及专家，组建数字技术治理建设专业化人才队伍，并依托科研机构和地方高校的师资，采取专题讲座和线上教育相结合的形式，不断提升其他治理主体数字思维和参与意识[①]。三是要始终坚持"人本位"的服务理念，在采取具体的建设策略时，考虑好、维护好村民群众的根本利益，保障其知情权、参与权以及决策权能够得以落实。

---

① 马亮：《中国农村的"互联网+政务服务"：现状、问题与前景》，《电子政务》2018年第5期。

第六章 数字技术赋能乡村治理现代化建设的案例研究

第二，推动制度变革，化合力不强为协同共治。理念更新必然导致制度变革，制度完善也可反过来促进理念转变。数字技术治理理念的嵌入必然引致乡村旧治理制度的创新变革。一是要加快乡村信息基础设施建设，建立统一标准的数字化平台。构建由省、市级政府机构统一管理的大数据数字化综合性治理平台，将县、乡镇及村级公共治理事务纳入治理平台，并针对不同层级或者应用对象构建权限不同的数据门户系统。如德清县出台的《数字化平台建设地方规范》和《乡村数字治理指南》两项县级地方性的标准规范，为辖区各乡村数字化平台建设提供了标准指导。二是要加大数字技术赋能乡村治理现代化建设的公共财政保障，完善数字技术嵌入乡村治理的相关配套措施。实践经验表明，加大公共财政支持力度，化解建设资金不足困境，是有效推进数字技术赋能乡村治理现代化建设的有效途径。要设立数字技术赋能乡村治理现代化建设专项研发资金，引进有实力的专业公司及数字化专业人才参与治理平台开发与运营。要加速 5G 网络乡村地区全覆盖进程，进一步提升其信息化水平与数字化服务能力。要推动中国电信、移动等信息设备及信号供应商协同合作、互利互赢，全面、有效整合各类网络资源，为乡村治理现代化建设提供方便快捷的网络服务。可通过宽带、流量补贴等方式以减轻乡村居民的经济负担，提高乡村地区数字化治理平台的使用率。三是要整体提升乡村治理主体的数字素养，引导城郊融合类、特色保护类等不同类型的村庄结合其资源特色，分类推进乡村治理现代化建设。

第三，强化技术支撑，化信息洼地为信息高地。数字技术及其应用是理念突破与制度完善的关键催化要素，乡村现代化治理制度体系的确立为数字技术赋能乡村治理现代化建设提供了制度保障。数据是乡村治理及其现代化建设数字化平台有效运行的基础，没有数据信息支撑的数字化平台只能空转，是无源之水、无根之木。为此，要进一步完善与规范数据信息采集、管理以及使用等环节与流程，打造促进数据信息共享的乡村治理现代化建设数字化平台，助力乡村地区从信息洼地转变为信息高地。一是要设定统一标准，确保数据信息采集标准化。要建立统一的信息收集标准体系，对乡村地区众多且繁杂的数据信息进行统一分类、规范编码。二是要进一步细化规则，推进乡村地区数据信息管理的规范化。针对采集完成的数据信息，相关部门要将其进行分类管理，建立起基础数据库并设置风险保护等级和风险评估、监测、预警机制，确保其安全可靠。三是要科学使用，推进数据信息使用的规范化。数据信息高效收集、安全管理的最终目的是其能得以规范、有效使用[1]。要将已有的数据信息通过大数据技术进行关联分析，深入挖掘隐藏在其背后的本质特征与内在规律，为乡村治理现代化建设提供决策依据。四是要打破数据信息跨级、跨界壁垒，促进数据信息在不同治理主体之间有效传递和共享。

三 建设困境：技术嵌入引发的多重冲突

由于数字技术在乡村治理领域的广泛应用，乡村公共空间透明度逐渐提高，各治理主体拥有了更多信息获取渠道和更多参与乡村治理的机会，从而加速了乡村治理现代化进程。但从总体上看，数字技术赋能乡村治理现代化建设依然面临多重困境，即数据万能思维与人本治理思维的冲突、多元主体共治与普通村民参与能力的冲突、硬件基础设施建设与软性治理能力的冲突以及信息共享与信息安全规范的冲突。

第一，数据万能思维与人本治理思维的冲突。大数据运用在乡村治理领域，依靠数据进行科学决策，实现治理个性化、精细化，使数据治理思维同乡村治理现代化建设相匹配，消解了"拍脑袋"式、经验化的乡村传统治理思维。然而，在数据治理思维占乡村治理主流思维的过程中，治理主体也应时刻明白治理是为了谁、由谁负责，以避免在数字技术赋能乡村治理现代化建设中陷入数据万能的误区。一方面，数据万能思维与人本治理理念之间存在内在的矛盾。尽管乡村治理主体依靠数字技术能使各项决策和行动更为科学、规范，但同时也在一定程度上降低了人的主观能动性，进而在无形中弱化了人本治理理念。要特别注意的是，虽然数字技术能对乡村居民的各类需求进行自动分类，符合以人为主体的乡村治理核心要义，但数字技术嵌入乡村治理现代化建设以后，部分治理主体在工作中可能过于依靠数字技术来处理乡村公共事务，不愿与村民群众直接交流以解决一些复杂的问题。另一方面，数据

---

[1] 刘俊祥、曾森：《中国乡村数字治理的智理属性、顶层设计与探索实践》，《兰州大学学报》（社会科学版）2020年第1期。

万能思维也使众多决策和行动变得"呆滞"化，缺乏灵活性，进而使数字技术赋能乡村治理现代化建设异化成为技术服务而不是为村民群众服务。

第二，多元主体共治与普通村民参与能力的冲突。在传统乡村社会治理范式中，村民群众在"命令—服从"的治理框架下属于服从者的角色，有效参与乡村治理的渠道并不多。数字技术赋能乡村治理现代化建设强调多元主体协同参与，以提高决策的民主性和政策认可度[①]。然而，作为自治主体的村民群众本身应具备一定的信息获取能力和数字素养。在五四村"数字乡村一张图"平台的具体运行中，个别村民群众在自由表达诉求的同时，因其数字素养和认知能力有限，经常出现过度参与、无序参与、无效参与等现象，如个别村民存在信息筛选困难、真实想法无法通过言语表达等情况，导致平台无效运转和决策效率低下。还需要特别注意的是，目前我国乡村治理现代化建设中的数字化平台大都是由县、乡政府主导建设的，具有鲜明的行政特色，平台应用实践中也主要体现着上级政府的行政意志，导致村"两委"、乡村社会组织和普通村民等其他体制外治理主体的参与度非常有限。

第三，硬件基础设施建设与软性治理能力的冲突。随着"数字乡村"建设全面推进，我国不少乡村地区数字化基础设施、信息平台等硬件设施得以日益完善，但与技术发展及应用相匹配的软治理能力却难以同步，导致治理实践中政府过分关注信息技术的传播及应用，而缺乏相应的制度、机制创新相配合，其具体表现为：数据更新缓慢、数字化设备闲置严重以及村民群众线上诉求未得到及时回应等问题叠加出现。此外，数字技术的更新换代速度远超治理主体治理能力的提升速度，这本质上也是软性治理能力不足的表现之一。如旨在实现数据全流通、信息全发布、操作全留痕的"一图感知五四"数字化平台，在切实推进乡村治理现代化建设的同时，也在某种程度上导致了数字鸿沟的进一步深化，以及信息获取与利用两极分化现象愈加严重。大部分村民，特别是老龄村民网络运用能力比较差，难以及时地、恰当地获取和应用治理

---

① 方堃等：《基于整体性治理的数字乡村公共服务体系研究》，《电子政务》2019年第11期。

主体提供的有价值的信息,使大量乡村老年人不幸成为"数字遗民",进而成为数字技术时代乡村治理现代化建设的旁观者。

第四,信息共享与信息安全规范的冲突。数据开放与共享是数字技术赋能乡村治理现代化建设的前提和基础。当前,数字技术赋能乡村治理现代化建设存在因数据分类模糊、数据整合困难等造成的"信息孤岛"现象。信息共享为多元治理主体参与数字技术赋能乡村治理现代化建设提供了重要保障,然而,数字技术的"双面性"提醒人们要时刻正视信息安全问题。在数字化时代,公共行为和私人活动留下的数据,都有可能造成隐私泄露。"一图感知五四"数字化平台的正常运转需要大量数据信息的支撑,需要打通政府内部不同部门、不同属性治理主体之间的信息壁垒,并收集大量有关个人和村庄生产、生活等数据信息。然而,从信息收集、储存、应用再到更新反馈,都存在信息泄露甚至被不法分子利用的可能,因而在数字技术赋能乡村治理现代化建设中,信息共享与信息安全规范之间存在一定的现实冲突。从信息收集环节来看,地方政府采取"一刀切"的方式广泛收集数据信息,这显然存在侵犯数据隐私的风险;从信息储存环节来看,信息数据收集以后需得到妥善储存,否则就会产生被泄露、被窃取甚至被人为篡改的风险;从信息使用环节来看,因大数据思维缺乏,信息使用标准不完善,加上部分治理主体的数据处理能力有限,可能导致信息可利用度较低;从信息反馈更新环节来看,信息及时更新是科学决策快速采取针对性行动的重要前提,如果出现信息更新滞后则会产生决策风险及相应的行动风险。

四 优化思考:避免"形式数字化"与"技术霸权"陷阱

"一图感知五四"数字技术治理平台实践表明,数字技术是促进乡村治理现代化建设和推动乡村全面振兴的重要驱动力。数字技术对乡村治理现代化建设的赋能,有效提升了乡村精准化、智能化治理能力和治理绩效。数字技术赋能乡村治理现代化建设,通过整合和运用数字技术和现代治理工具,实现了与新时代"以人民为中心"和"以人民的利益为出发点"的理念不谋而合,并将乡村居民的治理诉求作为现代化建设的决策依据,增强了乡村居民参与建设和评估建设绩效的获得感。特别是,数字技术赋能乡村治理现代化建设,有利于促进政府与乡村社会的信息交流，构建起双向互动的沟通渠道，开辟多元主体参与乡村公共事务治理的新通路，有助于解决以往乡村治理中存在的多主体协作困难、治理手段粗暴等问题[①]。

然而，数字技术在乡村治理现代化建设中的运用呈现出"双刃剑"效应。一是在数字技术广泛运用的背景下，信息互通、共享与安全保护之间存在着现实挑战。如乡村社会公共领域与私人领域的边界愈加模糊，传统乡土文化的生存、传承空间可能会受到冲击，进而导致非正式制度的约束失效。二是数字技术嵌入乡村治理现代化建设容易滋生"形式数字化"陷阱。如一些乡村地区仅仅搭建起一个数字化治理平台，而在乡村治理现代化建设过程中却很少用到，并没有产生实质性的治理绩效。三是数字技术及其运算逻辑具有刚性特征，可能导致"数据暴政"和"技术霸权"等非人性化的治理现象。

因而，如何消除数字技术嵌入乡村治理现代化建设产生的"不平等"，使数字技术带来的福利能真正惠及广大乡村居民？如何化解数字技术嵌入乡村治理给乡村社会所带来的信息安全风险、乡土文化生存空间被挤压、数字官僚主义滋生等新问题？采取何种措施在加大数字技术运用的同时，确保同步加强乡村"智治"安全防护体系建设，使乡村居民在数字技术赋能乡村治理现代化建设中对数据用得放心以及用得安心？这些都是今后数字技术赋能乡村治理现代化建设需要进一步关注的重要话题。

第二节 "龙游通"数字技术赋能乡村治理现代化建设

在国家积极探索利用数字技术推进城乡治理现代化建设的大背景下，衢州市龙游区在建设全国基层治理优秀城市核心目标的指引下，打造了"龙游通"数字化智能治理平台，辖区居民通过微信关注就可以获得最新资讯，而地方政府相关部门也可以利用该平台处理各类公共事

---

① 付翠莲、张慧：《"理念—制度—技术"视角下乡村治理数字化转型的逻辑与机制——以德清县"一图感知五四"数字化平台为例》，《公共治理研究》2022年第2期。

务。尽管"龙游通"数字技术平台尚在进一步完善中，但其取得的成功经验值得认真总结。接下来，同样从建设实践、建设困境、建设策略以及进一步思考四大维度分析"龙游通"数字技术赋能乡村治理现代化建设（见图6-2）。

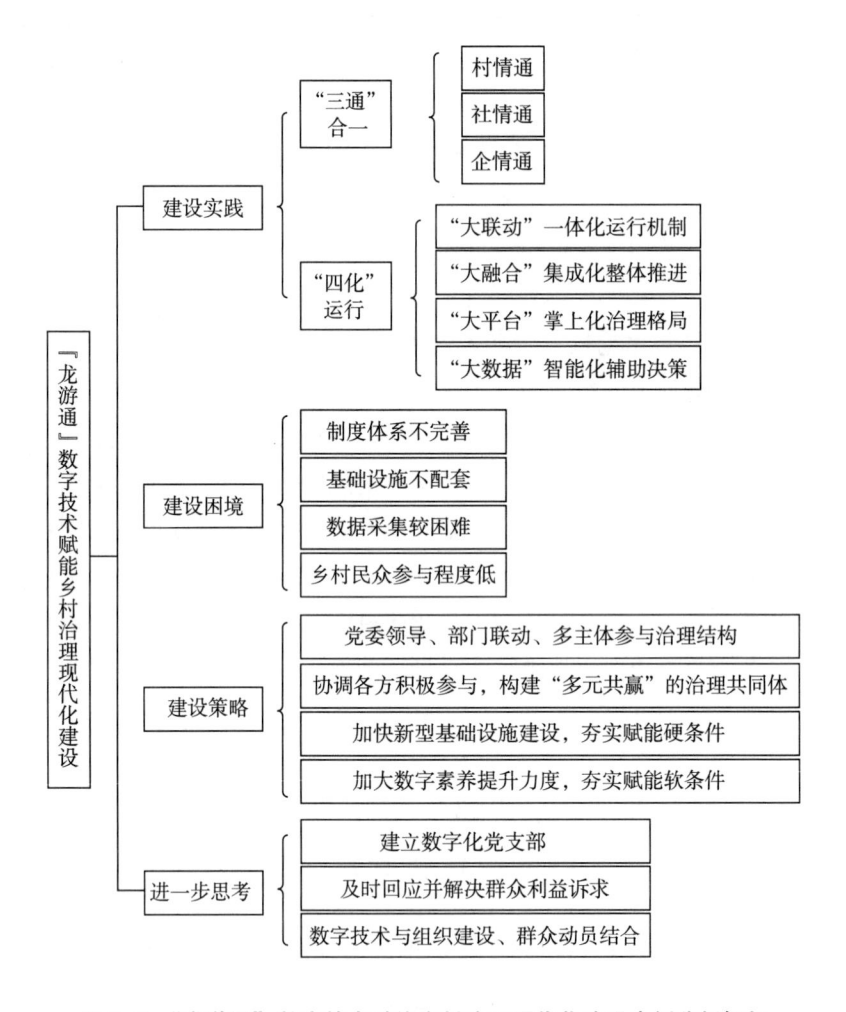

图6-2 "龙游通"数字技术赋能乡村治理现代化建设案例分析框架

一 建设实践："三通"合一与"四化"运行

（一）"龙游通"的"三通"合一功能

"龙游通"的前身是"村情通"，当初是浙江省衢州市黄州区龙游县为发布乡村地区资讯、传递村民群众治理需求、加强乡村公共事务治理，利用大数据技术创新乡村社会治理工作模式的网络平台。该平台创建于2016年，最初的主要设想是用于公布村级事务、呈现乡村公共事务处理进程，并以此为基础利用互联网消除干群联系障碍。2017年，龙游县将"村情通"与浙江省"最多跑一遍"改革和"基础治理四平台"（指综合管理、行业监督、综合执法监督、便民公共服务）进行了整合设计，并逐步形成了"村情通""社情通"以及"企情通"三个核心功能模块，分别以乡村居民、市民及中小企业提供针对性服务为工作目标，"龙游通+全民网络"的社会治理新框架至此已经初步形成。据统计，截至2020年1月底，该平台已经涵盖了全县所有的行政村、城镇和乡村社区以及各类工业园区，重点关注人口为33万人，占全县人口总数的82%，总浏览量突破1.1亿人次。通过"龙游通"数字化治理平台，有效畅通了地方政府部门与普通群众之间的数据信息沟通渠道，促进了二者的及时互动，有力地提高了治理现代化建设绩效。

作为数字化治理平台，"龙游通"致力于服务基层管理、党员建设、地方改革、中小企业发展等，切实发挥了连接、发动、组织和服务民众的重要纽带功能，着力解决基层治理难、公共服务均等化供给难、基层干部工作负担过重等问题。如今，在数字技术支持下的"村情通""社情通""企情通"已经"三通"合一，其沟通方式与功能实现了进一步的升级。"龙游通+全民网络"治理新模式的核心要义是党建统领、群众路线以及数字技术治理。在具体的开展形式上，坚持以党建为基础、为核心的治理新模式。推进数字技术与基层治理网格的深度融合，党委、群团、政企、市民等的多维、多层互动；在参与方法上，坚持群众主导，推进数字技术深度嵌入社会治理体系，所有居民均可以登录数字化治理平台，及时了解公共事务处理进程；在服务方法上，坚持以民情、企情为根本服务导向，把数据信息集成到"龙游通"平台，把各类治理资源通过平台分类与整合，有关国家和地方性的政策法规，都可以通过"龙游通"数字治理平台获取，为各类治理主体参与治理现代化建设创造了重要条件。

（二）"龙游通"的"四化"运行特征

对龙游县的绝大多数群众而言，"龙游通"是一个与自身日常生产生活密切相关的数字化治理平台，群众只要登录微信小程序或"龙游通"App就可以使用其各项服务功能。目前，"龙游通"数字化治理平台提供的服务，已遍及该县全部263个乡镇、11个社区和工业园区，平台上的实名认证人员为18.4万人，已发送各类消息39.4万余条，接受群众举报、反映、建议共计9万多人次，相关问题的完成率达到100%[①]。"龙游通"的运行特征主要如下。

第一，"大联动"一体化运行机制。在"龙游通+全民网络"基础治理模式的基础上，"龙游通"通过不断完善"县、乡、村、格"四个综合信息指挥系统，并促进信息指挥系统各部门业务、功能整合，不断密切其与基层群众的关系，形成了统一高效、运行规范、层次清晰、责任明确的运行机制，形成了县、乡、村实时指令发布系统和快速反应动员的"大联动"一体化运行机制，成功构建了"15分钟应急动员圈"，畅通了治理资源的纵横流动通道，切实提升了治理绩效。

第二，"大融合"集成化整体推进。通过数字技术支持的系统集成和功能更新，将原来分散在各部门、各治理主体的资源整合到"龙游通"数字化治理平台。同时，为解决以往政务类微信公共账号比较多，导致信息分散、繁杂、不集中的问题，龙游县政府根据实际情况先后关停了50—60个政务类公众号，把政府信息发布集成至"龙游通"再统一向社会推送，用于基层治理工作。而且，还加强了信息内容审查机制建设，确保政务类信息内容全网一致，以保证政务信息内容的精准性和权威性，避免信息繁杂导致群众产生逆反心理。

第三，"大平台"掌上化治理格局。目前，"龙游通"数字化治理平台已实现了963个事项的线上办理，切实方便了办事群众。办事群众只要通过移动通信终端在平台上点一点，相关工作人员便会在线上办理或主动上门服务，使"最多跑一次，跑也不出村"的服务目标真正得以实现。经过更新换代与数据集成后，"龙游通"数字化治理平台顺利搭载了多个政府部门的主要业务，如司法机关的"司法咨询服务"、信访机关的"信访代办"业务等均能在"龙游通"数字化治理平台完成

---

① 周亚越、黄陈萍：《迭代创新：基层社会治理创新的扩散逻辑——以"村情通"的扩散为例》，《中国行政管理》2020年第10期。

线上办理，真正打通了基层治理与基层服务的"最后一公里"。

第四，"大数据"智能化辅政决策。目前，随着"龙游通"数字化治理平台不断更新、升级、完善，平台数据信息处理能力进一步增强，为数字技术赋能现代化治理建设奠定了坚实基础。在龙游区数字大脑2.0的基础上，通过进一步加强科技与数字技术研发、引导和推动创新，利用云计算技术、借助算法更新，已经基本能实现数据信息的自动归集、精准分类、科学关联以及智慧应用，"大数据"智能化辅政决策已经基本实现。

二 建设效果：形成数字技术赋能的"党建引领+多元共治"

（一）通过党建引领，构建党委领导、部门联动、多主体参与的治理结构

要进一步利用好"龙游通"数字化平台，把政府职能及其对应的具体行政事务向社会公布，并详细制定其他治理主体的参与边界，为乡村居民、乡村自治组织以及乡村社会组织在数字技术时代参与乡村治理现代化建设提供创造开放、平等空间。同时，始终坚持党的领导是数字技术赋能乡村治理现代化建设的政治基础。党建领导是开展各项社会事业的政治保证，尽管基层各个领域的现代化建设都有其自身特点、面临不同的情境，但只要保持党组织统一领导，实现党组织的连贯性与一致性，就能确保数字技术赋能乡村治理现代化建设的推进稳步、持续、有力。在建设实践中，要改变传统思维，逐步树立党建引领乡村治理现代化建设的新思维，全面建设好覆盖乡村地区的基层党组织服务中心，并把建设好村级基层党组织作为乡村治理现代化建设的首要工作，只有这样才能构建党委领导、部门联动、多主体参与的新型治理结构。

（二）协调各方积极参与，构建"多元共赢"的治理共同体

数字技术赋能乡村治理现代化建设，最终要形成新型乡村社会治理模式。这种模式是在党的带领下，充分发挥乡村居民、新乡贤、乡村自治组织以及乡村社会组织等不同治理主体的参与积极性。受乡村地区"空心化"、经济发展水平不高、基础设施历史欠账过多等多重因素的影响，乡村治理现代化建设内生动力明显不足，需借助数字技术创新提升乡村地区自治能力和发展水平。政府是数字技术赋能乡村治理现代化建设的"主心骨"和"顶梁柱"，基层政府要合理利用各类已有优惠政

策或者制定专门的优惠政策，激励数字化专业人才到乡村地区创办培训基地，并采用适宜的培训方式，为乡村居民和其他有需要的治理主体提供有针对性的数字素养和数字化技能培训课程。然而，"无论是政治覆盖、行政吸纳还是政府主导"，如果没有其他力量的参与，数字技术下的乡村治理现代化建设仅仅依靠政府支撑是不可能获得成功的。因此，要充分发挥乡村居民、新乡贤、乡村自治组织以及乡村社会组织等治理主体的参与和监督作用，通过数字技术扩宽其他治理主体的诉求表达通路，并通过媒体、社会大众参与提高乡村公共权力运行透明度。由以往的政府单一主导，逐步构建乡村治理现代化建设的"多元共赢"治理共同体。

（三）加快新型基础设施建设，夯实赋能硬条件

要促进数字技术赋能乡村治理现代化建设，必须进一步完善5G、大数据分析、云计算技术、人工智能、物联网、区块链等支持数字信息技术运行的基础设施。要针对数字技术赋能乡村治理现代化建设存在的阻力，进一步提升乡村地区互联网的覆盖率、普及率，夯实基础设施硬条件。要充分利用国家和上级政府在推进乡村振兴战略中的系列惠民政策，加大乡村地区数字化基础设施建设的公共财政投入，吸引相关企业、社会组织加入乡村数字化基础设施建设队伍。同时，乡村地区在技术引入和应用方面通常具有后发优势，因而要尽量采用最新的技术和设备，避免因更新过快而导致投资成本过高的问题。而且，特别要注意偏远地区互联网、物联网体系的建设，逐步建立全覆盖的乡村网络体系。一直以来，乡村偏远地区散居居民是信息最闭塞的，但不应该让其再成为乡村治理现代化建设中被忽视的群体。尽管这类基础设施的建设周期通常会比较长、前期投入成本也比较大，但在"绩效"与"民本"二者冲突时，"民本"无疑应该优先。特别是，要落实乡村地区数字化公共基础设施的管护责任，提高设施使用周期和使用效率。

（四）加大数字素养提升力度，夯实赋能软条件

数字技术赋能乡村治理现代化建设参与主体都要具备较强的数字素养，方能发挥出应有的作用。首先，要加强对党员干部、基层政府工作人员数字素养、数字技能的培养力度，提升其数字技术时代的服务能力。同时，乡村治理现代化建设并非一个政府机关或者镇、村本身的事

务,是一项面向全社会全方位统筹推进的公共事业,党员干部要在建设实践中对新时期的治理理念、治理方法、管理主体等开展系统、深入的学习,进一步增加知识积累、优化认知。其次,有条件的乡村地区要建立乡村数字素养、数字技能培训基地。通过与地方高校、专业化的社会组织等联合,在政府部门的政策支持下,开设固定的数字素养、数字技能培训课程,向乡村居民普及基本的数字化知识,宣传最新数字化运用技能与成果。最后,要充分利用"大学生村干部""第一书记"等人才政策优势,发挥乡村地区优秀人才数字化办公的模范带头作用,引导乡村青年提高数字化意识,自主开展数字化技能学习。

三 建设困境：制度体系、基础设施等与技术失配

(一) 制度体系不完善对数字技术嵌入形成阻碍

数字技术赋能乡村治理现代化建设特别强调要构建起政府、市场、社会之间的协作共赢关系,吸纳、整合各类治理资源,并通过制度创新构建起多元主体协同参与的治理机制。然而,尽管"龙游通"数字化治理平台在促进乡村治理现代化建设方面取得了不错的效果,但地方政府依旧存在管理民众而非服务民众的现象,数字技术嵌入乡村治理现代化建设像是地方政府及其雇员的自娱自乐和自吹自擂。地方政府乡村治理现代化建设中数字技术的嵌入必然推动公共话语权的新发展,其内在本质是公共权力的技术化分配打破了原来分配格局。尽管基于数字技术的治理平台已经包含了村规、民约以及政府规章的传统制度内容,但仍需为制度与数字技术嵌入的高度适配进一步找寻制度出路。

(二) 基础设施不配套对数字技术嵌入形成阻碍

数字化基础设施,是指涵盖物联网、人工智能、5G网络、数据中心等内容的新型基础设施。数字技术赋能乡村治理现代化建设,以数字技术的高水平发展、广泛应用为主要支撑,以多部门协同治理,多主体共同参与为主体保障。一方面,这就要求将数字技术引入各个治理环节,智能终端直接进入每个村民家中,以网络全覆盖,从而实现每个乡村居民都能够使用数字化终端,表达治理诉求、参与公共事务和进行监督。目前,尽管龙游区乡镇之间的政府事务已经全部实现了在线办理,但因为各乡镇、乡村地区之间人员流动较为频繁,且乡村地区留守者一般为老、幼人群,并不能完全掌握数字化硬件设施和系统运行的基本知

识。同时，政府信息公共服务也只限于"龙游通"这一数字化平台的运行与应用，从数据收集、大数据关联分析到现实应用的基础设施配套并不健全。可见，基础设施不配套对数字技术嵌入乡村治理现代化建设形成了现实阻碍。

（三）数据采集较困难对数字技术嵌入形成阻碍

自2018年正式推广以"龙游通"为核心的数字化治理服务以来，数据采集较困难一直是制约数字技术赋能乡村治理现代化建设的重要因素。目前，龙游区的数字化治理服务主要是把原来线下办理的业务转移到了线上办理，但在现实中，一般乡村居民对"龙游通"数字化平台的应用是比较少的，通常习惯去行政服务大厅或者村委会线下办理。而且，尽管在推广前期，已经组织力量对经办人员进行过多次数字技术及应用的培训，但因基层工作人员流动频繁、综合素养整体偏低、乡村居民使用频率较低等多重原因叠加，导致数字化治理工作缺乏标准统一的优质数据源，影响了数字技术对乡村治理现代化建设的赋能效应。

（四）乡村民众参与程度低对数字技术嵌入形成阻碍

在当前数字技术赋能乡村治理现代化建设的各类平台中，公众线上参与的内容相对较少，如民主选举、民主决策等重要政治活动并没有完全在线上开展，线上提供的都是一些程序性的日常事务。尽管龙游区一直在努力推进数字技术嵌入乡村治理现代化建设，但仍有部分民众无法适应并完全认可这种时代发展趋势。同时，因乡村居民的政治素质和数字素养呈现出地域、职业、年龄等多重异质性，导致数字技术嵌入乡村治理现代化建设的深度出现了明显的地区差异性，不利于统一标准的数字化平台全覆盖推广。总之，因各种原因导致乡村民众参与程度低，阻碍了数字技术对乡村治理现代化建设的赋能。

四 优化思考：突出党组织核心地位并加强社会组织建设

2018年底修订印发的《中国共产党农村基层组织工作条例》，明确了党组织领导乡村治理的目标、机制、任务等。党管农村工作是我们党的优良传统，也是我们党的政治优势，各地要毫不动摇地坚持和加强党对数字技术赋能乡村治理现代化建设的领导，确保党始终总揽全局、协调各方。

首先，要在数字化治理平台上建立数字化党支部，通过设立共产党员"先锋指数"、组织"指标评比"、党员干部"分数榜"、优秀事项"公开榜",促进共产党员干部加强数字化技能和新治理理念的学习,进一步提升基层党组织在乡村治理现代化建设中的先锋堡垒作用。

其次,要建立全面、高效、动态的数据库。实现户口、用地、房屋、务工等乡村居民个人信息的电子化、掌上化,并实施分层信息管理和动态更新,做到党员干部、基层职工知晓乡村动态、社会状况、民情民意、住户情况,形成党员干部、乡村居民都"用得来、用得着、愿意用"的民情资讯库。

再次,要及时回应并解决群众利益诉求。要在全面整合系统功能的基础上,接入党政、群团、企业等治理资源,并设置接入合作医疗办理、住院报销、不动产办理、婚姻登记等便民服务模块,推出更多在线服务业务,在数字化平台列举出"零跑腿""跑一次""零审批"等便民服务清单,让每位乡村群众都能切实享受到数字化的"掌上服务"。

最后,要将数字技术应用与乡村组织建设、群众动员等其他传统的非技术手段进行有效结合。毫无疑问,数字技术是推动乡村治理现代化建设及建设绩效持续提升的关键工具,但数字技术具有"技术冷漠"性,并不能完全替代其他传统的非技术类治理手段。而且,"龙游通"等数字技术应用平台在推进乡村治理现代化建设进程中,本身也可能在一定程度上存在条线权力异化、决策非人性化等难以预见与克服的风险和困难,因而数字技术绝对不能悬浮于乡村独特的人文环境与治理体系,反而应该在组织建设、群众动员中加以规范,在多元共治与政府职能转变中实现效率与价值的兼顾。

第三节　数字技术赋能乡村治理:英国、美国、日本的实践

目前,全球大部分国家或地区都在全面推进政府数字化转型,数字技术赋能乡村治理现代化建设作为数字社会治理不可或缺的组成部分也得以快速发展,且取得了良好的实践效果。以英国、美国为代表的西方发达国家较早地开展了数字技术赋能乡村治理实践,目前已经积累了较多的实践经验。对这些国家利用数字技术赋能乡村治理的现状展开全面

分析，能够为我国数字技术赋能乡村治理现代化建设提供重要的借鉴与启示。

一 英国数字技术赋能乡村治理实践

20世纪60年代，随着城市病的日益显性化，英国开始出现"逆城市化"现象，之后逐渐升温。在此背景下，英国政府注意到了乡村在现代社会中的新价值，并开始重视乡村治理，特别是在乡村自然环境治理方面付出了诸多努力。在英国，具体的乡村治理与发展项目由环境、食品和乡村事务部负责实施和推进，如进一步保护乡村自然环境、进一步提升英国农业在全球的竞争力以及确保乡村社区的持续发展、繁荣等。2011年，英国政府根据乡村实际情况还进一步组建了专门负责英国乡村政策事项的乡村政策办公室。随着政策和治理机构的不断完善，英国目前已经形成了相对完善的乡村治理体系，为乡村治理水平与治理绩效的持续提升提供了重要的保障[①]。

目前，数字化治理已经成为英国政府数字化转型发展的重点方向，在2012年首次明确提出建立"数字驱动"型政府开始，英国就从乡村地区经济发展、乡村自然环境保护、乡村数字商务发展、乡村公共服务水平提高、乡村医疗健康普及、乡村经济活动多样化推动以及打造优良、安全、宜居环境和具有持续发展活力的乡村社区建设等角度出发，陆续制定并相继实施了相关的国家战略规划或项目规划（见表6-1）。

表6-1　　　　英国乡村治理数字化相关政策与战略规划

出台时间	政策名称	关键内容
2000年	乡村未来计划	加强对乡村自然环境的保护，促进乡村公共服务供给水平的提高，发展多样化的乡村经济等
2004年	英国乡村战略	促进乡村全面发展，打造具有优良环境、安全系数高、适宜居住的乡村社区
2007年	欧盟乡村发展7年规划（2007—2013）	进一步加大乡村环境和生态的保护力度，推进乡村经济社会可持续发展
2012年	政府数字化战略	加速政府"数字化"服务转型，提供数字化的便民服务

---

① 王洁琼、李瑾等：《国外乡村治理数字化战略、实践及启示》，《图书馆》2021年第11期。

第六章 | 数字技术赋能乡村治理现代化建设的案例研究

续表

出台时间	政策名称	关键内容
2013年	英国数据能力发展战略	建设与改造数字化农业基础设施;把数字技术作为政府治理能力和治理水平提升的重要工具
2015年	2014—2020年英国乡村发展项目	加大公共财政支持力度,促进乡村地区经济、农林业的发展并促进自然环境保护、气候变化应对能力以及乡村社区治理水平提升等
2017年	政府转型战略（2017—2020）	建立数据统一标准与数字技术实施规范,进一步完善数据挖掘与数据分析技术,加快研发、推广和应用数字技术等
2017年	英国数字化战略	建设全球领先的数字化基础设施,为全体公民提供数字技术和服务;建设全球领先的数字商务市场,促进传统商务向数字商务转变;将英国打造为全球在线生活和在线工作最安全的地方等
2019年	乡村千兆位全光纤宽带连接计划	建立以小学为中心、连接乡村地区的中心网络
2019年	英国政府五年规划	优化、普及移动健康以及乡村地区远程医疗资源配置

从表6-1可知,英国初步形成了较为成熟的乡村数字化治理模式。客观地说,英国的乡村治理数字化建设效果是比较显著的,具体体现在以下几个方面。

第一,利用数字技术支持的电子政府服务体系提供便民服务。受整体性治理理论的影响,英国政府国家乡村文化保存委员会提出了"建设城乡一体治理"的思想,并付诸了实践,形成了特色鲜明、效果显著的乡村治理模式。在这种模式下,英国的城乡公共服务供给水平和治理水平,差别不是很大。凭借数字技术支持的电子政府服务体系,英国政府建立了政府网络身份识别、政府部门付款信息以及政府部门通知信息等功能不同的系统,向全体公民提供快捷、安全的身份鉴别、在线支付、政府部门通知等系列便民服务,简化了政务服务流程,提高了政府服务效率,为公民办事节省了不少时间。据统计,自政府部门通知信息系统正式启用以来,已发出近五亿条各类服务消息。而且,英国政府环境食品与农业事务部也同步改革了农业政策资金支持体系,并引入具有可共享性的农业政策资金款项项目,目前已向大约十万个农户提供了资金支持。乡村经济的发展进一步夯实了英国利用数字技术赋能乡村治理

201

的经济基础。

第二，利用数字技术支持的远程教育加强乡村教育事业治理。在20世纪之前，英国的乡村教育发展并不顺利，处于比较落后的水平。直到20世纪初，在《福斯特高等教育法》深入落实的推动下，英国不少乡村地区居民才开始有机会接触正规的高等教育。1969年，英国创建了世界上首家开放大学，即英格兰开放大学。目前，该大学的办学理念在全球领先、管理架构已经非常成熟、发展战略和愿景非常全面、教学体制合理以及教学质量保障体系也十分健全，被广泛认为是世界远程教育的一面标志性的旗帜。而现阶段，英国更注重于借助数字技术支持的现代化远程教育系统为乡村居民提供高等教育服务，并通过网络方式协助广大乡村群众提高文化素质和增加知识技能，提高高等教育的普及性和村民素养。在2019年，英国政府发布了面向广大乡村和边远地区学校的千兆位全光纤宽带接入规划（RGC）。规划旨在构建一种以学校为中心、连接广大乡村地区的中心网模式，并利用高速互联网为乡村地区学生接受远程在线教育创造条件，这又进一步推进了乡村地区高等教育事业的发展。

第三，利用数字技术支持的远程医疗保健加强乡村医疗保健事业治理。早在20世纪中期，英国政府就开始构建国民保健服务体系，为国民提供医疗保健服务。随着英国政府不断加强对医疗保健业务领域的公共财政投入和政策支持，英国医疗保健业务得以快速发展，逐步形成了具有鲜明特色的社会福利型医疗保健服务体系，并在全世界都具有一定的影响。目前，在数字技术的支持下，英国已经建成了领先世界的远程医疗保健中心，这大约降低了25%的养老院床位需求量，大幅度减轻了医院的床位负担。到2019年时，英国政府进一步把"数字健康与移动远程医疗服务"项目列入国家五年期发展战略，以期从国家层面推进远程医疗保健的普及化发展。当然，英国部分地方政府也根据本地区乡村社会的实际情况，积极推动医院内部信息共享系统建设、积极发展远程医疗保健延伸业务等，这实际上进一步促进了乡村地区医疗保健事业的发展。

第四，利用数字技术支持的信息沟通平台促进多向治理互动。在乡村治理领域，为改变乡村信息传递滞后局面，促进乡村社会可持续发展,保障乡村居民能有效行使乡村治理与建设的建议权、参与权以及决策权,英国政府构建了基于数字技术支持的乡村社会关系网平台。该网络平台为政府部门和乡村居民、城市居民之间的多向信息沟通提供了平台,促进了多向治理互动机制的形成,使新政策、新措施在出台时便容纳了多方意见和智慧,实施阻力相对更小,政策内容也更为公平,更加适应乡村发展和乡村治理的实际需要。

第五,利用数字技术支持的自动化网络系统加强环境治理。英国政府一直比较重视乡村生态环境的保护,早在1978年,英国就成立了乡村生态服务部门,专门为乡村生态环境保护与治理提供指导与服务。目前,英国主要借助财政支持体系为乡村生态环境保护提供补助等其他相应业务。同时,在英国还建成了城乡一体化的自动网络监测系统(AU-RN),该系统能即时检测出城乡家庭室内空气中的氮氧化合物、臭氧以及粒子物等不同的构成成分,并利用各类数字化平台、传媒渠道把相应的监测结果及时向社会公众传播,为空气质量的进一步改善提供了翔实的数据信息支撑与对策建议。

第六,利用数字技术支持的服务网络平台提供金融服务。金融服务实际上也是广义社会服务的重要内容之一。目前,英国借助数字技术支持的金融服务网络平台,通过开展网上服务申请等具体业务,为乡村地区居民提供极为便捷的金融服务,切实提高了金融服务的可及性,方便了乡村居民的生产和生活。如HM土地注册处创办的数字抵押模式,让有业务需要的乡村土地所有人可以通过数字化平台签字和提交材料,消除了填写纸质资料、现场签字等方面的固有限制,这无疑显著地提升了土地抵押效能。目前,生活在英国和威尔士的数百万乡村民众都可以享受网上签字质押土地契据等便捷的金融服务。

二 美国数字技术赋能乡村治理实践

美国是全球城镇化程度最高的国家,2017年其农业人口占全国总人口的比重不足2%。20世纪初期,因城市人口过度膨胀引发的城市病,促使很多美国市民开始向都市近郊区甚至乡村区迁移,这无形中推动了城市周边小镇及乡村地区的快速发展,也就出现了所谓的逆城市化现象。但目前,美国乡村实际上已经达到了相当高度的城乡一体化发展水平,这为其形成以农业生产服务为主导、实行城乡统一的管理方式,进而形成以小城镇带动整个乡村发展的战略规划奠定了坚实基础。同时，美国农业部依靠公共事业的电信项目，每年拨付7亿美元给低于5000万常住人口的乡村地区，用以更新或者增加宽带业务，把高速数字化服务推广至原来比较薄弱的乡村地区。而且，美国政府提供了2900万美元资金用于发展远程教育和远程医疗领域，旨在促进乡村地区数字化教育和医疗服务事业的发展。

目前，美国政府正在积极、大力推进数字化政务建设，并发布了《开放创新备忘录》和《数字政府：构建面向21世纪的平台》等战略性文件，其目的是为数字政府建设提供制度保障。2012年，美国政府公布的《大数据分析研究和发展计划》明确提出，要把发展大数据分析、区块链等数字化乡村治理技术，视为增强政府行政管理服务能力的关键性技术手段。随着乡村治理重要性的日益突出，美国乡村数字化进程也得到了相关政策的强力支持，推进进程在近些年来明显加快。近20年以来，美国有关乡村治理数字化的政策与战略规划如表6-2所示。

表6-2　　美国乡村治理数字化相关政策与战略规划

出台时间	政策名称	关键内容
2002年	农业安全与乡村投资法案	新增公共财政支持700亿美元，提高农业安全系数和促进乡村地区发展；将乡村地区电子商务推广计划列入"乡村发展计划"项目
2009年	开放政府战略	向社会各界开放政府公共数据
2011年	联邦医疗信息化战略规划（2011—2015）	强调和支持数字信息系统的建设与应用，构建大数据技术支持的现代医疗健康服务体系
2012年	大数据研究和发展计划	投资数字技术的研发、推广与应用
2012年	数字政府战略	确保公众及时获取高质量的数字政务与公共服务信息；确保政府公共服务供给能适应数字技术时代；利用政府公共数据库创新公共服务供给方式
2014年	美国医疗信息化战略规划（2015—2020）	建立应用医疗大数据库，使个人更好地进行健康管理，使医务人员提高医疗水平，使公共医疗服务机构更好地提供公共卫生医疗服务
2018年	2018农业进步法案	加大对乡村宽带计划的公共财政支持力度，提供高质量宽带服务，促进农业和乡村社会发展

第六章 | 数字技术赋能乡村治理现代化建设的案例研究

从总体上看，美国的乡村治理数字化应用涵盖了乡村政务、乡村教学、乡村健康以及乡村安全等诸多方面。

第一，利用数字技术支持的公共服务信息系统提高乡村服务效能。从乡村电子政务建设与供给来看，美国主要依靠已经较为完善的行政管理服务系统对乡村社会进行治理，所以乡村居民都能通过政务服务网站较为方便地获取所需的公共服务信息。同时，该网络平台具有开放性，也能为私营企业主提供参与乡村治理所必需的数据信息，从而激发了其参与乡村公共事务治理的积极性，有效提高了多主体共同参与乡村社会治理的效能。

第二，利用数字技术支持的在线混合教学提高乡村教育可及性。在乡村教学方面，全美各州县、学区以及学校均制定和出台了有关数字化学习活动的实施方案，经过多年的发展后，目前已经逐步形成了乡村教育数字化新模式，这种模式以乡村 K12 学校学生在线混合教学为主要代表。从具体内容来看，在线混合教学方案包括州立虚拟校园提出的网上教育及其服务项目、学科自由选择及其服务项目、网上学校、联盟项目以及区域服务机构等主题内容。这些项目与服务可以为乡村中小学生提供具有个性化特征的课程学习与服务、网上教学选择与服务以及定制教学服务等内容，切实提高了乡村地区学生教育的可及性。

第三，利用数字技术支持的远程医疗促进乡村医疗健康事业发展。在乡村医疗健康方面，美国与英国具有相似之处，重心均放在发展乡村地区和其他偏远地区的远程医疗方面。具体来说，美国成立的远程医学技术开发工作室（OAT），是一个促进远程医学科技嵌入乡村地区医疗保障和健康信息咨询服务的专业性机构。美国阿肯色州建成了集产前与新生育指导、家庭教育等于一体的数字服务平台（ANGELS），其分支机构目前已经遍布 500 个乡村地区，为乡村社区诊所、卫生防疫部门以及私人医师工作室基层医疗健康服务单位提供了远程医疗服务和宽带设施，为乡村病人与阿肯色高校医学科院校（UAMS）的专家学者之间搭建了沟通桥梁。UAMS 专家通过数字技术支持的平台，为有需要的单位和个体提供产科咨询、哮喘护理、卒中护理等医疗健康指导与服务。

第四，利用数字技术支持的功能系统加强乡村地区安全治理。美国加强乡村地区安全治理的内容主要包括乡村社会治安、防灾减灾以及食品安全治理。从乡村社会治安来看，州县政府通过城乡一体化的社区治理模式加强了社会治安管理。目前，部分州县政府已经建成了 CompStat 警务系统，该系统可对辖区内犯罪案例等内部数据信息进行深度分析，为乡村居民提供警示和启示。应该说，这些系统的广泛应用对乡村社会治安起到了积极的促进作用。从防灾减灾来看，由美洲国家气象机构（NWS）建设的天气、水和气象预测平台一方面可以即时提供指定位置的具体气象资讯，另一方面可以满足各地企业、社会团体和其他组织对天气数据信息的需要。而且，由美国农业部研发的 Farmers.gov 平台可以随时为乡村居民提供灾害救济相关的信息，为因自然灾害而遭受意外损失的乡村居民提供相关救济资讯，并协助灾民及时止损。从食品安全治理来看，美国农业部建立的基于数字技术支持的现代消费者安全信息平台（PHIS），可高效分析消费者面临的安全风险，有效提升了食品质量安全系数。特别是，美国农业部也建立了数字化食品安全平台，从产品召回与预警、食品安全图表、食品安全性保证、食物中毒事件处理及其可能的次生危害等角度出发，强化了食品安全监督管理以及宣传教育。

三 日本数字技术赋能乡村治理实践

作为亚洲典型的发达国家，日本的乡村治理体系相对比较完善。1947 年，为通过农民互助形式促进农业发展，日本政府以"自愿联合、自主经营、民主管理"为基本原则，组建了农业协同组合（JA），即农协。农协的主要作用是将分散的农民组织起来，尽可能采取一致行动，提高谈判能力和市场地位，其具体行动主要是为农民农业生产中的农药、化肥的采购以及农产品运输、包装、加工、销售等提供标准化、多元化的社会服务。应该说，农协为战后日本农业生产的恢复和农村经济的发展提供了组织保障，发挥了重要的组织作用。特别是，之后以乡村产业振兴为核心内容和主要目的而开展的系列"造村运动"，为日本走上乡村治理现代化的道路，提升治理效率创造了经济条件。

20 世纪末，随着数字信息技术的日益发展和广泛应用，日本开始高度重视数字化乡村建设，其具体标志是制定和颁布了《21 世纪农林水产领域信息化战略》。该战略的核心内容是加大农村通信基础设施建设投资，改善农村通信环境，消除城乡之间在社会治理数字化方面的鸿沟。在此基础上，日本政府围绕电子政务、数字技术、教育和医疗信息化建设等方面陆续制定了 e-Japan、u-Japan 以及 i-Japan 等一系列数字化建设战略方案（见表 6-3）。有目共睹的是，这些数字化建设战略方案的深入落实，加速了日本乡村社会治理的数字化改革进程，促进了乡村治理的数字化转型。

表 6-3　　日本乡村治理数字化相关政策与战略规划

出台时间	政策名称	关键内容
1999 年	21 世纪农林水产领域信息化战略	进一步完善农村通信基础设施
2001 年	e-Japan 战略	强化网络基础设施建设，加快电子政府建设，促进政府网络实时联通、信息共享
2006 年	u-Japan 推进计划	加快全国性通信基础设施建设，消除地区之间的数字基础设施差距
2010 年	教育信息化指南	制定、出台具体的教育信息化建设规划以及相应的操作指南
2015 年	i-Japan 战略	全面推进电子政府以及医疗、教育等的信息化建设

从总体上看，日本主要通过政府主导的方式，以政府有形的手推进数字技术赋能乡村治理，可见日本政府在利用数字技术赋能乡村治理的过程中发挥了关键作用。通过 u-Japan 方案计划的实施，开展了以泛在网络平台为代表的网络协作基础建设，并在泛在网络平台的基础上，逐步建成了包括传感器网络、智能交通平台和地理信息系统等的全国性物联网体系，进而搭建起了覆盖所有乡村地区的数字化治理平台。

从乡村政务的角度看，自 2001 年 e-Japan 项目全面推进以来，日本政府就开始在政务活动中综合利用现代信息与通信技术，现代信息技术的介入加快了政府电子政务建设进程，并推动了行政机制的进一步改革，在很大程度上实现政府组织结构的优化和工作流程的简化，为民众提供了简便、透明的公共服务。还要特别指出的是，日本通过"国民电子个人信箱"这个颇具特色的项目，为全体国民提供可以自行管理个人信息资料的专用账号，让其及时获得与个人相关的行政信息，这为电子政务一站式服务的实现创造了基本条件。

从乡村医疗的角度看，随着 i-Japan 方案的深入落实，日本政府为提高医疗服务能力，进一步在医疗信息化基础设施建设领域加大了投资力度。在此基础上，日本借鉴英国、美国等西方国家的做法与经验，通过把现代化信息及大数据技术融入医疗服务，切实提高了乡村偏远地区医疗健康服务的可及性，提升了村民这个治理主体的健康素养。而且，日本以国民电子病历为切入点，进一步加强了信息技术在医疗领域的推广应用，使患者病史及就医信息等能通过电子化信息载体在不同医疗机构同步使用，这无疑加速了乡村医疗事业的数字化发展进程。

从乡村生产服务的角度看，日本地方农业部门也高度重视信息技术的作用，通过信息技术平台广泛收集其所在辖区的农业生产、存储、加工、销售等信息，然后基于信息分析形成解决问题的关键技术方案，为农业发展提供支持；为促进农业发展，地方农业部门以官网公布的形式为乡村居民提供有关技术和设备供应商的资质、联系方式以及设备功能参数等重要信息，为解决农业生产、销售等难题提供有价值的信息以及针对性的指导。

四 国外数字技术赋能乡村治理的启示

（一）加强顶层设计，促进数字技术与乡村治理高度融合

数字技术赋能乡村治理现代化建设是一项系统工程，需要强化体制保障，要从国家层面加强顶层设计，专门制定建设策略、技术规范等，以引导和确保乡村治理现代化建设工作平稳推进。英国、美国、日本等国均从国家层面对数字技术嵌入乡村治理进行了统筹规划与宏观指引，以实现从国家战略高度对数字技术赋能乡村治理现代化建设的顶层设计，通过自上而下的战略规范、资源配置导向全面引导乡村治理现代化建设的纵深推进。

（二）建设数字化共享平台，夯实数字技术赋能乡村治理基石

从本质上看，数字技术赋能乡村治理现代化建设是数字信息资源全面共享与服务流程、服务价值的再造，地方政府部门应充分运用现有数字化服务平台与信息公共数据系统，以最大限度地实现数据信息资源的集成、共享。当前，构建现代数据资源共享平台，已经成为世界各国把数字技术嵌入乡村治理的核心环节。美国政府主张创建数据共享原则，中国政府倡导成本降低与数据资源共享同步推进，而英国政府则主张公开共享数据,以便有效利用数据进行关联分析。数据资源的整合与共享,可以为乡村治理现代化建设提供翔实的数据资源保障,为进一步实现基于大数据分析的智能化乡村治理提供了重要的数据资料。

(三)利用成熟的行政服务体系,推进数字技术赋能乡村治理

数字技术赋能乡村治理现代化建设,作为我国数字化治理和社会治理现代化建设的重要结合点,目前还处在早期探索阶段。如果将中国现有成熟的政府服务体系,逐步扩展至乡村治理领域,将可以有效地减少乡村治理现代化建设成本。例如,美国实行了城乡统一的社区治安管理,英国通过政府支持体系实现了乡村环境治理中的生态服务补助发放等。特别是,英国各地借助现有政府体系的城市统一数字管理经验,大幅度降低了乡村环境治理数字化建设成本,较好地提升了乡村环境治理效能,促进了乡村治理的进一步完善。

(四)提升村民主体数字化素养,培育乡村治理现代化建设内生力量

乡村公民教育和乡村治理现代化建设的持续推进,无疑需要具备数字化素养的乡村人才队伍的鼎力支持。乡村居民是数字技术赋能乡村治理现代化建设的重要主体,在数字技术时代提高其"自主性公民能力"的关键点在于提升其数字化素养,否则其将会成为数字遗民,进一步丧失行使公民基本权力的能力。在实践中,通过强化子代支持并整合家庭反哺教育,以及推进以数字素养为核心的社区教育等途径,都有利于促进乡村居民数字素养的提升,有利于提高其参与能力,进而为多主体协同推进乡村治理现代化建设贡献力量。

第四节 本章小结

本章旨在通过分析国内外利用数字技术赋能乡村治理及其现代化建设的典型实践与经验,为我国各地进一步利用数字技术促进乡村治理现代化建设提供有益启示。首先,探讨了浙江省德清县"一图感知五四"数字技术赋能乡村治理现代化建设实践,并从技术嵌入引发多重冲突视角分析了其面临的困境,进而从"理念—制度—技术"的互嵌和赋能视角对"一图感知五四"数字技术赋能乡村治理现代化建设做了进一

步思考。其次，分析了浙江省龙游县"龙游通"数字技术赋能乡村治理现代化建设，并从制度体系、基础设施等与技术失配的视角分析了其面临的困境，进而从"党建引领+多元共治+硬、软件赋能"对"三通"合一与"四化"运行数字技术赋能乡村治理现代化建设做了进一步思考。最后，分析了英国、美国、日本数字技术赋能乡村治理，并提炼了其对我国数字技术赋能乡村治理现代化建设的经验启示，具体是：加强顶层设计，促进数字技术与乡村治理高度融合；建设数字化共享平台，夯实数字技术赋能乡村治理基石；利用成熟的行政服务体系，推进数字技术赋能乡村治理；提升村民主体数字化素养，培育数字技术时代乡村治理现代化建设内生力量。

第七章

数字技术赋能乡村治理现代化建设的原则与对策

　　无论是前文的理论探讨、宏观与微观实证分析，还是国内外典型案例研究，其结论均表明，数字技术对乡村治理现代化建设的影响具有一体两面性。而且，数字技术赋能乡村治理现代化建设是一项系统工程，与广大村民群众的切身利益密切相关，对乡村全面振兴目标的实现也具有重要影响。因此数字技术赋能乡村治理现代化建设既要大胆探索，也要谨慎推动，在结合不同乡村地区自身实际的同时还必须坚持一定的建设原则，并采用适当的策略科学有序地推进。

第一节　数字技术赋能乡村治理现代化建设的基本原则

　　在新时代，我国社会主要矛盾发生了转化，包括乡村居民在内的人民群众的美好生活需要日益多样态、多元化，这无疑对乡村治理提出了新要求，有关利用数字技术赋能乡村治理现代化建设，创新乡村治理模式的呼声越来越高。然而，数字技术赋能乡村治理现代化建设是一项十分复杂且艰巨的任务。内外部环境的变化使得乡村治理面临的问题日益增多，现有的治理能力与治理水平已经很难适应乡村社会和经济的发展。为了保证建设进程的顺利推进，保证数字技术赋能乡村治理现代化建设的各项工作自始至终都在正确的轨道上有序、有力地前进，使建设成果能惠及广大农民群众，就必须在建设过程中把握好制度方向，明确由谁来领导、主要通过何种途径以及最终目的是什么。总之，只有准确把握好大的方向和基本原则，才能使数字技术赋能乡村治理现代化建设的步伐走得更稳、更快。

一　坚持政治、德治、自治、法治和智治"五治"融合建设

（一）坚持基层党组织的核心领导地位

长期以来，"三农"问题一直是全党工作的重中之重。虽然西方国家的社会治理方式有其优长之处，但如果直接生搬硬套，其效果反而可能会适得其反，因此数字技术赋能乡村治理现代化建设必须立足我国实际国情。乡村基层治理是推进国家治理体系与治理能力现代化建设的前沿阵地，没有乡村治理的现代化，也就没有国家治理的现代化。数字技术赋能乡村治理现代化建设以乡村"善治"为最终目的，旨在改变乡村居民在社会、文化、科技、政治及经济等方面与市民相比的不平衡状态，使其公民权得到充分体现。自中国共产党执政以来，始终高度重视乡村基层治理工作并取得了卓越的成效，可见坚持乡村基层党组织的领导无疑是新时代推进数字技术赋能乡村治理现代化建设的首要原则[1]。

党的十九届四中全会强调，推进乡村治理现代化需要坚持和完善党的领导制度，这无疑为数字技术赋能乡村治理现代化建设提供了基本遵循。一直以来，作为党治国理政神经末梢的乡村基层党组织，都是乡村经济社会发展不可或缺的主力军，也在乡村治理中承担着组织实施、引领带动和督促落实等重任。因此，要顺利推进数字技术赋能乡村治理现代化建设，就必须始终坚持党的领导核心地位，强化党对建设工作的全面领导作用。要通过进一步加强基层党建工作，切实、全面地提升乡村基层党建质量，突出强化政治功能定位，加强党对治理现代化建设的全面领导，并充分发挥其管理、教育基层党员干部"大熔炉"，引领动员群众"吸铁石"以及工作推动"桥头堡"等重要作用。

（二）坚持自治、法治、德治"三治"协同推进

"三治融合"是一种以聚焦"三农"问题为基本导向，以建设美丽乡村、净化文明乡风、涵养乡村美德等为主要目标的乡村治理体系。

---

[1] 邱春林：《中国共产党与乡村治理的中国特色》，《理论学刊》2017年第1期。

"三治融合"深刻而又鲜明地回答了新时期社会治理中心下移背景下"乡村基层治理到底治什么？应该如何治理？"等问题。从数字技术赋能乡村治理现代化建设来看，"三治融合"既能有效激活建设力量、形成科学的建设机制，又避免因理念错位导致建设实践偏离预期目标与轨道等现象[1]。

党的十九届四中全会指出，基层社会治理新格局的重点在于实现自治、法治、德治结合。在数字技术赋能乡村治理现代化建设中坚持三治协同推进，其本质是利用法律、政策等正式规则与伦理、道德等非正式规则来规范乡村居民及其他治理主体应该做什么以及什么事可以做，进而建立起多规则协同的乡村基层治理系统。其中，乡村自治强调的是乡村居民通过自我管理、教育和服务等方式参与乡村公共事务治理，实现选举、决策、管理以及监督的民主化[2]；自治是"三治融合"的基础，各类乡村治理主体的协同参与则是乡村自治的关键所在[3]。在数字技术赋能乡村治理现代化建设进程中，要继续发展完善村民自治制度，建立基层民主、群众参与、社会协同的自治体系，实现村民个体由治理"对象"走向治理"主体"的全面转变。乡村法治是指通过法律制定的规则对乡村主体行动进行的刚性约束，以达成乡村社会秩序稳定、和谐的目的；法治是"三治融合"的根本，建立起统一的行动规则是乡村法治的关键所在；数字技术赋能乡村治理现代化建设只有在法治预设的框架下才能有条不紊地进行，因而要贯彻落实依法治理的理念，强化乡村法治文化建设，建立健全涉农相关法律法规，进而形成办事依法、解决问题用法的法治氛围。乡村德治是指通过道德规范作用营造出充满正能量的良好文化氛围[4]。德治是"三治融合"的灵魂，释放乡村文化的教化作用是乡村德治的本源；在数字技术赋能乡村治理现代化建设过程中，必须坚持"德治"原则，要在将社会主义核心价值观融入建设工

---

[1] 张晓山：《健全自治、法治、德治相结合的乡村治理体系》，《乡村工作通讯》2017年第22期。

[2] 徐勇：《民主与治理：村民自治的伟大创造与深化探索》，《当代世界与社会主义》2018年第4期。

[3] 毛佩瑾、李春艳：《城乡基层社会治理的实践探索与完善路径——基于"四治一体"治理模式探析》，《云南社会科学》2020年第5期。

[4] 郁建兴：《法治与德治衡论》，《哲学研究》2001年第4期。

作的基础上，深入挖掘和汲取中华优秀传统道德文化精髓，为建设工作提供精神动力。

(三) 坚持"智治为人"的基本建设理念

近年来，现代技术特别是数字技术在我国社会治理中越来越受重视，应用范围日益广泛。人是一切价值之源，作为社会治理的一种形态，"智治"的最初出发点是为了乡村居民，最终落脚点也是在乡村居民身上，其效果的核心评判者也是乡村居民。因此，无论是通过"网络+网格化"和"雪亮工程"完善乡村治理，抑或是借助"数字政务"和"非接触式"等提供高效的治理服务，"智治"都要以人民群众的核心关切和根本利益为基本导向，更好地服务于人民群众不断增进的获得感、幸福感和安全感。然而，在治理实践中，不少地区则把更加严密的"管控"视为"智治"追求的目标，从而严重忽略了治理对象的真实需求与心理感受，造成了"刚性维稳"过多、"柔性关怀"严重欠缺的现象；甚至还有一些地区过于热衷网络办事，忽视了人民群众，特别是老年群众这些"网络难民"，导致了"智治"难治的怪象。这种"唯数据说话"的技术理念与行动，显然导致了目的与手段关系的颠倒。可见，尽管"智治"是数字技术赋能乡村治理现代化建设所追求的目标，但它并非万能良方，只有忠实秉持"智治为人"的基本理念，并把"智治"与传统的群众工作方法有效融合，冷漠化的"智治"才会具有人性的"温度"，才能发挥应有的效应。

数字技术赋能乡村治理现代化建设归根到底要依靠乡村群众的内生力量，要充分发挥其主观能动性，进而形成数字技术支持下的基层有效治理、社会关系有效调节和居民良好自治三者良性互动的理想局面。因此，在建设实践中，必须高度重视通过"智治"来激发乡村居民的参与热情、提高其参与乡村公共事务的范围与深度，进而提高自治水平。同时，在数字技术赋能乡村治理现代化建设中，要加大村民群众的"话语权"，拓宽其诉求表达渠道，使其由"智治"的被动接受者转变为积极的参与者，进而构建人人有责、人人尽责、人人享有的治理新格局。当然，"智治"并非单纯地运用和扩展现代科学技术工具与手段，它还涉及村民群众隐私的有效保护、网络风险的有效防控以及智能逻辑缺陷的及时处置等问题，而这些都离不开伦理道德的约束。特别是，

"智治"目标的实现需要多主体的协同合作,而协同合作则需要法律和制度进行规范与提供保障。

二 坚持以建设有效为基本出发点

美国著名政治学家利普塞特曾指出,从政治学的角度看,有效性在本质上强调的是实际行动,也就是在大多数居民、企业或者武装力量等组织看政府的基本功能时,政治系统满足这种功能的程度[1]。从政府层面来讲,有效性可以理解为制度能够满足政府基本功能的开展以及政府效能发挥的程度。正如塞缪尔·亨廷顿所言,各个国家之间最重要的政治分野,并不在于其政府的组织形态,而在于其政府的有效程度[2]。国家通过有效的制度设计和政策实施,提高对政府、社会、市场的治理绩效,有效维护社会的和谐与稳定,促进经济发展与推动社会繁荣,提高了政党、政府的社会合法性和认可度。从政治权力的运行向度来看,有效性可以分为自上而下和自下而上两种方向截然相反的有效性,即分别指国家政策的有效贯彻与执行,或者是国家政策贯彻与执行的效果如何。就如蔡禾所言,自上而下的有效性,即国家意志和政策意图能通过自上而下的行政指挥层层下传,得以准确、迅速地贯彻和执行;自下而上的有效性强调的是国家政策能否在基层得以执行并取得良好的效果,真正促进社会平等、社会和谐与社会发展[3]。党的十九大报告提出了乡村振兴国家战略,并明确了"治理有效"是乡村振兴的重要目标。当然,数字技术赋能乡村治理现代化建设也包括自上而下的国家建设与自下而上的乡村社会建设,并实现二者的互补互助、互动互进。进入21世纪以后,中国乡村围绕干部与群众之间矛盾的缓和与提高农民对乡村治理的认可度开启了自上而下的治理改革,如取消农业税、弱化计划生育工作等都属于这种自上而下的治理改革,乡村民主与法治建设逐渐成为乡村治理的"重头戏",当然,这种外生性的民主法治建设尽管取得了一定的成效,但并不是很显著。同时,由于部分乡村地区集体经济式

---

[1] [美]李普塞特:《政治人:政治的社会基础》,张绍宗译,上海人民出版社2011年版,第47页。

[2] [美]塞缪尔·亨廷顿:《变化社会中的政治秩序》,王冠华、刘为译,上海世纪出版集团2008年版,第1页。

[3] 蔡禾:《国家治理的有效性与合法性——对周雪光、冯仕政二文的在思考》,《开放时代》2012年第2期。

微与有效治理水平不足以及村民委员的行政化倾向、基层党组织战斗堡垒作用不显著等综合原因，导致了乡村治理能力的下降。还有，伴随着乡村经济社会发展和乡村社会民主意识的觉醒，乡村权益主体的利益需求日益多元化，乡村治理模式与体系已经不能满足乡村居民日益增长的美好幸福生活需求。也就是说，乡村治理的有效性不能满足乡村居民的美好幸福生活需求，这是新时代乡村发展不平衡、不充分的重要表现之一。

众所周知，乡村社会具有天然的复杂性，治理有效是数字技术赋能乡村治理现代化建设的必然要求和内在属性。首先，数字技术赋能乡村治理现代化建设的主体是复杂的、多元的。从纵向权力构成来看，乡（镇）、村、组（自然村）是乡村最为重要的治理主体。乡镇政府属于国家基层政权，是官僚机构的最末端和最基层的行政治理主体，村组两级依法行使自治权力，当然属于乡村治理现代化建设的重要主体。从横向权力构成来看，乡村的直接治理主体包括基层党支部、乡村自治组织、乡村社会组织、新乡贤、乡村居民等，党支部行使政治权力，乡村自治组织、乡村居民行使自治权力，乡村社会组织、新乡贤行使经济社会权力。当然，在不少乡村地区，宗族组织在团结乡村居民、维护乡村社会秩序等方面具有重要的影响，也是不容忽视的重要治理主体，理应在乡村治理现代化建设中发挥出独有的功能。其次，数字技术赋能乡村治理现代化建设的内容非常广泛，具有全面性、繁杂性以及综合性。数字技术赋能乡村治理的具体内容包括有关上级部门与政府安排的具体事务、乡村居民日常生产生活中所产生的各种问题以及组织建设、经济发展、生态建设、社会秩序维护等。同时，乡村事务还具有突发性、个性化、乡土性与非规范性，这要求数字技术赋能乡村治理主体要时刻处在工作状态，要具备丰富的地方知识、法律政策知识与一定的科学技能。最后，数字化技术赋能乡村治理现代化建设的模式具有多样性。数字技术赋能乡村治理不可能单独依靠法律规定与具体制度设计开展工作，既需要利用自上而下的权力渗透引导和规范行为，又要创造性地发展适合地方特色的体制机制或非制度性的设计去对接来自乡村自下而上的治理需求。实现数字技术赋能乡村治理的有效性既是乡村治理现代化建设的目标和价值取向,也是其应该遵循的首要原则①。综上可知,推进数字技术赋能乡村治理现代化建设,理应坚持有效性治理的原则。

三 坚持因地制宜以促进乡村振兴

因地制宜是一个成语,最早出自《吴越春秋·阖闾内传》,其意思是根据不同环境、不同情况制定有针对性的解决方案。春秋末年,伍子胥在帮助吴王阖闾创建霸业的时候,曾提出了影响深远的"农业是根本"的治国理政思想。在此基础上,他后来又提出了促进农业生产发展的"因地制宜"想法。当时的"因地制宜"是针对农业生产而言的,强调的是要根据土壤、气候等自然环境,采取与自然环境相匹配的农业生产方式。历史证明,伍子胥的思想和方法非常正确,效果也十分显著,在其辅佐下,"农业是根本"和"因地制宜"的思想在吴国得以落实,吴国也因此变得日益强盛,吴王也成就了自己的霸业。

俗话说得好,基础不牢,地动山摇。作为国家治理微观基础与细胞工程的乡村治理如果没有做好,国家治理也不可能发展得好。可见,要实现国家治理体系与治理能力的现代化,首先要通过数字技术嵌入乡村治理,促进乡村治理的现代化。尽管从整体上来看,中国乡村治理面临的主要任务、需要克服的主要困难等具有一定共性特征,但因各地乡村的实情不一,数字技术赋能乡村治理现代化建设的模式自然也不可能千篇一律、千村一面。从现实的角度来看,各地乡村经济社会发展水平、基础设施条件、传统文化、资源禀赋差异很大,基层干部能力和乡村居民素质也不在同一个水平上,乡村治理现代化建设中的问题和应对策略也就不尽相同。十里不同风,百里不同俗,可见数字技术赋能乡村治理现代化建设必须结合各地实际,坚持因地制宜原则,方能准确发现问题,精准施策。

四 坚持促进共同富裕为基本导向

党的二十大报告强调,"要坚持以农业农村为重点,加快农业现代化,推进农村振兴,调动广大农民积极性,促进共同富裕"。共同富裕是中国特色社会主义理论的重要思想之一,最初由邓小平同志提出,是

---

① 高其才:《健全"三治结合"的乡村治理体系:发展历程、价值目标、现实挑战、制度完善》,《扬州大学学报》(人文社会科学版)2021年第3期。

党和国家带领全人民努力奋斗的重要方向。共同富裕强调的是全体人民通过努力奋斗、辛勤劳动以及互相帮助，以最终实现丰衣足食的生活水平，即消除两极分化基础上的一种普遍性的富裕。众所周知，我国人多地广，各地发展水平参差不齐，共同富裕不可能是在同一时间所有地区同步达成的。因此，我国共同富裕的现实图景应该是一部分人和一部分地区率先富裕起来，然后先富裕的人和地区帮助后富裕的人和地区，在前者的帮助和后者自身的努力下，进而逐步实现生活水平等大体一致的共同富裕。与西方发达国家通过向富人征税以试图进行社会均富的做法明显不同，中国的共同富裕内嵌于社会主义现代化建设，是社会主义的根本原则与内在属性，一直以来都是党和全国人民共同努力的方向与奋斗目标。

新时代，数字技术赋能乡村治理现代化建设要坚持以乡村居民共同富裕为建设动力，这既是社会主义的本质要求，也是贯彻新时代新发展理念的不二法门和必由之路。新时代的乡村治理就是要充分落实村民的主体地位、促进乡村居民共同富裕。如果不以坚持村民共同富裕为治理动力，数字技术赋能乡村治理现代化建设就失去了方向，也不可能实现现代化。数字技术赋能乡村治理现代化建设是以人民为中心的现代化建设，这与我国的社会主义本质是高度吻合的。数字技术赋能乡村治理现代化的建设路径，必须考虑两个问题，一是治理体系如何保障乡村居民的共同富裕，二是如何提高乡村居民共同富裕的能力。只有抓准了共同富裕这个总目标，才能确保数字技术赋能乡村治理现代化建设的方向不会走偏。

第二节　数字技术赋能乡村治理现代化建设的对策

综合宏观评价、微观评价和案例研究的结论可知，要利用数字技术促进乡村治理现代化建设，要在明晰其价值目标并遵循上述原则的基础上，需要加强顶层设计，通过政策激励引导各类社会力量参与；明晰多元建设主体责任边界、完善多元主体协作机制；健全政府数字政务服务机制，加强数字信息安全防护；发展数字经济夯实经济基础，加强数字基础设施建设；加强数字治理平台及其功能模块建设，规范数据标准；

提升乡村居民数字素养,加强数字专业人才队伍建设。

一 加强顶层设计,通过政策激励引导各类社会力量参与

(一)加强制度和规范的顶层设计

1. 完善和创新顶层设计规划

中央政府要切实依据数字乡村建设战略的有关规划,构建长远可持续发展的政策体系,为数字技术赋能乡村治理现代化建设营造良好的制度与政策环境。同时,各省级政府推动数字技术赋能乡村治理现代化建设也要立足国家大政方针背景及时代背景,在充分考虑本地区资源特色的基础上,因地制宜,建立健全符合地区数字经济发展规律的政策体系和制度机制,出台"数字技术赋能乡村治理现代化建设实施方案",对地区乡村治理现代化建设的主要任务、保障措施等提出发展要求和整体构想,为推动乡村治理现代化建设提供有效指引。中西部发展滞后的地区,也可借鉴发达地区对乡村治理现代化建设的发展规划,提出具有区域特色的建设实施方案,不断增强区域乡村治理现代化建设的体系保障力度。

2. 健全顶层配套监管体系

对于数字技术赋能乡村治理现代化建设过程中存在的安全风险,需要强化乡村在"数据化社会形态"下的安全监管,构建健全科学的乡村数字监管体系。当前,各地政府在推进乡村治理现代化建设过程中易受压力型体制的影响,而出现数字的内卷化,基层政府有时会通过对相关数据进行美化来寻求上级的认可,这可能导致乡村治理现代化建设难推动、数字乡村监管难以改善等现象。因此,首先要构建一套乡村治理现代化建设创新监管项目的可行性评估体系,提升数据结果与实际效果之间的匹配程度。其次要提高乡村治理现代化建设监管平台基础性数据的可靠性,注重基础数据在采集、发现、分类、派发等各个环节的监管,对乡村治理现代化建设各领域的数据进行分类整合,建立数据库。最后要从整体性视角促进乡村治理现代化建设监管质的提升。乡村治理现代化建设监管要结合数据前台和数据背后的实际运作情况,从整体方面提升监管效果。

(二)引导各类社会力量参与

当今,社会治理领域是技术治理和协同治理协同并行,数字技术推

动乡村治理现代化建设要求形成多元主体协同参与治理格局，方能有效提升乡村治理及其现代化建设的绩效。"十四五"时期，乡村治理及其现代化建设要有机结合乡村智治理念，推进各级政府、市场主体、社会组织以及乡村居民等多元治理主体高度协作。在此过程中，乡村治理及其现代化建设要突破原有自上而下的物理空间信息传递约束，要在利用数字技术梳理、整合、回应各类乡村居民治理诉求的同时，实现数字技术场景式应用，减少治理和建设服务供给主体与乡村居民这个需求主体之间信息不对称现象。各乡村治理需多方联合，并通过基层村级组织实现与乡村居民之间的信息数据共享，开启优势互补、资源共享的协同治理新局面。具体来说，多元主体联合旨在利用数字化平台系统推进数据互联互惠，规避传统乡村治理的孤岛效应。具体对数字化平台的构建而言，政府方面可联合市场力量借助其物联感知设备或者第三方业务系统等共同组建基础架构层级，进行乡村治理现代化建设的数据集成、数据分析、数据清洗、数据归集等工作。在此基础上，统一将乡村建设规划、建设进程、数字化基础设施状况等纳入数字化平台，使各主体均能及时、准确把握乡村治理现代化建设情况。在数字化治理平台中，各参与主体均可有效对接各类信息数据，从而摆脱了以前碎片化点线状治理的困局。基于上述数字化治理应用系统，乡村治理现代化建设信息空间环境可以实现进一步的具象化，治理主体能以可视化方式全面分析乡村居民的个性化需求，真正地将乡村公共需求与乡村治理现代化建设情景深层次融合。

1. 引导市场主体积极参与

鼓励、引导市场主体积极参与数字技术时代乡村治理及其现代化建设，是指市场主体在政府政策的指引和驱动下，将其人才、资金、技术等现代生产要素和乡村生产要素融合，通过集约化、规模化、市场化方式进入农业生产各生产环节和乡村治理各领域，从而提升农业生产效率和乡村治理现代化建设绩效的生产经营活动。中央在"研究制定引导和规范工商资本投资农业乡村的具体意见"和"加快制定鼓励引导工商资本参与乡村振兴的指导意见"等政策文本中均旗帜鲜明地指出，要鼓励和引导市场主体积极参与乡村建设，通过发挥其人才、资金、技术等优势为乡村发展、乡村治理注入新动能。同时，国务院印发的

《关于促进乡村产业振兴的指导意见》（2019），中央农办、农业乡村部同多部门印发的《关于扩大农业乡村有效投资加快补上"三农"领域突出短板的意见》（2020）以及农业乡村部印发《社会资本投资农业乡村指引》（2020）等文件，也均对引导市场主体投资下乡作出了具体指示。依据党和国家政策与乡村治理现代化建设的实际需要，鼓励、引导市场主体积极参与，主要要做好以下几个方面的工作。

第一，强化政策支持。政策支持的内涵非常广泛，比如新冠疫情期间，国家有关促进小微经济发展的财政和税收优惠，就是典型的政策支持。市场主体资本下乡对于改善乡村基础设施条件、提升农业生产质量、形成多元共治局面具有重要作用。通过建立和完善政策体系支撑，为吸引市场主体进入农业产业、农业服务业以及乡村治理及其现代化建设等领域创造良好的外部环境，能达到提升农业产值效能和乡村治理现代化建设水平的效果。各级政府应不断加强公共基础设施建设、融资信贷机制建设、乡村诚信环境建设、土地保障机制建设、市场信息管理建设等，全方位优化市场主体资本下乡的保障机制。政府部门通过加强和完善各种扶持政策，充分发挥对市场主体资本下乡的引导和推动作用，优化市场主体下乡的品质，充分发挥其资本优势和市场经验优势，促进数字技术时代乡村治理及其现代化建设。

第二，改革农村集体产权制度。农村集体产权通常是指农村集体经济方面的产权，也就是农村集体经济组织对其所拥有的资产的占有、支配以及获得收益的权利、义务与责任。农村集体产权制度改革是盘活农村集体资产、发展集体经济的重要手段，其内容主要是，针对农村集体资产因产权归属模糊、权益与责任不清晰以及保护不当等问题导致资产流失严重，进而侵蚀了农村集体所有制基础而展开的产权界定和产权调整等方面的改革。产权明晰是市场主体开展市场活动的基本前提，通过深化农村产权制度改革，为市场主体资本下乡解除了后顾之忧。通过准确界定乡村群众对集体资产股份的占有、收益等各项权限，并充分利用农村集体资产清产核资、土地确权等方式，激活乡村资源，为下乡市场主体提供用地和资本承接保障，促进乡村市场活动集约化、标准化、规模化、专业化。市场主体都是以利益追求为鲜明目标的，如果能使乡村地区实现自己的利益目标，无疑能激发其参与数字技术时代乡村治理及其现代化建设。

第三，构建科学的利益联结机制。利益联结机制是不同主体在共同行为中通过一种或多种利益共享方式实现多方满意的协作机制。具体到数字技术时代乡村治理及其现代化建设来说，要本着自愿、平等、互利的原则，构建科学、合理且各方都能接受的利益联结机制，实现市场主体与乡村居民利益共同体的利益最大化。当然，在市场主体追逐利益最大化的同时，要确保村民群众获得合理的分红与收益。也就是说，要秉承"资源变资产、资金变股金、农民变股东"的原则和方式，丰富和发展乡村的混合所有制经济，打造集地方国有资本、非公有资本、集体资本等交叉融合的所有制经济形式，通过相互持股，发挥各种资本的优势，实现最高效的利益共同体。只有这样，市场主体能有持续参与数字技术时代乡村治理及其现代化建设的内在动力。

第四，完善监督管理机制。市场主体的行为通常是为了追求自身经济利益的最大化，市场主体进入乡村市场可能出现对资源的破坏与环境过度开发、损害他人利益等现象，进而导致乡村治理难度加大。而且，市场主体在参与数字技术时代乡村治理及其现代化建设过程中，也通常面临着前期投入成本较大且周期长、回报低以及市场不明朗等实际困难。因此，有必要完善监督管理机制，规范市场主体在乡村治理及其现代化建设中的行为。首先，要通过加强市场规范化、制度化建设，为市场主体资本下乡建立良好的市场秩序。其次，严格的市场准入制度是保障市场主体在乡村治理及其现代化建设中不出现出格行为的基本前提，因而政府部门要通过严格审核下乡市场主体的信用状况、经营范围和经营方式等问题，严格规范市场主体下乡流程。最后，要通过构建市场主体下乡的风险防范机制，防止出现违法违规经营活动或行为，加大对市场主体下乡的监管力度，保障其合法经营，加强对乡村集体经济和农民权益的保障。

2. 引导群众组织积极参与

群众组织有时也称为群众团体组织，是社会团体的一种特殊表现形态。群众组织是在党的统一领导下，按照不同工作的特点以及群众的类型而成立的，在特定的制度章程框架内开展群众性活动，如妇联、共青团等。群众组织的作用主要表现在维护群众利益、发挥民主作用、联系动员群众、教育引导群众、参与社会治理等方面，群众组织具有坚实的群众基础且服务范围广、影响力度大等优势①。2016年1月，共青团中央发文指出，要围绕人才扶贫，"开展贫困地区青年人才支持行动"，助力脱贫攻坚工作。党的十九大报告指出，要增强社会组织的政治性、先进性与群众性，使其成为参与乡村振兴的重要社会力量；要充分发挥社会组织服务乡村、紧密联系群众的作用，利用社会组织的人才、专业优势，为乡村治理及其现代化建设增添活力。可见，在数字技术时代乡村治理及其现代化建设中，群众组织的作用不可忽视，要引导其积极参与，主动作为。

第一，坚定社会组织的群众立场。尽管社会组织是政府和民众之间的沟通桥梁，但社会组织本身也有声誉追求等目标，这可能成为影响其参与数字技术时代乡村治理及其现代化建设的不利因素。群众立场是决定中国共产党性质的根本性政治问题，坚持群众立场，就是要坚持所思、所想、所做一切为了群众，一切依靠群众，从群众中来，到群众中去，无论是进行公共决策，还是开展具体的公共服务工作，都要以群众利益为根本导向和基本出发点。一直以来，群众立场是开展"三农"工作、服务乡村的重要方法和内容。社会组织辐射涵盖了各种行业、职业，在密切联系群众方面发挥着重要的纽带作用。因此，社会组织只有坚定群众立场，充分发挥好群众组织联系群众、服务群众的最大优势，切实做到"急群众之所急，想群众之所想"，始终做到以人民群众的切身利益为工作的出发点和落脚点，才能真正做到"顺民意""得民心""为民利"，为数字技术时代乡村治理及其现代化建设提供精神动力和支撑。

第二，提升社会组织专业化服务能力。首先，要建立健全社会组织职员专业化培养平台，通过平台培训促进社会组织的专业化发展。具体来说，要聘请科研能力突出、有丰富社团经验以及掌握数字技术具有乡村治理实践的专家，通过线上和线下，集中和分散相结合的方式，为社会组织职员开展理论知识培训与实践经验分享；要完善社会组织培训网

---

① 刘玉东等：《党建引领社会治理的内在机理与系统构建——以南京市域治理为例》，《南京社会科学》2022年第6期。

站建设，通过丰富社会组织网站培训的内容，充分发挥网络的便捷性、高效性、多样性优势，提升社会组织职员学习效果；要打造"微学习"新媒体平台，通过建立社团微博、微信公众号、微信群等平台，打破时间和地点限制，保证社会组织职员可以随时随地进行学习，促进良好学习习惯的养成。其次，要加强乡村治理及其现代化建设实践锻炼与教育培训的有机统一。以知促行，通过理论培训指导社会组织职员实践工作的有效开展，在乡村治理及其现代化建设实践中深化对理论学习和培训的认知。最后，要建立科学合理的社会组织参与乡村治理及其现代化建设的考评机制，促进社会组织职员提升理论联系实际的能力，以及发现问题解决问题的水平。

第三，创新社会组织工作方法。首先，要探索贴近群众的工作方法。不同的社会组织所服务的群众对象千差万别，面对的诉求也各有不同[1]。在数字技术时代乡村治理及其现代化建设中，社会组织要充分利用数字技术工具改进工作方式方法，通过大数据对社情民意情况进行梳理整合，结合乡村群众的实际需求，制定科学的工作方法。其次，创新工作方法。社会组织要不断革新发展思维，树立数字技术治理新理念，创新工作方法。通过深入基层调研社会组织工作开展的基本情况，对其工作实际进行综合分析研判，发现问题，寻找差异和症状根源所在，改善工作机制，并宣传和推广先进的工作方法和经验。同时，要加强党政部门对社会组织工作的重视和扶持，加大对社会组织工作的监管力度，加强对社会组织工作人员的培训，确保其工作思维和方法的科学性、合理性，为创新社会组织工作方法提供保障。再次，要创建一体化的教育培训模式。通过让社会组织工作人员分别到在乡村治理及其现代化建设积累了丰富经验的社会组织中深造学习，学习更有效率的工作方法。最后，要运用学习成果指导数字技术时代乡村治理及其现代化建设实践，通过学习锻炼与实战运用有效互动和贯通，形成"理论学习+基层实践"一体化培育模式。

第四，发挥群众性组织的特长。具体生动的活动是群众性组织工作

---

[1] 张利库等：《社会交换理论视角下"金字塔"型乡村治理体系研究——基于山东省J市S村的单案例分析》，《中国人民大学学报》2022年第3期。

开展的有力抓手，也是其发挥密切联系群众的重要渠道。2018年2月，为贯彻落实党的十九大精神，全国妇联颁发了《关于开展"乡村振兴巾帼行动"的实施意见》，决定在全国乡村开展"乡村振兴巾帼行动"。在此影响下，全国各地妇联组织陆续开展了以"乡村振兴巾帼行动"为专题的培训，通过上下联动、齐心协力，切实推进了"乡村振兴巾帼行动"的迅速落地。应该说，新时代乡村振兴巾帼行动的活动的实施，提升了妇女参与乡村振兴的主观能动性和工作能力，更好地发挥妇女"半边天"的作用。各地通过加强妇女在技术推广、综合服务、社会公益、教育培训、乡村治理等方面的示范基地建设，为乡村妇女参与乡村振兴提供鲜活的案例，激发了乡村妇女的服务热情，提升了妇女服务乡村振兴的专业化水准。在此基础上，各地要根据数字技术时代乡村治理及其现代化建设的需要，发挥妇联、共青团等群众组织的特长，让其加入建设大军的队伍之中。

二 明晰多元建设主体责任边界、完善多元主体协作机制

（一）明晰多元建设主体责任边界

明晰数字技术赋能乡村治理现代化建设的各主体责任要做好以下几个方面的工作，一是明确政府主导职责，二是形成乡村现代化建设新理念，三是厘清各建设主体间的职责。

1. 明确政府主导职责

在数字技术赋能乡村治理现代化建设中，明确好政府职责是关键所在。政府在打造数字乡村治理体制中发挥着服务、管理和联通基层以及社会组织的重要作用。政府的不同部门通过相互协作进行社会管理，承担着重要的责任。在新时代应用数字技术推动乡村治理现代化建设，要特别注重发挥政府职能，转变过去"包揽"式的管理模式，从乡村的实际需求出发，找准定位，做好服务。找准定位强调的是要根据数字乡村治理的实际进行职能转变，乡镇政府要对接好县（市）政府和村民自治组织，既做好上传下达和日常事务管理，又要着重处理好涉及群众利益的重要事项，解决好社会矛盾。要善于打造数字化"一站式"服务平台，提高行政服务效率，增加村民福祉和提升治理效果。做好服务就是要转变工作作风，摒弃"我提供什么，民众接受什么"的思想，要树立"民众需要什么，我提供什么"的新理念。要杜绝懒政、怠政，纠正行政不作为和慢作为等不正之风。在乡村经济发展方面，乡镇政府要以合理的方式监督、规范辖区内市场主体的经营活动，维护市场秩序，确保市场主体自主发展，壮大乡村集体经济。

第一，强化乡镇人大职能。作为乡村群众行使政治权力的代理机构，乡镇人大是乡村居民参与民主政治的主要实践形式。当前，我国不少地区的乡镇人大职权行使实际上处于"虚置"状态，乡村群众对其印象多是"空架子""老头子"以及"政治摆设"，宪法和法律赋予乡镇人大的作用没有得到充分发挥，严重制约了乡村民主政治建设的进程。因此，在数字技术赋能乡村治理现代化建设中，要进一步理顺乡镇人大与乡镇党委、乡镇政府三者之间的关系，明确其职能与权责范围，强化乡镇人大相关职能。其中，乡镇党委是乡镇政权的领导核心，乡镇人大是乡镇政权的最高权力机构，而乡镇政府是对乡镇人大负责的行政权力执行机构。可见，作为广大乡村群众根本利益的代表者，乡镇人大代表在数字技术赋能乡村治理的现代化建设中理应发挥重要作用。当然，从长远角度来看，全国人大应加快修订完善地方组织法，进一步明确乡镇人大的法律地位，使其相应工作的开展有章可循、有法可依。

第二，加快服务型政府建设步伐。作为党的十九大在新时期提出的重要任务，建设服务型政府是深化我国行政体制机制改革的重要方向，而建设服务型政府的价值追求是真正践行以人民为中心的执政理念。因此，各基层政府，要坚持以人为本，以人民为中心，不断加快职能转变。一是深化乡镇政府职能转变，以"有限政府"、"监管型政府"和"现代科层制政府"分别替代过去的"全能型政府"、"发展型政府"和"管制型政府"，并注重政府内部各项职能之间的合理平衡。在此基础上，创新政府的公共服务管理机制，打造数字化政务服务平台、数字化公共服务平台、数字化教育培训平台等，借助数字技术建立公开透明、科学高效的乡镇政府工作运行新机制，使其更好地为人民服务和更快地建设服务型政府同步推进。二是把乡镇政府的工作重心转移到为乡村居民提供公共服务上来，建立由乡镇政府主导、市场和社会主体有序参与供给的"一主多元"的供应新格局，采取"政府购买、合同管理、村民认可、考核兑现"的运作机制，地方政府逐步退出竞争性市场，通过公共服务供给的市场化改革减轻政府负担，提高乡村公共服务供给效率。同时，要进一步健全乡镇政府、县直管理部门、乡村体制外主体和乡村居民共同参与的考核机制，将工作绩效和服务质量作为考核重点，有效提升公共服务供给质量。

2. 形成乡村现代化建设新理念

提到"政治"，必然离不开"人事"和"制度"。然而，不管是"人事"还是"制度"都与组成这两者的人息息相关，人事是人在管理，制度由人制定。我国传统乡村治理中呈现出的手段单一、机制僵化等状况，一个很重要的原因就是基层治理人员观念固化，因此要提升数字技术赋能乡村治理现代化建设的绩效，必须转变基层行政人员的观念。目前，不少地方政府职员甚至对"数字技术"、"数字化治理"，以及"乡村治理现代化建设"等概念都没有一个清晰的认知，而要转变其对乡村数字化治理的态度，就要让其对上述概念有一个更为具体和更加清晰的认知，只有清楚了"数字技术""乡村治理现代化建设"等的基本内涵、认识了其重要价值才能正确地认识治理主体、治理方式、治理机制、治理资源等乡村治理要素，才会形成与时代同步的治理理念。

第一，加快形成多元主体协同建设的新格局。数字技术赋能乡村治理现代化建设需要形成一个"村民参与、多元主体、政府主导、合作治理"的社会治理新格局，要以协同参与的"多元主体"取代以往独揽式的"一元主体"。然而，当前不少地区乡村基层干部普遍年龄偏大、学历偏低，对于数字技术、乡村治理现代化建设等新事物的接受能力有限，特别是对数字技术及其应用的了解程度更为有限。受过往治理惯性思维的影响，在数字技术赋能乡村治理现代化建设进程中仍过于强调政府的作用，忽视了其他多方力量参与建设的价值。尽管与以往相比，乡村居民的参与程度有所提升，但数字技术赋能乡村治理现代化建设的内生动力还有待进一步激发，多元主体协同建设的新格局仍须得到进一步强化。

第二，树立正确的行政与政治价值观。由于长期处于压力型体制下工作的原因，不少基层干部在治理过程中被行政任务压得喘不过气，导致"重行政轻治理"的现象出现。在加快数字技术赋能乡村治理现代化建设进程中，部分地区甚至出现了"重数字轻人"的现象，为了数字化而治理，最终产生了"数字化脱贫""数字化失真"等怪象，这就完全是本末倒置了。基层行政人员应认识到,基层自治组织设定的宗旨是为了帮助乡村居民有效自治,以乡村的需要和实际情况为导向开展治理行动。因此,基层行政在数字技术赋能乡村治理现代化建设进程中,其行为必须在专业化程度、绩效等行政价值观与村民参与、乡村民主等政治价值观之间找到合适的平衡点。

3. 厘清各建设主体间的职责

现有的乡村基层组织是在人民公社制度废除后以人民公社原有组织架构为基础重构和完善的,也就是在过去的人民公社、生产大队再到生产小队这样一个三级组织的基础上衍生、演化为乡镇政府、村民委员会再到村民小组这样的新三级组织。在数字技术赋能乡村治理现代化建设进程中,由于乡镇政府对下级单位或对乡村关系的定位比较模糊,经常出现越位、错位及缺位等情况。因此,厘清各建设主体之间的关系显得尤为重要。从乡村治理现代化建设的横向和纵向关系来看,参与建设的主体有基层政府、村支两委、乡村社会组织、新乡贤以及乡村居民等,只有真正厘清各主体之间的关系、主要任务与职责,才能确保多元主体在建设中发挥出应有的协同效应,形成"村民参与、多元主体、政府主导、合作治理[①]"的数字技术赋能乡村治理现代化建设新格局。

第一,基层政府。作为数字技术赋能乡村治理现代化建设的发起者和领导者,基层政府在乡村治理现代化建设中无疑具有举足轻重的作用。基层政府为数字技术赋能乡村治理现代化建设提供政策支持、公共财政支持、建设规划,以及矛盾协调等服务,如为乡村治理现代化建设提供配套的数字化基础设施和数字化专业技术指导等。在数字技术赋能乡村治理现代化建设进程中,乡镇政府和村委之间实际上是指导和被指导的关系,乡镇政府不应直接干涉乡村社区自治事务。而且,乡镇政府在数字技术赋能乡村治理现代化建设中还扮演着引导者的角色,要引导和协助村委利用数字技术更好地实现村民自治。

第二,村支两委。村支两委是村民委员会和村党支部委员会的简称。村支两委虽不掌握行政权,但在实际的乡村治理中发挥着不可忽视的作用,村支两委是乡村自治有效施行的组织保障,村干部的素质和水

[①] 高宏存、陈小娟:《数字经济与乡村振兴新机遇》,《政策瞭望》2018 年第 10 期。

平高低也在很大程度上影响着乡村自治的效果，村支两委作为国家行政权力向下延伸的辅助性组织其重要性可见一斑。在数字技术赋能乡村治理现代化建设过程中，乡镇政府不直接参与自治，因而村两委要扮演好承上启下的桥梁和纽带角色。也就是说，村两委一方面要接受来自乡镇政府派发的建设任务、接受来自其对建设绩效的考评，另一方面也要对村民负责，处理乡村治理现代化建设中的重要事项以及接受村民群众的监督。因此，提升数字技术赋能乡村治理现代化建设绩效的关键之一就是提高村委干部的专业化水平，只有其转变治理理念且具备数字技术、乡村治理现代化建设等基本素质之后，才能更好地参与乡村治理现代化建设并提升建设绩效。

第三，乡村居民。我国国家性质和《中华人民共和国村民委员会组织法（试行）》中对村委会性质做出了明确的规定，都决定了乡村居民在乡村自治中的主体地位。村委会是为了实现乡村居民的自治而设立的，乡村进行自治的终极目标和受益对象都是乡村居民。而且，数字技术赋能乡村治理现代化建设也离不开乡村居民的实践，是以乡村居民有效参与为中心、强调政民互动的乡村治理现代化建设，如果离开了乡村居民也就根本谈不上乡村治理的现代化建设。

第四，乡村社会组织等其他力量。这里的其他力量主要指乡村社会组织、新乡贤等，这些力量是数字技术赋能乡村治理现代化建设多元主体的重要组成部分。乡村社会组织等其他力量参与到乡村治理现代化建设中，既能为乡村建设增添活力，也可作为先驱力量、榜样力量来带动乡村居民参与到建设实践中。

（二）完善多元主体协作机制

制度是规范组织行为的准则，变革制度规范是有序推进组织目标迈向整体协同的关键。构建数字技术赋能乡村治理现代化建设多元主体参与机制，需要改变治理主体单一化、治理模式科层化的弊端，增进政府与乡村自治组织、乡村社会组织等主体之间的有效互动。在尊重村民群众主体地位的同时，加强自治组织、社会组织、新乡贤与基层政府组织之间的互动联系，利用数字技术有效整合和协同乡村治理现代化建设主体，完善多元主体协作机制。

1. 创新多主体协同手段

数字技术赋能乡村治理现代化建设是乡村公共事务，政府不能全部包办，应由乡村社会各类主体共同参与建设。在多元主体参与乡村治理现代化建设中，管理中心要下移，将乡村社会组织、新乡贤等主体的积极性调动起来，利用这些建设主体构建的"网格化管理制度"，大力推进乡村治理现代化建设进基层、入社区，构建以条块结合、属地为主的跨区域的协同建设机制，充分发挥社会共治力量，进而创新多元主体参与建设的协同方式。

2. 搭建多主体协同平台

搭建沟通平台，进一步完善政府与乡村社会组织、新乡贤、村民群众等多元主体的协商机制。社会组织的活动宗旨和服务对象与政府等治理主体截然不同，代表的利益诉求也就不一样，因此基层政府在乡村治理现代化建设的决策层中需要考虑乡村社会组织、新乡贤、村民群众的代表。同时，还要丰富数据资源，扩展技术分析的广度，延伸技术分析的深度，为此建立一个更为全面的大数据体系。通过大数据体系功能的发挥，为乡村社会组织、新乡贤、村民群众等主体提供更多参与乡村治理现代化建设的途径，从而打破当下因空心化而导致的乡村居民越来越原子化以及边缘化的僵局。

3. 完善多主体协同制度

制度是多主体协同参与数字技术赋能乡村治理现代化建设的根本保障。重点是制定多元主体参与协同的法律体系，从范围、程序、激励机制以及权利和义务模式构建符合乡村治理现代化建设要求的多元主体参与协同机制。具体方案有两种，一是在未来有关乡村治理的法律中专门设一章规定多元主体参与协同制度；二是单独制定多元主体参与协同法律，构建权利义务平衡，利益分享的协同机制。

三 健全政府数字政务服务机制，加强数字信息安全防护

（一）健全政府数字政务服务机制

1. 规范数字政务日常服务

根据整体性治理理论逻辑及国内外数字技术赋能乡村治理及其现代化建设实践，要充分发挥数字技术的赋能效应，从传统治理范式转变为现代数字化新型治理，首先要打通基层政府各政务主管部门的业务网

站，消除其作为独立门户的边界。要把各部门业务整合到政务服务后台系统，并建立起标准化呈现、标准化操作、标准化审批和标准化办理的"四标准"服务规范，实现业务部门之间的互联互通，一网通办，彻底改变乡村居民可能存在的来回跑、分头跑等现象。同时，还要尽快拔除"网上申办、不见面审批、7×24不打烊"机制在实践中的难点与痛点，设立"24小时政务服务自助区"，全天候提供乡村居民最经常办理的各项基本业务服务，并利用政务服务数据决策分析系统及监督功能实施全过程、无死角监控，只要任何办理环节出现不应该出现的问题就及时介入并纠正，以确保各项业务办理流畅顺利。

2. 建立一体化公共数字平台

数字技术赋能乡村治理现代化建设需要以"互联网+政务"服务改革为中心深化"放管服"改革，建立城乡一体化的公共数据平台，建立健全数据信息共建共享机制，推动乡村公共事务数据信息的跨层、跨界开放、传播与共享。一是要进一步完善数字政府服务平台的功能。整合职能大体一致的基层政府部门，在此基础上优化涉农行政审批程序，实现村民群众办事能网上办的就决不用到现场办理、能够自主办理的决不用人工来办、能够一次性办好的决不用多次办理，真正消除跑多个部门、盖多个印章办一件事的低效率现象，使村民群众办事更加方便、更为快捷，借助先进的数字技术加快服务型政府建设进程。二是要继续深化"阳光村务工程"建设。要在建成乡村公共网络平台的基础上，通过虚拟空间实现村民群众低成本、高效率参与乡村公共事务的处理以及村集体资产管理，真正实现乡村公共事务由村民群众说了算、集体资金的使用由村民群众集体决定，使乡村公共事务处理更加阳光化、集体资产管理更加透明化。三是继续推动乡村"雪亮工程"建设。推动监控探头全面覆盖每个自然村主要出入口，视频终端连接基层乡镇政府以实时观察乡村动态和乡村治理现代化建设进程，并对数字技术赋能乡村治理现代化建设过程中的突发状况能够及时有效作出回应，确保建设进程顺利推进。

(二) 加强数字信息安全防护

1. 加强数字信息安全意识

众所周知，数据可以被无限次地复制、传递、加工、分享以及使用，数据自身的负外部性意味着对数据的下载、分享或传递必须有相应的规制加以约束。如果数据信息保护不到位、管理不力，就有可能发生数字信息泄露甚至被滥用的系列风险，进而影响数字技术赋能乡村治理现代化建设进程。对数字信息的管理，既要增强乡村治理现代化建设中基层数据管理人员对数据的管理及安全保护意识，明确日常管理流程和制定异常数据风险管控的应急方案，保障业务数据信息的绝对安全；也要重视乡村治理现代化建设数据管理专业化建设，时常关注数据运行环境的安全以及相关的热点信息，准确把握有关的舆论最新动向，针对异常情况及时上报并配合处理，保证乡村居民、乡村社会组织等参与主体不会因为担忧信息安全而影响数字技术赋能乡村治理现代化建设的信心。

2. 增强数字信息安全预警能力

安全意识是确保数字信息安全的基础，在此基础上还要增强数字信息安全预警能力。因此，要以制度保安全，构建数据安全应用保障技术支撑体系，增强数字信息安全预警能力。在数字技术赋能乡村治理现代化建设中，要加快数据法律法规制度建设，为乡村治理现代化建设数据应用及安全保护提供法治保障，进一步完善基于"数据相关行为"与"数据场景功能"的数据分类分级方法，并不断加强制度、管理、技术三道安全防火墙建设。也就是说，要采用脱敏、加密等方式有效保护乡村治理现代化建设中的个人信息和公共数据信息，增强数据安全预警与溯源能力，全面构建乡村社会数据共享安全制度、管理体系及技术安全防护体系，不断完善"保护与激励"同步同频的数据保护机制，切实增强数字信息安全预警能力。

3. 建立数字信息安全责任承担机制

数字信息安全是近些年才突现的社会问题，其责任承担机制尚在不断地摸索和完善中。对数据安全的保护可以参考日益成熟的生态环境保护的一项重要原则，也就是"谁污染、谁治理，谁开发、谁保护"原则。应该说，将该原则移植到数字技术赋能乡村治理现代化建设的数据安全保护中，有其合理性。具体来说，就是建立起"谁制造风险、谁承担责任，谁获得收益、谁负责保护"的原则。按照该原则，任何乡村治理现代化建设主体如果收集乡村居民或乡村公共事务信息或受到法律保护的其他数据信息，在此过程中这些数据信息存在泄漏风险，那么这个风险就必须由制造该风险的建设主体承担。同理，如果乡村治理现代化建设主体利用这些数据获取收益，那么其就担负有保护这些数据安全的责任，如果是非法获益的，则要承担相应的法律责任。这既充分体现了权利与义务对等的公平性原则，同时也具有现实层面的可操作性。

四 发展数字经济夯实经济基础，加强数字基础设施建设

（一）发展数字经济夯实经济基础

经济基础指的是，由处于社会一定发展阶段的生产力所决定的生产关系之总和。这实际上就是说，作为所有社会活动的构成基础，经济基础的重要性是不言而喻的。没有经济基础的支持，社会治理等社会活动是无法开展的。而且，社会治理能力与经济发展水平是相互影响、彼此作用的。社会治理水平越高，经济发展的速度和质量通常就会越快、越高。根据当前的发展趋势来看，数字经济治理是未来世界各国政府治理体系不可或缺的重要组成，是推进治理体系和治理能力现代化建设的题中应有之义。

1. 夯实数字农业数字化基础

农业数字化发展是当前我国乡村全面振兴的重要内容，数字技术在农业各领域的嵌入呈现出良好的发展态势。接下来，各地要根据自身的实际情况，针对当前农业数字化基础设施建设相对滞后影响数字技术嵌入的现实，特别是数字化农业服务与数字化乡村经济难以无缝对接的短板，加快构建农业农村数字化服务系统，在加快推动数据标准化建设的基础上，融合育苗、播种、料理、收割、储存、运输、销售等农业生产各个环节的信息数据资源[①]。要进一步规范各个环节数据资源的采集流程，促进数据开发利用，并依托"互联网+政务服务"的新模式，积极推进"一站式服务"等数字化新型政务服务向乡村地区延伸与覆盖，从内容与形式双维度丰富乡村数字化服务。特别是要鼓励、支持开展农技推广信息化的管理培训，定期组织基层农技人员接受技术培训，切实提升基层农技推广信息化服务水平，夯实农业数字化发展的人才队伍。

---

① 余丽平：《乡村振兴战略背景下数字乡村建设路径探析》，《中共南昌市委党校学报》2022年第2期。

2. 推进农业生产经营数字化发展

数字技术在农业生产经营中的广泛应用，不断催生出乡村经济的新模式、新业态，进而改变了传统的农业生产经营发展模式，为农村经济社会发展注入了新力量、新动能。因此，要在加快现有农业基础设施数字化改造的基础上，加强遥感技术在作物监测、资源监测、灾害监测等方面的应用，为全面监测田间地头农作物长势创造条件，为自然灾害等预防提供情报预警。要通过进一步强化农业科技研发与创新供给，进一步促进5G、区块链、大数据、物联网及人工智能等数字技术在粮蔬果种植业、畜禽养殖业、水产养殖业以及农田水利设施建设等领域的深度融合与应用，有效采集、存储、分析不同农业产业各环节的信息数据，进而精准指导农业生产①。同时，各地要以特色农业发展和农产品加工、销售为抓手，加快智能装备、数字技术与粮食蔬果种植业、畜禽养殖业、渔业等生产的深度应用。特别是要以农业产业化龙头企业、农民专业合作社、家庭农场、种养大户与现代农业园区等新型农业经营主体和农业生产基地为中心和重点，利用其基础相对较好和技术采纳意愿更强的优势，推动休闲农业与数字技术深度融合，集中力量打造一批智慧农业试点示范项目，然后以此为蓝本加以推广，为农业高质量、高效益发展开辟新道路。

3. 发展农村电商物流数字化体系

电商物流是指物流配送单位在数字技术支持下并利用现代硬件设备、软件系统以及先进的管理方式，根据客户要求而开展的以分类、编码、整理、加工、配送等为主要内容的系列活动。农村电子商务和数字农业的发展，无疑是乡村新业态的催化器，在促进乡村数字化经济发展的同时加速了城乡融合②。因此，要实施"互联网+"农产品出村进城、农超对接工程，建立产销衔接的数字化服务平台，全面打通农产品线上线下相结合的营销通道，无缝对接从初级产品到终端消费的各个环节。物流是农村电商发展的基础，各地要加快建成一批农村智慧物流配送中心，构建新型农村物流配送体系，实现快递网点全覆盖，保证农产品能

---

① 庞国光等：《乡村数字经济发展困境及路径探析》，《新疆农垦经济》2022年第1期。
② 沈费伟、叶温馨：《数字乡村发展的实现路径考察——基于精明增长理论的探索》，《人文杂志》2022年第4期。

及时从生产地运往销售地。要运用数字技术促使农村物流配送提速降费，实现高效、低成本运转，加快农村快递行业的发展与整合，并探索以县级邮政为核心整合农村物流的新模式。

4. 培养乡村数字经济发展带头人

农村经济发展带头人通常是指那些长期扎根在农村，以农业生产、加工、销售、服务等相关工作作为主业，生产经营具有一定的规模，能获得持续、稳定的经济收益且能带动周边小农户增收的乡村能人。乡村能人在乡村地区具有广泛的影响力和号召力，对乡村居民具有标杆和榜样作用。从总体上来看，当前我国不少乡村地区发展数字经济缺少资金、缺少技术也缺少有闯劲的年轻劳动力，但相对而言最为缺乏的是数字经济方面的领路人、带头人。实践经验证明，只要是发展情况比较好的乡村地区，大都有几位标志性的"能人"，也就是说"能人"的带动效应，是促进乡村经济社会发展的有效路径。因此，各级政府应出台指向性非常明确的优惠政策，培养出一批乡村数字经济发展的领路人，从而通过领路人带动乡村数字经济发展。具体来说，除培育新型农业经营主体发展数字经济之外，还要鼓励外出务工、务商的优秀农民工以及优秀毕业大学生等群体返乡创业，让以农业数字化经营为主的创业活动在乡村大地上开花结果，使大众创业、万众创新这个新时代中国经济发展主旋律在乡村地区全面唱响，成为推动乡村数字经济发展的新引擎与新动力。

（二）加强数字基础设施建设

数字基础设施建设既强调数字基础设施普及，也关注传统基础设施的数字化改造，是数字技术赋能乡村治理现代化建设的根基所在。然而，当前农村地区数字基础设施建设在广度、深度和力度上仍存在短板，还无法满足乡村治理现代化建设的实现需求，并在一定程度上制约了建设进程。

1. 加大政府统筹和投入，优化基础设施建设环境

从国家层面看，要设立专项资金对乡村地区特别是相对偏远、相对落后乡村地区数字基础设施建设进行重点扶持，指导地方政府出台中长期发展规划和近期建设方案，加大推进信息化基础设施建设力度，有序推进乡村地区的5G及千兆互联网的建设，以及加快农村宽带通信网、

移动互联网、数字电视网与下一代互联网发展。同时，要加大电信普遍服务补偿试点工作力度，支持农村地区宽带网络发展；要推进农村地区广播电视基础设施建设和数字化升级改造；要鼓励开发适应"三农"特点的信息终端、技术产品、移动互联网应用软件，全面实施信息入户工程，建立健全农业发展和乡村治理现代化建设的综合服务平台。特别是要设立专项资金，推动跨地区水利、公路、电力等基础设施的数字化智能化改造转型。还要注意的是，要设立专项资金改善营商环境，完善数字乡村治理体系，出台产业和数字人才的培养举措，为推进数字技术赋能乡村治理现代化建设的纵深发展打好数字化基础设施。

2. 发挥企业创新引领作用，鼓励加强偏远地区投资

要在合理分配中央政府与地方政府之间的财政负担，真正做到权责对等，压实财政支出责任，保证数字基础设施顺利建设的基础上，充分调动、发挥各类社会力量建设乡村地区数字基础设施的积极性，特别是要充分调动民间资金参与乡村地区数字基础设施建设，有效分担地方政府公共财政支出压力。具体来说，要通过财政补贴、税收、用地等具体的优惠政策，引导、鼓励大型企业和社会资本加大乡村地区，特别是偏远乡村地区产地仓、冷链及大型智能供应链中心等供应链基础设施的投资。要鼓励具备数字技术能力和实体运营经验的新型实体企业推动基础设施投资与建设下沉，应用其产业数字化和基础设施建设能力，通过大数据、物联网、区块链溯源等技术，提升农业生产和流通环节的数字化程度，提高农业供应链效率，助力农业数字化升级，带动偏远乡村地区农产品产业带建设，通过数字农业的发展促进乡村治理现代化建设基础设施的完善。在此基础上，要树立并表彰一批在数字基础设施建设方面投资力度大、建设效果显著的标杆企业，充分发挥新型实体企业投身乡村数字基础设施建设的作用。

3. 培育当地数字龙头企业，形成良好数字基础设施建设生态

一直以来，龙头企业对一个地区的经济带动效应和基础设施建设效应是有目共睹的。为此，要针对中小农户小而散、标准化和组织化程度较差的现状，以县域或农产品产业带为基础，通过政策引导和市场发育相结合的手段，积极培育和发展当地有潜力的数字化龙头企业，使其参与当地农业数字基础设施建设并对接全国性的农产品供销平台与企业，

共同投资建设符合当地资源禀赋、特色农产品以及乡村治理现代化建设需要的数字化基础设施,通过数字化基础设施的完善夯实中小农户与现代农业有机衔接的基础。要推动共建共享农村网络基础设施和数据平台,加强数据资源在不同主体间的互通共享,构建大平台大企业—地方龙头企业—农户的现代化、数字化农业供应链,推动偏远乡村地区经济发展,在助力共同富裕的同时,培育数字化基础设施建设的内生力量。

五　加强数字治理平台及其功能模块建设,规范数据标准

(一)加强数字治理平台及其功能模块建设

以治理平台完善为数字技术赋能乡村治理现代化建设的核心要做好以下几项工作,一是分步骤、有重点推进数字治理平台建设,二是增加数字化治理平台的领域运用,三是健全数字化治理平台评估机制,四是加强数字化治理平台数据安全与隐私保护。

1. 分步骤、有重点推进数字治理平台建设

应大力支持有条件的地区开展通过数字化治理平台践行数字技术赋能乡村治理现代化建设的先行试点,然后总结经验并加以示范和推广。第一,为了确保数字化治理平台建设和使用效果,避免有限资源的浪费或者闲置,特别是避免重复投资,各地应从地方经济发展水平、公共财政能力、信息化建设水平,以及乡村居民人均受教育程度的角度出发,制订有计划的推进计划;推广区域可按照由东到西,由南向北的顺序,逐步推广乡村数字化治理平台的建设和使用。第二,在数字化治理平台的使用中,可推行诚信积分制度,但诚信积分很大程度上依赖乡村居民对相关事件的及时、准确上报,所以乡村居民要非常了解社区环境,为了提高上报的准确度和真实性,减少网格员对事件核实的时间成本,数字化治理平台推广的重点地区应为网格化管理机制相对成熟的乡村社区。第三,由于数字化治理平台的每个数据都需要逐条确认核实,工作量非常大,为减少因信息核实不及时而导致的治理死角盲区,应先在网格化管理较成熟的乡村社区推广,只有对人、地、事、物了如指掌的网格员,才能确保乡村公共事务处理的有效性、及时性和准确性。

2. 增加数字化治理平台的领域运用

数字化治理平台汇聚了庞大的乡村微观生产生活数据,接入平台越多,数据发挥的作用越大,参与乡村治理现代化建设的主体越多,可利

用的资源越丰富，建设绩效可能越高。特别是市场主体付费接入也有利于减少数字化治理平台对地方财政的依赖，有利于解决欠发达地区推广数字化治理平台面临的财政压力。除商业银行这类市场主体加入，还应鼓励保险机构接入数字化治理平台。随着农业适度规模经营程度的日益提升以及农业生产经营者风险意识的增强，市场对于"农业保险"覆盖面、覆盖品种、补偿水平等均提出了新的要求。保险机构接入数字化治理平台，有助于推进保险产品在农业生产场景中落地与应用。特别是信用保证保险机构接入数字化治理平台后，能增加银行机构办理涉农贷款的信心，并为其资金安全提供保障，帮助更多金融资源流向乡村，服务乡村发展。可以说，保险机构接入数字化治理平台不仅有利于扩大乡村地区市场主体的授信额度，全方位保障农户的财产安全，促进农业生产发展，还有利于金融机构降低涉农贷款风险，保证资金安全，提高收益预期。

3. 健全数字化治理平台评估机制

"体验"一词用于询问数字化设备使用者的感受时，类似于可操作性和可实用性的追问，是测试数字化设备使用效果及其满意度的重要指标。对于数字化治理平台推广应用而言，必须有良好的体验效果，这种体验效果主要来自使用者对数字化治理平台硬件的配置、运行与改善，以及软件的设计、使用和升级。数字化治理平台的服务终端主要由两部分构成，即硬件设备和软件系统。从工具理性的角度来说，数字化治理平台有助于实现村务的全面公开，改善基层公共服务质量，提高乡村居民的知情权，促进乡村村民参与自治；从价值理性的角度来说，数字化治理平台的普及有利于数字化乡村治理现代化建设过程的公平、公正、公开，维护乡村社会的正义、平等公共价值。应该说，数字化治理平台所处的角色，是数字化乡村治理现代化建设整个工程系统一扇面向乡村居民的窗口，决定了数字技术赋能乡村治理现代化建设的成败。而重视乡村居民的使用体验，完善村民满意度测评体系，是数字化治理平台得以广泛使用的基本前提。

乡村居民满意度测评体系，重点在于要以乡村群众的实际使用感受和体验为评测依据，并以此为基础来进一步改进数字化治理平台的不足，最终实现实际使用效果与用户期望之间的最佳契合。对乡村居民而言，数字化治理平台必须具有可操作性和功能的相对完备性。乡村居民作为重要的乡村治理现代化建设参与主体与治理客体，无疑对数字化治理平台的使用最有发言权，理应是该平台的重要评价主体。同时，受制于乡村居民的整体素养和偏好，如果只有乡村居民参与评价，可能存在评价结果欠客观、不公正的问题，因而要全面解决好评价主体的问题，就有必要引入第三方机构参与评估，逐步建立起第三方机构参与的评估机制。也就是说，要形成以乡村治理现代化建设参与主体与治理客体的评价为主，即以乡村居民的满意度评价为主，以第三方评估机构评价为补充的多元化评价机制。

4. 加强数字化治理平台数据安全与隐私保护

第一，加强数字化治理平台安全管理。以最大限度汇集乡村社会各界力量而不是单靠政府扶持，方能健康推进数字技术赋能乡村治理现代化建设。因此，要积极发动所有使用网络和数字化治理平台的利益相关主体，共同加强数据安全与隐私的保护。从政府层面来看，网信、工信、公安等部门要与乡镇政府及村党支部建立起联动机制，采取共同行动，维护治理数据安全并加强隐私保护；从社会层面来看，乡镇相关事业单位、乡村自治组织以及乡村社会组织，要提高自律性，共同维护数字化治理平台运行安全与隐私保护；从个体层面来看，每个乡村网民用户，都要加强安全意识，自觉遵守相关规章制度。只有所有利益相关主体齐心协力和群防群治，才能构建起数字技术赋能乡村治理现代化建设的数据安全与隐私保护机制。立法机构要进一步完善数据安全法律法规，有效规制利益相关主体的数据收集行为，明确个人数据信息采集的边界与限度，杜绝信息过度采集、过度索权和超权限采集等现象，保障数字技术赋能乡村治理现代化建设中个人隐私权不受侵犯。要予以特别重视的是，要采取切实行动，对乡村数字化治理平台数据与隐私泄露行为予以严厉惩罚，确保此类行为不重复发生。

第二，加强数字化治理平台安全宣传教育。要做好数字化治理平台数据安全与隐私保护工作，有必要加强安全宣传与教育。应以灵活的方式和多样化的途径强化数字化治理平台的安全教育、培训，大力宣传和表彰维护数字化治理平台安全的先进单位与个人事迹，营造注重公德、规范有序的数字化文化氛围。要强化数字化治理平台从业人员的岗前思想教育培训，提升相关从业人员的能力与专业知识水平。在此基础上，还要对一线工作人员及广大乡村网民开展数据安全与隐私保护的道德教育，从根本上提升其安全素养，通过多措并举，筑牢数字化治理平台安全防护屏障。要大力推进数字化治理平台安全的尖端技术和核心科技的攻关创新，并使其真正成为保障数字技术赋能乡村治理现代化建设数字化治理平台安全的屏障。要适时改造、升级乡村地区网络信息系统、终端设备、平台硬件以及系统软件等数字化硬件、软件基础设施，不断加强数字化治理平台安全技术的开发，夯实其技术基础，牢固构筑数字技术赋能乡村治理现代化建设的数据信息安全"防火墙"。

（二）规范数据标准消除协作障碍

在当前数字技术时代乡村治理及其现代化建设实践中，不少乡村地区对于数据信息的处理大多只是简单的堆砌，对数据信息进行精细加工情况非常少，利用数字技术挖掘和整合数据信息的力度也明显不够，再加上部分地区的地方党委和政府内部不同部门间的"信息孤岛"一直存在，和跨界治理主体之间的"数据壁垒"现象依然普遍，导致了数据信息即使被及时收集，质量并不高、可用性很低。同时，数据采集、储存和传递标准不一以及录入不规范、更新不同步等问题也在一定程度上阻碍了数据信息的传递与共享，制约着多主体的协同合作，进而破坏了乡村治理及其现代化建设进程。

1. 加强跨界、跨级治理主体之间的数据规范化建设

在数字技术视域下，乡村地区跨界、跨级治理主体之间如果能实现数据信息的互动共享，则将有效提高乡村治理及其现代化建设绩效。首先，治理主体要基于数据信息及时做出准确的决策，就要用准确、完整和及时的方式收集、共享和分析数据信息，否则只能是纸上谈兵。其次，地方政府要进一步改革数据信息开放共享机制，实现跨界、跨级治理主体之间的数据信息同步共享，为此需要制定完备的数据信息共享方案，对数据信息共享的方式、手段和范围做出明确的规定。最后，还需要跨界、跨级治理主体之间相互信任数据信息的可靠性、数据传递的安全性以及数据共享利益的互惠性，并健全有关失信行为的惩处机制，确保跨界、跨级治理主体之间的共同利益能得以实现，在平等互信的基础上促进数据信息互联互通，全面消除跨界、跨级治理主体之间数据信息

共享障碍[1]。同时，各地方政府应该意识到，僵化的科层结构形成的职能职责条块分割已经无法保障地方政府治理流程中的有关数据信息及时和跨界、跨级共享，成为政务数据信息利用利益最大化的重要阻碍，因此要加快服务型政府建设步伐，为政务数据信息的安全共享创造条件。

2. 加强政府内部数据规范化建设

地方政府毕竟是数字技术时代乡村治理及其现代化建设的主导性主体，应该率先在数据信息规范化建设方面走出第一步。在利用数据信息实现地方政府乡村治理及其现代化建设目标的过程中，需要地方政府加强机构职能改革，构建新组织模式以实现整体性的数据信息协作管理，保证数据信息的价值得以实现。首先，可以借鉴瑞士建设统一开放政府数据信息制度的经验，通过建立健全政府数据信息整体协作管理制度，并建设好独立的政务数据信息共享平台。当前，我国不少地方政府的电子政务建设都是独立展开的，具有明显的各自为政的特征，并没有对数据信息化建设标准与应用集成加以综合考量，导致信息孤岛现象普遍存在于各部门之间。其后果是不同部门之间无法很好地通过政务系统共享数据信息，决策者也不能系统地挖掘和分析现有政务数据信息，对决策无法形成有效的支持。条块分割的科层组织结构导致地方政府不同部门之间的数据信息共享不可避免地受到官僚政治的影响，经济、社会保障、安全执法、农业灾害预防、公共教育以及社会治理等社会公共数据信息一直由独立且分割的不同部门来承担，各个部门都以自己认为最为合适的方式收集相关数据信息，并将其作为部门所有严密地保管起来，这显然不利于对公共数据信息的分析。通过构建独立的数据信息分享平台，各级地方政府部门、各界治理主体都可以利用数字化开放平台的标准数据信息。同时，可以通过设立专门的数据信息管理机构，对各层级地方政府部门产生的行政数据信息进行整体化管理然后加以共享，实现跨层、跨界业务互联、数据互通、信息共享和工作协调，打破跨层、跨界之间的数据壁垒[2]。

---

[1] 任晓刚：《数字政府建设进程中的安全风险及其治理策略》，《求索》2022年第1期。
[2] 王林霞、魏磊：《大数据嵌入乡村治理的路径建构》，《云南行政学院学报》2020年第5期。

3. 加强数据统一标准建设

化解数据信息给多主体造成的协作困境，首要的工作就是要建设规范统一的数据标准。具体来说，地方政府要在规范自身政务数据信息标准（包括数据信息采集、存储、传递、共享、开放等系列标准）的基础上，通过与行业组织、专业机构合作，为乡村治理、农业生产等乡村数据信息制定统一标准，保证数据信息具有可访问性、可使用性、可检索性、可获得性以及合法性、完整性、准确性。只有数据信息统一了标准，多主体协同参与数字技术时代乡村治理及其现代化建设才能更顺畅。

六 提升乡村居民数字素养，加强数字专业人才队伍建设

（一）提升乡村居民数字素养

1. 进一步解放乡村居民的思想

宣传教育概念当然只是一个基础，与任何商品一样，广告做得再好，产品不好，再怎么宣传也是徒劳的。乡村居民的整体数字素养，与良好的数字化环境是不可分割的，因此乡村居民必须真正在数字技术时代乡村治理及其现代化建设中真正获得便利、实惠，才能够对其产生信心，从被动参与逐步演变为主动参与。而且，感受到实惠的乡村居民会口口相传，实现口碑效应，让村民群众感受到，乡村治理现代化建设具有巨大的效能效应。为此，要进一步解放乡村居民的思想。乡村全面振兴战略和城乡融合发展已经使乡村原有的封闭性转变为现在的开放性和流动性，而数字技术时代的乡村治理及其现代化建设进一步增加了这种开放性与流动性，广大乡村居民必须进一步提升落后文化的鉴别能力，努力习得现代文化，将崇尚科学技术与现代治理的精神自觉贯彻到行动中。对此，地方政府要加大对广大乡村居民的文化培训等公共服务供给力度，通过适当的培训促进乡村居民素养持续、整体提高，特别是要发挥基层党员干部在理念更新、思想革新等方面的先导效应和模范作用，进而带动乡村居民尽快完成思想转变，全身投入数字技术时代的乡村治理及其现代化建设。

2. 开展乡村居民数字素养提升行动

乡村居民是数字技术赋能乡村治理现代化建设红利的直接分享群体，有效发挥其在其主观能动性是加快乡村治理现代化建设的重要内

容。但如果乡村居民数字素养不足,就很可能对数字技术使用参与不足,难以融入数字化生活,限制乡村治理现代化建设,所以要坚持提高乡村居民数字素养。在培训对象上,注重"抓两头"。一是在乡村居民中普及数字知识,让其"看得到"也"摸得着"数字技术带来的好处,打牢数字技术应用的群众基础;二是强化基层政府干部和乡村当地人才的数字技能,以起到领头羊作用,带动乡村居民学习数字技能。此外,老人和低学历者等群体是数字乡村使用主体中的薄弱环节,有必要对其进行针对性培训。在培训方式方面,也要"双管齐下",一方面要进行传统的线下教学,另一方面要开展数字化的线上教学。当然,要有针对性和层次性,不可"一刀切"地进行培训。对普通乡村居民,主要开展入门的数字技术培训,比如手机智能应用使用、智慧农业使用以及农村电商使用等;而对生产经营主体,则重点培训农业生产、管理和电商的智能化知识。

(二)加强数字专业人才队伍建设

加强数字技术赋能乡村治理现代化建设的人才队伍建设要做好以下两项工作,一是加强人才引进与培养,二是提高乡村工作队伍的素质。

1. 加强人才引进与培养

对于数字技术赋能乡村治理现代化建设而言,专业化的人才无疑是最为关键的要素,习近平总书记指出:"要积极培养本土人才,鼓励外出能人返乡创业,鼓励大学生村干部扎根基层,为乡村振兴提供人才保障。[①]"数字技术赋能乡村治理现代化建设,使用新技术、新设备发展数字化乡村产业和开创数字化治理新局面,仅仅依靠现有乡村居民和基层干部是无法完成的,需要引进相关技术、管理等专业化人才,打造一支优秀的人才队伍。

第一,通过派遣的方式扩大人才队伍规模。一是多数乡村地区因集体经济实力有限,并没有足够的经济实力自主引进相关技术、管理等专业化人才,因此,推进数字技术赋能乡村治理现代化建设过程中,需要各省、市政府针对当地乡村的现实条件和未来的发展方向,有计划地向

---

① 习近平:《习近平在山东考察时强调切实把新发展理念落到实处不断增强经济社会发展创新》,《半月谈》2018年第3期。

其派遣专业人才，充实乡村治理现代化建设的专业人才队伍。二是能够适应数字技术赋能乡村治理现代化建设的这类人才一般学历较高、专业性强，因此需要有关部门进行人才队伍的整合和派遣工作。具体内容包括，地方人力资源和社会保障部门可与当地或其他地区的高校加强合作，同高校一起制订相关人才培养计划，根据当地乡村数字化建设、治理现代化建设的不同需求和规划，有针对性地向乡村派遣人才。同时，要建立人才队伍协调工作组，针对不同乡村的不同需求以及数字化建设、治理现代化建设中需求的变更，统筹乡村人才派遣，使人才队伍的构成能够与实际需求相契合。三是对大学生村干部加强乡村数字化建设、治理现代化建设等知识与素养的培养，使其具有现代治理视野，掌握一定数字信息技术、对数字信息化发展有着充分认识，并将这部分人才根据乡村的需求进行派遣，使其能够扎根基层，带领乡村居民因地制宜地推进数字技术赋能乡村治理现代化建设。

第二，通过引进的方式扩大人才队伍规模。部分经济发展基础比较好、集体经济实力比较强的乡村，可以自主引进数字化建设、治理现代化建设方面的专业人才。乡村发展受多种因素的影响，每个乡村的发展现状不尽相同，在乡村发展规划、乡村产业内容等方面有着较大的实践差异，而且部分数字技术赋能乡村治理现代化建设的成功经验并不能适用于每个乡村。一方面，由相关部门组织派遣的人才队伍有一定的流动性，一旦发生人员的调动，便会影响建设进程的顺利推进。因此，有条件的乡村要根据其发展现状和未来规划，自主引进相关专业技术人才。对于人才的引进，乡村需要制定详尽的人才选择、招募、评估的流程，同时要解决人才的待遇问题，在引进适合当地发展的优秀人才的同时，为人才生活提供必要的保障，将人才留在乡村，使其能够有充足的时间了解乡村治理现代化建设面临的现实条件与未来发展方向，从而为数字技术赋能乡村治理现代化建设做出更大的贡献。另一方面，要注意加强与乡村毗邻地区的高校、研究机构之间的联系，建立起人才引进通道。通过人才引进通道，逐步建立起高校与当地乡村基层组织或新型农业经营主体合作办学的模式，乡村制订人才需求计划，定期向高校引进人才。高校则根据需求加强相关的教育培训，为乡村治理现代化建设提供人才培养与储备。乡村还可以通过人才引进通道为高校和研究机构提供实训场所和实践基地，高校和研究机构的人才既能通过实训基地进行相关科研教学工作实践，又能提前熟悉乡村治理环境，乡村则可以通过这种方式发现人才，为乡村人才的引进打下基础。乡村在提供实验基地的同时，实践基地产生的新技术又能尽快地应用于乡村治理现代化建设实践中，在引进人才的同时也引进了相关的先进治理技术。

第三，通过本土化培养的方式扩大人才队伍规模。人才的派遣、引进是在数字技术赋能乡村治理现代化建设中的重要工作，不容忽视。然而，面对快速、深入推动数字化乡村治理现代化建设的实践，仅仅依靠派遣、引进的人才显然是不够的，还要通过本土化培养的方式进一步扩大人才队伍的规模。乡村本土化人才源自乡村，是"土生土长"的，了解乡村风土人情，具有深厚的乡土情结，这是派遣、引进人才无法比拟的。特别是，乡村本土化人才的主要社会关系也在乡村地区，在乡村通常具有一定的影响力与号召力，并具有成为数字化时代乡村治理现代化建设带头人的潜力，因而加快培养本土化人才同样重要。在数字技术赋能乡村治理现代化建设实践中，可通过派遣、引入的人才培养乡村本土人才。可在乡村中选出素质较高、视野开阔，对数字技术、乡村治理现代化建设等具有较高积极性的村民，接受技术人员的指导和培训。当这部分接受专业指导和培养的本土人才掌握了相关技能和知识后，可再通过村民间的交流和"传帮带"，将技能和知识传授给其他村民，进一步促进村民整体素质的提高，从而扩大本土化人才队伍。另外，乡村教师、医生等通常具有一定学习能力，可针对这些群体进行相应的数字化技能提升和乡村治理知识培训，通过有针对性的培训，使其更加精准对接乡村数字化乡村治理现代化建设的实际情况，为乡村治理现代化建设做出新贡献。除此之外，还要注重鼓励外出务工、务商和学习的本土人才回到乡村，投身数字技术时代的乡村治理现代化建设。

2. 提高乡村工作队伍的素质

在政府派遣人才、乡村自主引进人才、培养乡村本土化人才的同时，更要注重对普通乡村居民和乡村工作队伍的教育和培训，要向其教授数字化建设、治理现代化建设等知识和技能，提高其综合素质，奠定数字技术时代乡村治理现代化建设的人文基础。

首先，要在乡村或附近乡镇设立专业知识课堂，为乡村居民提供较为专业的数字化技能、乡村治理、现代化建设等知识讲座和培训。数字技术赋能乡村治理现代化建设不仅需要专业的技术人才和管理人才，更需要较高素养的村民群众。如果乡村居民素养得到一定的提高，掌握了数字化技能、乡村治理、现代化建设等知识和技能，就能够更深刻地意识到数字技术推动乡村治理现代化的重要性。当然，此类培训课堂，最好是在农闲的时候统一组织，将乡村居民集中起来进行知识的讲解和技术培训，避免产生新知识鸿沟。其次，乡镇政府还可以与当地相关职业教育学院或高校合作，为乡村居民制定并提供职业技能培训所需的教材、资料等素材，也可以通过开通网络教育平台的方式，为乡村居民提供专业知识和技能的讲解视频、音频等。最后，政府派遣的人才和乡村引进的人才也可以通过课堂和网络平台向乡村居民教授专业技能，从而更高效地指导乡村居民参与乡村治理及其现代化建设。

第三节　本章小结

作为国家治理的基层触角与微观基础，乡村治理及其现代化建设是乡村居民建设美好生活和增进获得感、幸福感、安全感的重要保障，而数字技术是加快乡村治理现代化建设步伐、建成高质量乡村治理体系的关键依托。作为提出解决问题方案的部分，本章首先提出了数字技术赋能乡村治理现代化建设应该坚持的原则，即坚持政治、德治、自治、法治和智治"五治"融合建设，坚持以建设有效为基本出发点，坚持因地制宜地促进乡村振兴，坚持促进共同富裕为基本导向。然后，结合前文的研究结论提出了数字技术赋能乡村治理现代化建设的八大对策，即明晰数字技术赋能乡村治理现代化建设多元参与主体责任边界、改造升级基础设施补齐数字技术赋能乡村治理现代化建设短板、完善数字技术赋能乡村治理现代化建设治理平台及其功能模块、加强数字技术赋能乡村治理现代化建设的专业化人才队伍建设、激发村民参与数字技术赋能乡村治理现代化建设的主观能动性、引导和激励体制外力量参与数字技术赋能乡村治理现代化建设、发展数字经济夯实数字技术赋能乡村治理现代化建设经济基础以及规范数据标准消除数字技术赋能乡村治理现代化建设协作障碍。

第八章
研究结论与展望

第一节 研究结论

利用数字技术赋能乡村治理现代化建设是积极应对数字时代浪潮的不二选择,也是运用技术手段推动乡村振兴、弥合现代化进程中城市与乡村发展不均衡的积极尝试。在全面建成小康社会以及开启全面建设社会主义现代化强国的新历史时期,通过互联网、物联网、大数据、云计算、区块链等数字技术以及智能设备的应用,加快乡村治理现代化建设进程,促进乡村居民美好生活建设和获得感、幸福感、安全感增进是党和中央政府的工作的重点所在。基于此,本书通过理论与实践两条线,宏观与微观两大维度,并通过对典型案例的深入剖析,全面探究了数字技术赋能乡村治理现代化建设这一核心议题,得出了以下主要结论。

第一,核心概念与理论基础阐述的研究结论。数字化以数字的生成作为直接目的,把客观对象或事物的特征以指标化的方式进行表征,通过数字获取、生成、加工以及增值等环节来实现自身在现实社会中的应用空间和巨大价值。数字技术是运用数字组来存储数据、传递信息的一门技术,具体涉及数字的转换、存储、传递、加工、转化、挖掘等一系列操作,是信息通信技术、数据处理技术、人工智能等多种技术的综合化和集成化。数字治理的核心作用主要体现在:信息技术能通过政府政务平台这个载体发挥连接政府与市场主体、普通民众之间信息交换的桥梁作用;充分运用数字技术手段一方面能促进政府自身运转效率的提升;另一方面能扁平化政府与市场主体、民众之间的沟通渠道,提升沟通效率。乡村治理是以村为主要阵地的治理，是在基层党组织的领导下，是一个由基层乡镇政府、乡村自治组织、乡村社会组织、村民等治理主体相互配合、共同参与的过程。乡村治理现代化的建设目标包含了参与主体多元化、运行体系民主化、法治合意化、制度规范科学化以及社会响应积极化等多类型、多向度的价值内涵。数字技术给世界带来了巨大改变，在诸多领域的应用都极大地提高了整体绩效，乡村治理的数字化自然也承载了人们对于"更高效治理"的期待。"一个思想、三个理论"的城乡均衡发展思想以及信息不对称、技术治理和整体治理理论，是数字技术赋能乡村治理现代化建设的重要理论支撑。

第二，数字技术与乡村治理现代化建设内在关联的研究结论。乡村治理现代化建设作为国家治理现代化建设的重要组成部分，要适应数字化发展进程，与人民美好生活需求相契合。从满足人民美好生活需要、消弭城乡数字鸿沟、促进乡村振兴、提升国家治理效以及契合数字社会发展趋势等角度来看，数字技术时代乡村治理走向现代化是必然选择。乡村治理现代化建设的主要内涵是治理主体协同化、治理资源供给均衡化、治理决策智能化、权力运行透明化和监督激励科学化。数字技术对乡村治理现代化建设的赋能主要体现在：搭建数字化治理平台多主体协治局面促进，构建一体化聚合平台促进资源供给精准化，建立基于数据分析的决策机制推动治理决策智能化，基于数据分析编制清单并固化流程，促进权力运行透明化以及采用"数据监控+数字舆情"完善监督激励机制等维度。数字技术对乡村治理现代化建设可能产生的"负能"主要有："技术利维坦"引发信息安全忧患，动摇治理主体技术信心；"算法歧视"加剧社会不公，影响乡村治理现代化建设软环境；数字技术拔高地方政府地位，弱化其他主体参与意愿；数字技术异化使用，制约建设绩效提升以及算法"固定"导致治理主体创新潜能难以释放。

第三，数字技术赋能乡村治理现代化建设宏观评价的研究结论。数字技术赋能乡村治理现代化建设宏观评价的自变量指标体系可由数字信息发布情况、数字办事服务情况、数字平台安全防护情况、移动新媒体建设情况、数字化设施建设情况、人才培育和专利技术情况等构成，因变量（绩效）指标体系可由就业、社会保障和社会福利、卫生医疗、文化教育、基础设施、环境保护等构成。利用14个省级政府 2021 年度的统计年鉴以及《中国社会统计年鉴》、《中国劳动统计年鉴》、《中国卫生统计年鉴》等数据资料，通过回归分析法研究发现：数字信息发布情况、数字办事服务情况以及人才培育和专利技术情况显著正向影响乡村治理现代化建设绩效与数字平台安全防护情况、移动新媒体建设情况和数字化设施建设情况显著负向影响乡村治理现代化建设绩效。

第四，数字技术赋能乡村治理现代化建设微观评价的研究结论。数字技术赋能乡村治理现代化建设微观评价的因变量指标可解构为多主体"共同体化"协作、治理机制"智能化"运行以及治理资源"情境化"配置三大维度，其对应的可观测变量分别为信息共享创造协作新局面、"线上协商"凝多方智慧以及场景再造调动多方力量，党支部模块激活党建资源、全链聚合并精准化配置资源以及数据共享应用促进资源整合，实时互动需求表达新渠道、点对点实现需求及时回应、"一网统管"决策模式以及平台和线上相结合的全过程监督。自变量指标可解构为数字化基础设施、多主体协作机制、村民素养以及数字技术应用四大维度，其对应的可观测变量分别为数字乡村建设规划、数字化基础设施建设、数字基础设施完善度和数字化人才配置，协作共赢理念、协作规则、角色定位以及调适机制，文化素养、政治素养、道德素养和数字素养，数据信息共享、数据标准规范、数据使用规范以及数字经济发展。利用结构方程法和 535 份有效样本数据的研究表明：数字化基础设施、多主体协作机制、村民素养以及数字技术应用是影响建设绩效的重要因素，完善数字基础设施、加强数据使用规范是补齐数字技术赋能乡村治理现代化建设短板的切入口，进一步提升文化素养、发展数字经济是强化优势的有效抓手等主要结论。

第五，数字技术赋能推动治理能力现代化案例的研究结论。有关浙江省德清县"一图感知五四"数字技术赋能乡村治理现代化建设实践，浙江省龙游县"龙游通"数字技术赋能乡村治理现代化建设实践，以及英国、美国、日本数字技术赋能乡村治理实践的研究表明，促进数字技术赋能乡村治理现代化建设的有效途径主要是：加强顶层设计，促进数字技术与乡村治理高度融合；建设数字化共享平台，夯实数字技术赋能乡村治理基石；利用成熟的行政服务体系，推进数字技术赋能乡村治理；提升村民主体数字化素养，培育数字技术时代乡村治理现代化建设内生力量。

第二节 研究展望

　　本书将"数字乡村战略""人民满意的服务型政府建设""国家治理现代化建设""乡村全面振兴""促进人的全面发展"五条线索结合起来对数字技术赋能乡村治理现代化建设展开综合研究，不仅有助于解答"均等化"与"共同富裕"之间同构共生的关系，促进数字技术赋能乡村治理现代化建设，提升乡村治理能力与治理绩效，使乡村居民的获得感、幸福感和安全感更加充实、更有保障、更可持续，也为本领域的深入研究提供了一个理论与实践相结合，宏观与微观相互支撑，以及以实践案例分析和实践规律总结为重要补充的研究范式。然而，在以下方向依然留下了可以有所为的空间。一是我国数字技术时代乡村治理现代化建设的法律规制及标准体系建设问题有待深入探讨，二是基于乡村居民视角的数字技术赋能乡村治理现代化建设的主观绩效评价值得进一步拓展。

参考文献

［美］爱德华·C. 托尔曼：《动物和人类的目的性行为》，李维译，山东教育出版社 1983 年版。

蔡禾：《国家治理的有效性与合法性——对周雪光、冯仕政二文的在思考》，《开放时代》2012 年第 2 期。

曾凡军：《基于整体性治理的政府组织协调机制研究》，武汉大学出版社 2013 年版。

曾令辉、陈敏：《乡村社会治理中农民协商能力培育研究——基于恭城县北洞源村的调查》，《广西民族大学学报》（哲学社会科学版）2016 年第 2 期。

陈朝霞：《乡村治理现代化的困境与路径研究》，《中南林业科技大学学报》（社会科学版）2022 年第 2 期。

陈桂生、徐铭辰：《数字乡村协同建设研究：基于 SFIC 模型的分析》，《中共福建省委党校学报》（福建行政学院）2022 年第 1 期。

陈家刚：《基层治理：转型发展的逻辑与路径》，《学习与探索》2015 年第 2 期。

陈明、刘义强：《交互式群治理：互联网时代农村治理模式研究》，《农业经济问题》2019 年第 2 期。

程名望：《数字乡村建设助力乡村振兴的机遇和挑战》，《国家治理》2021 年第 20 期。

戴祥玉、卜凡帅：《地方政府数字化转型的治理信息与创新路径——基于信息赋能的视角》，《电子政务》2020 年第 5 期。

党国英：《我国乡村治理改革回顾与展望》，《社会科学战线》2008

年第 12 期。

邓正来：《哈耶克方法论个人主义的研究》，《浙江学刊》2002 年第 4 期。

丁亮、蔡婧：《乡村治理现代化：目标定位、发展困境与推进策略——第四届中国县域治理高层论坛会议综述》，《社会主义研究》2020 年第 2 期。

董幼鸿、叶岚：《技术治理与城市疫情防控：实践逻辑及理论反思——以上海市 X 区"一网统管"运行体系为例》，《东南学术》2020 年第 3 期。

[美] 杜赞奇：《文化、权力与国家：1900—1942 年的华北农村》，江苏人民出版社第 2008 年版。

方堃等：《基于整体性治理的数字乡村公共服务体系研究》，《电子政务》2019 年第 11 期。

[美] 费正清：《美国与中国》，世界知识出版社 2008 年版。

冯留建、王宇凤：《新时代乡村治理现代化的实践逻辑》，《齐鲁学刊》2020 年第 4 期。

冯契主编：《哲学大辞典》，上海辞书出版社 1992 年版。

冯献等：《乡村治理数字化：现状、需求与对策研究》，《电子政务》2020 年第 6 期。

冯献、李瑾：《乡村治理现代化水平评价》，《华南农业大学学报》（社会科学版）2022 年第 3 期。

付翠莲、张慧：《"理念—制度—技术"视角下乡村治理数字化转型的逻辑与机制——以德清县"一图感知五四"数字化平台为例》，《公共治理研究》2022 年第 2 期。

付建军：《当代中国社会治理创新的发生机制与内在张力——兼论社会治理创新的技术治理逻辑》，《当代世界与社会主义》2018 年第 6 期。

高宏存、陈小娟：《数字经济与乡村振兴新机遇》，《政策瞭望》2018 年第 10 期。

高其才：《健全"三治结合"的乡村治理体系：发展历程、价值目标、现实挑战、制度完善》，《扬州大学学报》（人文社会科学版）2021

年第 3 期。

桂华：《面对社会重组的乡村治理现代化》，《政治学研究》2018 年第 5 期。

郭美荣等：《数字乡村背景下农村基本公共服务发展现状与提升策略》，《中国软科学》2021 年第 7 期。

国务院第七次全国人口普查领导小组办公室：《2020 年第七次全国人口普查主要数据》，中国统计出版社 2021 年版。

［法］H. 蒙德拉斯：《农民的终结》，李培林译，中国社会科学出版社 1991 年。

韩瑞波：《敏捷治理驱动的乡村数字治理》，《华南农业大学学报》（社会科学版）2021 年第 4 期。

韩志明、李春生：《城市治理的清晰性及其技术逻辑——以智慧治理为中心的分析》，《探索》2019 年第 6 期。

何虹果：《乡村治理内涵界定之争：分歧及其原因分析》，《湖北文理学院学报》2021 年第 3 期。

贺雪峰：《乡村治理现代化：村庄与体制》，《求索》2017 年第 10 期。

贺雪峰：《乡村治理研究与村庄治理研究》，《地方财政研究》2007 年第 3 期。

胡宝珍等：《新时代"五治融合"乡村治理体系之建构——基于福建乡村治理实践的考察》，《东南学术》2022 年第 2 期。

胡士民、牟姣姣：《创新乡村治理体系 从良序迈向善治》，《生产力研究》2021 年第 1 期。

黄博：《数字赋能：大数据赋能乡村治理现代化的三维审视》，《河海大学学报》（哲学社会科学版）2021 年第 6 期。

黄建伟、陈玲玲：《国内数字治理研究进展与未来展望》，《理论与改革》2019 年第 1 期。

姜英：《5G 时代数字技术对乡村社会治理的支持与应用》，《农业经济》2021 年第 10 期。

郎友兴：《村落共同体、农民道义与中国乡村协商民主》，《浙江社会科学》2016 年第 9 期。

雷明：《多维理论视域下的全面乡村振兴》，《广西社会科学》2022年第2期。

李道亮：《我国数字乡村建设的重点、难点及方向》，《国家治理》2021年第20期。

李红娟、董彦彬：《中国农村基层社会治理研究》，《宏观经济研究》2021年第3期。

李金锴等：《乡村治理何以有效？——国外典型实践模式及启示》，《山西农业大学学报》（社会科学版）2022年第1期。

[美]李普塞特：《政治人：政治的社会基础》，张绍宗译，上海人民出版社2011年版。

李全利、朱仁森：《打造乡村数字治理接点平台：逻辑框架、案例审视与联动策略》，《学习与实践》2022年第3期。

李蓉蓉、张树峰：《村庄治理资源的有效配置研究》，《当代世界与社会主义》2008年第1期。

李三辉：《乡村治理现代化：基本内涵、发展困境与推进路径》，《中州学刊》2021年第3期。

李燕凌、陈梦雅：《数字赋能如何促进乡村自主治理？——基于"映山红"计划的案例分析》，《南京农业大学学报》（社会科学版）2022年第3期。

梁言顺：《坚持以习近平新时代中国特色社会主义思想为指导 奋力谱写全面建设社会主义现代化美丽新宁夏壮丽篇章》，《宁夏日报》2022年6月16日第1版。

凌烨丽、李浩昇：《农民公共精神的流变及乡村振兴视域下的重塑》，《宁夏社会科学》2019年第4期。

凌羽乔：《"数字"概念初探：起源、流变与未来》，《理论界》2021年第11期。

刘俊祥、曾森：《中国乡村数字治理的智理属性、顶层设计与探索实践》，《兰州大学学报》（社会科学版）2020年第1期。

刘儒等：《新民主主义革命时期中国共产党的民生建设及其基本经验》，《行政论坛》2022年第3期。

刘天元、田北海：《治理现代化视角下数字乡村建设的现实困境及优化路径》，《江汉论坛》2022 年第 3 期。

刘婷婷、俞世伟：《实现乡村治理现代化的伦理之道》，《行政论坛》2021 年第 2 期。

刘亦文等：《中国农业绿色全要素生产率测度及时空演化特征研究》，《数量经济技术经济研究》2021 年第 5 期。

刘玉东等：《党建引领社会治理的内在机理与系统构建——以南京市域治理为例》，《南京社会科学》2022 年第 6 期。

刘志阳、王泽民：《人工智能赋能创业：理论框架比较》，《外国经济与管理》2020 年第 12 期。

卢福营、王子豪：《有效性取向的乡村治理整合式创新》，《浙江学刊》2019 年第 2 期。

伦晓波、刘颜：《数字政府、数字经济与绿色技术创新》，《山西财经大学学报》2022 年第 4 期。

［英］洛克：《政府论两篇》，赵伯英译，陕西人民出版社 2004 年版。

［美］马克·赛尔登：《革命中的中国》，上海财经大学出版社 2002 年版。

马克思、恩格斯：《共产主义原理》，中共中央马克思恩格斯列宁斯大林著作编译局译，人民出版社 2014 年版。

马克斯·韦伯、林荣远：《设有官僚行政管理班子的合法型统治》，《新远见》2012 年第 6 期。

马亮：《中国农村的"互联网+政务服务"：现状、问题与前景》，《电子政务》2018 年第 5 期。

［美］马斯洛：《人的潜能和价值》，华夏出版社 1987 年版。

马宇蕾：《乡村治理现代化的法治路径及其优化》，《理论导刊》2021 年第 7 期。

［美］曼纽尔·卡斯特：《网络社会的崛起》，夏铸九译，社会科学文献出版社 2003 年版。

毛佩瑾、李春艳：《城乡基层社会治理的实践探索与完善路径——基于"四治一体"治理模式探析》，《云南社会科学》2020 年第 5 期。

［美］尼葛洛庞帝：《数字化生存》，海南出版社 1996 年版。

欧阳静：《简约治理：超越科层化的乡村治理现代化》，《中国社会科学》2022 年第 3 期。

潘坤：《乡村治理现代化的政治伦理建构》，《云南民族大学学报》（哲学社会科学版）2021 年第 1 期。

庞国光等：《乡村数字经济发展困境及路径探析》，《新疆农垦经济》2022 年第 1 期。

切排、赵志浩：《农村治理模式选择之殇——基于华北 X 村的个案》，《西北农林科技大学学报》（社会科学版）2019 年第 4 期。

邱春林：《中国共产党与乡村治理的中国特色》，《理论学刊》2017 年第 1 期。

邱春林：《中国特色乡村治理现代化及其基本经验》，《湖南社会科学》2022 年第 2 期。

任佳嘉：《乡村振兴背景下实现治理有效的现实困境及创新路径》，《湖北经济学院学报》（人文社会科学版）2022 年第 6 期。

任晓刚：《数字政府建设进程中的安全风险及其治理策略》，《求索》2022 年第 1 期。

[美] 塞缪尔·亨廷顿：《变化社会中的政治秩序》，上海人民出版社 2008 年。

邵宏珠：《新时代乡村治理现代化的困境与实现逻辑》，《农业经济》2020 年第 9 期。

沈费伟、叶温馨：《数字乡村发展的实现路径考察——基于精明增长理论的探索》，《人文杂志》2022 年第 4 期。

沈费伟、袁欢：《大数据时代的数字乡村治理：实践逻辑与优化策略》，《农业经济问题》2020 年第 10 期。

师博：《数字经济下政治经济学理论创新研究》，《政治经济学评论》2022 年第 2 期。

[美] 斯坦利·麦克里斯特：《赋能：打造应对不确定性的敏捷团队》，林爽译，中信出版社 2017 年版。

孙瑾微：《新时期党内监督科学化的研究成果综述》，《中共乐山市委党校学报》2015 年第 1 期。

孙九林等：《农业大数据与信息化基础设施发展战略研究》，《中国工程科学》2021年第4期。

孙莹：《协同共治视角下的乡村治理现代化——以四川省J市的乡村振兴实践为例》，《理论学刊》2022年第2期。

田鸽、张勋：《数字经济、非农就业与社会分工》，《管理世界》2022年第5期。

［法］托克维尔：《论美国的民主》（上卷），商务印书馆1988年版。

汪雷、王昊：《乡村振兴视域下的数字乡村治理：困境与出路》，《邵阳学院学报》（社会科学版）2021年第4期。

王国勤：《走向公共性的农村治理现代化——以浙江省为例》，《科学社会主义》2014年第5期。

王洁琼、李瑾等：《国外乡村治理数字化战略、实践及启示》，《图书馆》2021年第11期。

王晶晶等：《浅析"乡政村治"》，《甘肃农业》2005年第9期。

王磊：《人工智能：治理技术与技术治理的关系、风险及应对》，《西华大学学报》（哲学社会科学版）2019年第2期。

王林霞、魏磊：《大数据嵌入乡村治理的路径建构》，《云南行政学院学报》2020年第5期。

王明为、杨灿：《新型城镇化背景下乡村治理的转型路径研究》，《云南社会科学》2021年第2期。

王雯：《"十四五"时期加快数字乡村发展的思路和政策建议》，《中国发展观察》2020年第Z8期。

王小芳、王磊：《"技术利维坦"：人工智能嵌入社会治理的潜在风险与政府应对》，《电子政务》2019年第5期。

王瑜、汪三贵：《互联网促进普惠发展的基本经验：成本分担与多层面赋能》，《贵州社会科学》2020年第11期。

王宇翔：《第二次世界大战前美国制造业的郊区化——兼论美国郊区化与城市化的关系》，《美国研究》2020年第1期。

王雨磊：《数字下乡：农村精准扶贫中的技术治理》，《社会学研究》2016年第6期。

魏三珊：《乡村振兴背景下农村治理困境与转型》，《人民论坛》

2018年第2期。

文宏：《从自发到工具——当前网络围观现象的行为逻辑分析》，《公共管理学报》2013年第3期。

吴理财等：《新时代乡村治理体系重构：自治、法治、德治的统一》，《云南行政学院学报》2018年第4期。

武小龙：《数字乡村治理何以可能：一个总体性的分析框架》，《电子政务》2022年第6期。

习近平：《习近平在山东考察时强调切实把新发展理念落到实处不断增强经济社会发展创新》，《半月谈》2018年第3期。

向晓梅等：《科技革命的治理逻辑与社会主义市场经济体制完善路径》，《南方经济》2021年第9期。

项继权、鲁帅：《中国乡村社会的个体化与治理转型》，《青海社会科学》2019年第5期。

谢文帅等：《中国数字乡村建设：内在机理、衔接机制与实践路径》，《苏州大学学报》（哲学社会科学版）2022年第2期。

徐铜柱、张恩：《乡村微腐败的异质性表现及其法治化治理之维》，《湖北民族大学学报》（哲学社会科学版）2021年第2期。

徐晓林、刘勇：《数字治理对城市政府善治的影响研究》，《公共管理学报》2006年第1期。

徐勇：《民主与治理：村民自治的伟大创造与深化探索》，《当代世界与社会主义》2018年第4期。

［英］亚当·斯密：《国民财富的性质和原因的研究》，郭大力、王亚南译，商务印书馆1974年版。

姚璐莘、蒙冰峰：《乡村治理现代化中基层干部道德责任研究》，《领导科学》2020年第18期。

易承志、韦林沙：《城乡融合背景下新乡贤参与乡村公共治理的实现机制——基于制度与生活视角的个案考察》，《行政论坛》2022年第3期。

余丽平：《乡村振兴战略背景下数字乡村建设路径探析》，《中共南昌市委党校学报》2022年第2期。

余阳：《当前乡村治理面临的新挑战》，《人民论坛》2018年第

12 期。

俞可平：《治理和善治引论》，《马克思主义与现实》1999 年第 5 期。

郁建兴：《法治与德治衡论》，《哲学研究》2001 年第 4 期。

郁建兴、樊靓：《数字技术赋能社会治理及其限度——以杭州城市大脑为分析对象》，《经济社会体制比较》2022 年第 3 期。

袁建伟等：《乡村振兴战略下的产业发展与机制创新研究》，浙江工商大学出版社 2020 年版。

郧彦辉：《数字利维坦：信息社会的新型危机》，《中共中央党校学报》2015 年第 6 期。

詹姆斯·布坎南、李公绰：《评里根政府的新经济政策》，《国际经济评论》1981 年第 6 期。

张福磊、曹现强：《城市基层社会"技术治理"的运作逻辑及其限度》，《当代世界社会主义问题》2019 年第 3 期。

张厚安、徐勇：《中国农村村级治理》，华中师范大学出版社 2000 年版。

张建锋：《数字治理：数字时代的治理现代化》，电子工业出版社 2021 年版。

张磊、崔铁军：《时空编码数字超材料和超表面研究进展》，《中国科学基金》2021 年第 5 期。

张利库等：《社会交换理论视角下"金字塔"型乡村治理体系研究——基于山东省 J 市 S 村的单案例分析》，《中国人民大学学报》2022 年第 3 期。

张向东、李晓群：《整合与分立：中国农村基层治理的单元组合研究——以广东清远、浙江杭州农村基层治理改革为例》，《华中师范大学学报》（人文社会科学版）2020 年第 1 期。

张晓山：《健全自治、法治、德治相结合的乡村治理体系》，《乡村工作通讯》2017 年第 22 期。

张玉磊：《整体性治理理论概述：一种新的公共治理范式》，《中共杭州市委党校学报》2015 年第 5 期。

赵成伟、许竹青：《高质量发展视阈下数字乡村建设的机理、问题与策略》,《求是学刊》2021年第5期。

赵琨、苏昕:《乡村政务服务数字化的三点对策》,《理论探索》2021年第3期。

赵普兵:《协商治理:农村自治转型之路》,《华南农业大学学报》(社会科学版)2019年第2期。

赵晓明:《"一图感知":让村民畅享数字生活》,《中国社会报》2021年9月24日第3版。

钟伟军:《公民即用户:政府数字化转型的逻辑、路径与反思》,《中国行政管理》2019年第10期。

周常春:《贫困县农村治理"内卷化"与参与式扶贫关系研究——来自云南扶贫调查的实证》,《公共管理学报》2016年第1期。

周亚越、黄陈萍:《迭代创新:基层社会治理创新的扩散逻辑——以"村情通"的扩散为例》,《中国行政管理》2020年第10期。

朱建建等:《"十四五"期间乡村治理数字化的框架与指标体系设计》,《统计与信息论坛》2021年第9期。

Akerlof G. A., "The Market for 'Lemons': Quality Uncertainty and the Market Mechanism", *Quarterly Journal of Economics*, Vol. 84, 1970.

Alexis De Tocqueville, *Democracy in America. Volume 1*, New York: Nova Science Publishers, Inc, 2019.

Andrea G., et al., "Digital Entrepreneurship and Field Conditions for Institutional Change: Investigating the Enabling Role of Cities", *Technological Forecasting and Social Change*, Vol. 146, No. 9, 2019.

Arora-Jonsson S., "The Realm of Freedom in New Rural Governance: Micro-politics of Democracy in Sweden", *Geoforum*, Vol. 79, No. FEB, 2017.

Assche K. V., et al., "Rural Development and the Entwining of Dependencies: Transition as Evolving Governance in Khorezm, Uzbekistan", *Futures*, Vol. 63, No. nov, 2014.

Autio E., et al., "Digital Affordances, Spatial Affordances, and the Genesis of Entrepreneurial Ecosystems.", *Strategic Entrepreneurship Journal*, Vol. 12, No. 1, 2018.

Backus M., "eGovernance and Developing Countries: Introduction and Examples", *International Institute for Communication & Development*, Vol. 3, NO. 3, 2001.

Becker S. A., et al., "NMC Horizon Report: 2017 Higher Education Edition", *Journal of Open Learning*, 2017.

Berger E. S. C., et al., "Digital or not—The Future of Entrepreneurship and Innovation", *Journal of Business Research*, Vol. 125, No. 3, 2021.

Bharadwaj A., et al., "Digital Business Strategy: Toward a Next Generation of Insights", *MIS Quarterly*, Vol. 37, No. 2, 2013.

Bjärstig T., Sandström C., "Public-private Partnerships in a Swedish Rural Context: A Policy Tool for the Authorities to Achieve Sustainable Rural Development?", *Journal of Rural Studies*, No. 49, 2016.

Boonstra W. J., "Policies in the Polder: How Institutions Mediate between Norms and Practices of Rural Governanc", *Sociologia Ruralis*, No. 46, 2010.

Cenamor J., Parida V., et al., "How Entrepreneurial SMEs Compete Through Digital Platforms: The Roles of Digital Platform capability, Network Capability, and Ambidexterity", *Journal of Business Research*, Vol. 100, No. 7, 2019.

Cennamo C., Santalo J., "Generativity Tension and Value Creation in Platform Ecosystems", *Organization Science*, Vol. 30, No. 3, 2019.

Dunleavy P., "New Public Management is Dead-long Live the Digital Era Governance", *Public Administration Research and Theory*, Vol16, No. 3, 2006.

Dunleavy P., et al., *Digital Era Governance—IT Corporations, the State and e-Govern ment*, Oxford: Oxford University Press, 2006.

Dunleavy P., Margetts H., "The Second Wave of Digital Era Governance", https://www.researchgate.net/publication/228124529, (2014-05-27) [2020-01-20].

Dunleavy P., "New Public Management Is Dead—Long Live Digital-Era Governance", *Journal of Public Administration Research & Theory*,

Vol. 3, No. 3, 2006.

D. L., Stoker G., *Towards Holistic Governance: The New Reform Agenda*, London: Palgrave Press, 2002.

Eshet-Alkalai, Y., "Digital Literacy: A Conceptual Framework for Survival Skills in the Digital Era", *Journal of Educational Multimedia and Hypermedia*, Vol. 13, No. 1, 2004.

Hirsch-Kreinsen Hartmut, "Digitization of Industrial Work: Development Paths and Prospects", *Journal for Labour Market Research*, Vol. 49, No. 1, 2016.

Holeman I., et al., "Digital Technology for Health Sector Governance in Low and Middle Income Countries: A Scoping Rreview", *Journal of global health*, Vol6, No. 2, 2016.

Hudon, C., et al., "Poitras, Enablement in Health CareContext: A Concept Analysis", *Journal of Evaluation in Clinical Practice*, 2011.

Janowski T., "Implementing Sustainable Development Goals with Digital Government-Aspiration-capacity gap", *Government Information Quarterly*, Vol. 33, No. 4, 2016.

Jones O., Little J., "Rural challenge (s): Partnership and New Rural Governance", *Journal of Rural Studies*, Vol16, No. 2, 2000.

Klimova J., *Digital Technology in Risk-Based Approach of Continuous Audit*, Cham: Springer, 2019.

Lewis A., "Economic Development with Unlimited Supplies of Labour", *The Manchester School of Economic and Social Studies*, Vol. 22, No. 2, 1954.

Liu W., et al., "Research for the Rough Extension of Strong Relevant Logic", *International Journal of Digital Content Technology & Its Applications*, Vol6, No. 15, 2012.

Lopes N., José Faria, *A Cybersecurity Model for Electronic Governance and Open Society*, Cham: Springer, 2018.

Lu M., Jacobs J. C., "Rural Regional Governance in the United States: the Case of the Resource Conservation and Development Program.",

Geographical Review, Vol. 103, No. 1, 2013.

Meredith Belbin R., *Management Teams: Why They Succeed or Fail*, Butterworth-Heinemann, 1981.

Oliver Müller O., "Learning to Lerder. Ritualised Performances of 'Participation' in Local Arenas of Participatory Rural Governance (Open Access)", *Sociologia Ruralis*, Vol. 4, 2019.

Reed T. V., *How Do We Make Sense of Digitizing Cultures?: Culture, Power and Social Change in the Internet Era Description*, Second Edition, New York: Routledge, 2019.

Shucksmith M., "Disintegrated Rural Development? Neo-endogenous Rural Development, Planning and Place-Shaping in Diffused Power Contexts", *Sociologia Ruralis*, Vol. 50, No. 1, 2010.

Tapscott Don, *The Digital Economy: Promise and Peril in the Age of Networked Intelligence*, New York: Mc Graw-Hill, 1996.

Tewdwr-Jones M., "Rural Government and Community Participation: The Planning Role of Community Councils", *Journal of Rural Studies*, Vol. 14. No. 1, 1998.

Valentinov, Vladislav, "Explaining the Rise of Rural Governance in Europe", *European Planning Studies*, Vol. 16, No. 8, 2008.

后　　记

一直以来，乡村治理都是中国社会治理的重点所在、难点所在和薄弱点所在。党的十九大提出了乡村振兴战略，并用"坚持城乡融合发展"为城乡社会发展和乡村治理及其现代化建设指供了方向和指南。党的十九届四中全会聚焦"推进国家治理体系和治理能力现代化"，强调要完善共建共治共享的社会治理制度。党的二十大报告指出，要"健全共建共治共享的社会治理制度，提升社会治理效能"。显然，乡村全面振兴、城乡融合发展、国家治理体系和治理能力现代化等国家战略都对乡村治理提出了全新要求，呼唤加快乡村治理现代化建设步伐。

湖南农业大学以"农"为特色，立足乡村，建设农业，关注农民。湖南农业大学公共管理与法学学院拥有公共管理一级学科博士点，城乡治理专业是学院重点建设的学科之一。乡村治理现代化建设是中国治理能力和治理体系现代化建设的题中应有之义，为其发展献计献策是笔者责无旁贷的任务。在写作过程中，笔者深深感受到神圣的使命感和强烈的责任感，热切希望能够为具有中国特色的乡村治理现代化建设、乡村全面振兴奉献绵薄之力。

全书的完成要感谢湖南农业大学公共管理一级学科博士点建设基金的资助，特别是院长李燕凌教授，他为本书提出了诸多宝贵的建议，为本书的成稿付出良多心血，离开他的大力支持，本书也就难以顺利出版。感谢国家社会科学基金项目《社会主要矛盾转变背景下被征地农民社会保障供给优化研究》（18BGL196）、湖南省教育厅科学研究重点项目《数字技术赋能农村养老服务高质量供给研究》（22A0141）、湖南省社会科学基金重点项目《社会主要矛盾转变背景下城市农民工社会保障供给优化研究》（18ZDB014）、国家社会科学基金重大项目《加强国家应急管理体系和能力建设研究》（22ZD102）、国家自然科学基金面上项目《农村重大突发性公共卫生事件应急能力形成机理及提升路径研究》（72274059）的资助。感谢湖南农业大学李立清教授，她带领团队努力奋斗，辛勤笔耕，按时按质地完成书籍撰写工作。在她的领导下，团队通力合作，团结互助，多次对文章的结构进行深入细致的探讨，对文章内容进行了全面详细的设计，在写作过程中相互鼓励，常常共同工作到深夜，充分体现了团队的力量。感谢湖南农业大学徐晓林、李燕凌、贺林波、吴松江、王薇、刘玮等各位教授、老师，他们给予本书许多真知灼见，提升了本书的质量。最后对中国社会科学出版社的大力支持和编辑的热情帮助，在此一并致谢。

江维国、李立清
2023年2月